基于脑机接口的驾驶疲劳检测关键技术

Key Technologies for
Driving Fatigue Detection
Based on
Brain-Computer Interfaces

尹晶海　王　平　徐军莉　穆振东 著

化学工业出版社

·北京·

内容简介

本书采用 ERP（事件诱发电位）、ERS（事件相关同步）/ERD（事件相关去同步）探索驾驶疲劳形成的神经机理。基于疲劳相关功能团，采用五种关联算法，构建功能性脑网络（FBN），应用最大生成树、最优化模型、溯源、脑网络演化模型等方法，对 FBN 网络拓扑络特性、动力学变化和相关网络指标进行分析。运用多特征融合算法建立检测模型，采用三种融合策略将局部特征和全局特征相融合进行检测。

本书旨在将脑机接口在驾驶安全领域的应用技术结合科研实践进行系统梳理和总结，为相关研究团队和科技人员提供参考。

图书在版编目（CIP）数据

基于脑机接口的驾驶疲劳检测关键技术／尹晶海等著．－－北京：化学工业出版社，2024.11．－－ISBN 978-7-122-46328-9

Ⅰ．U471.3

中国国家版本馆 CIP 数据核字第 2024XH1350 号

责任编辑：王　烨　　　　　　　文字编辑：张　宇
责任校对：赵懿桐　　　　　　　装帧设计：刘丽华

出版发行：化学工业出版社
　　　　　（北京市东城区青年湖南街 13 号　邮政编码 100011）
印　　装：北京云浩印刷有限责任公司
710mm×1000mm　1/16　印张 15　字数 294 千字
2025 年 3 月北京第 1 版第 1 次印刷

购书咨询：010-64518888　　　　　　　　售后服务：010-64518899
网　　址：http://www.cip.com.cn

凡购买本书，如有缺损质量问题，本社销售中心负责调换。

定　　价：98.00 元　　　　　　　　　　　版权所有　违者必究

前言

脑机接口技术是一种脑电信号应用研究的技术。随着汽车的普及，在行车舒适性和安全方面，脑机接口技术融入智能行车的研究也逐渐增加。在这些研究中，驾驶员的驾驶疲劳检测研究是一个热点。根据交通运输部统计，疲劳驾驶已经是引发重大恶性交通事故的一个重要因素，因此对驾驶员进行疲劳检测和提醒研究，对降低交通事故、降低人员伤害和财产损失有重要意义。

本书著者项目组从 2014 年开始进行驾驶疲劳检测研究，从驾驶疲劳实验范式、数据获取和分析、疲劳检测、驾驶疲劳特征分析、驾驶员属性分析等多方面进行了理论研究，也进行了驾驶疲劳检测系统、实验系统等应用研究，详细地归纳总结驾驶疲劳的现有研究成果，可为相关研究团队提供一个翔实的资料借鉴。同时通过从实验范式到应用系统开发，涵盖整个脑机接口研究不同阶段的介绍，可为相关研究团队提供一个完整的研究流程参考。在介绍疲劳检测模型中，本书以特征为主导，以局部性脑电信号特征、全局性脑电信号特征、多模态特征为划分线索进行分类介绍，更加符合驾驶疲劳检测的神经机理，为相关研究团队提供一个新的研究思路。

本书分为六章，涵盖了基于脑电信号的驾驶疲劳检测及相关研究内容。第一章从脑电信号、疲劳驾驶的危害、驾驶疲劳中的脑电信号和驾驶疲劳检测关键技术等方面展开讨论。第二章介绍了脑电信号研究现状，包括特征提取方法、分类方法、应用和实验范式的研究现状。第三章探讨了驾驶疲劳检测方法，包括基于驾驶行为特征、面部特征、生理信号特征和信息融合的驾驶疲劳检测。第四章介绍了基于脑电信号的驾驶疲劳检测实验，包括实验范式设计、数据采集评测和数据预处理。第五章讨论了疲劳驾驶研究中的模式识别技术，涉及局部和全局脑电信号特征的疲劳研究分析，以及多特征和分类器融合的疲劳检测模型等内容。最后，第六章探讨了基于脑电信号的驾驶疲劳验证系统研究，包括脑电信号采集研究、分析中间件设计和在线疲劳检测系统设计。

本书由尹晶海、王平、徐军莉和穆振东著。其中第一章、第四章和参考文献由王平编写和整理，第二、三章由徐军莉编写，第五章由穆振东编写、第六章由尹晶海编写。本书由国家自然科学基金课题"No. 61762045"、江西省自然科学基金项目"No. 20202BABL202031"和江西省教育厅科技计划项目"No. GJJ2202611"资助。

由于笔者水平所限，书中不足之处，敬请广大读者批评指正。

著 者

目录

第一章 绪论 001
- 第一节 脑电信号 // 001
- 第二节 疲劳驾驶的成因和危害 // 014
- 第三节 驾驶疲劳中的脑电信号 // 017
- 第四节 驾驶疲劳检测中的关键技术 // 018

第二章 脑电信号研究现状 024
- 第一节 基于脑电信号的特征提取方法研究现状 // 024
- 第二节 基于脑电信号的分类方法研究现状 // 048
- 第三节 基于脑电信号的应用研究现状 // 075
- 第四节 基于脑电信号的实验范式研究现状 // 086

第三章 驾驶疲劳检测 094
- 第一节 基于驾驶行为特征的驾驶疲劳检测 // 096
- 第二节 基于面部特征的驾驶疲劳检测 // 101
- 第三节 基于生理信号特征的驾驶疲劳检测 // 114
- 第四节 基于信息融合的驾驶疲劳检测 // 121

第四章 基于脑电信号的驾驶疲劳检测实验 128
- 第一节 实验范式设计 // 128
- 第二节 实验数据采集和评测 // 135
- 第三节 实验数据的预处理 // 138

第五章 疲劳驾驶研究中的模式识别技术 151
- 第一节 基于局部脑电信号特征的驾驶疲劳研究分析 // 151
- 第二节 基于局部性脑电信号特征的疲劳检测模型及其相关应用 // 153
- 第三节 基于全局性脑电信号特征的疲劳检测 // 162
- 第四节 基于全局性脑电信号特征的疲劳检测模型及其应用 // 165
- 第五节 基于多特征和分类器融合的疲劳检测模型 // 176
- 第六节 基于多分类器融合的疲劳检测模型 // 178

**第六章
基于脑电信号驾驶
疲劳验证系统研究**
187

第一节 脑电信号采集研究 // 187
第二节 脑电信号分析中间件设计 // 198
第三节 在线疲劳检测系统设计 // 204

参考文献
227

第一章 绪论

第一节 脑电信号

一、脑电波

本书中所提及的脑电信号其实就是人们常说的脑电波,那什么又是脑电波呢?人类的大脑主要由神经细胞和神经胶质细胞组成。神经细胞指的是人们常说的神经元,而在人类的大脑里有 800 亿～1000 亿个神经元,神经元是由细胞体、轴突、树突组成,每个神经元又可以发育出 1 万～20 万个树突,在神经元的树突上存在着许多突触,而突触是神经元之间相互连接的关键部分。当神经元在大脑中传递信息时,它们之间通过突触连接进行通信。当一个神经元接收到信息之后,会释放神经递质到突触间隙,这些神经递质会扩散到下一个神经元的树突上。树突上的受体会接收这些神经递质,并将化学信号转化为电信号。这个电信号将沿着神经元的细胞体传播,最终到达神经元的轴突。在轴突末端,电信号会引起神经递质的释放,这些神经递质会进一步传递给下一个神经元的树突,以完成信息的传递。在这个过程中,神经元之间会发生化学信号和电信号的交流。这样,神经元之间不断地通过化学信号和电信号进行相互作用,就形成了复杂的神经网络,实现大脑的信息处理和传递。而这种由神经元活动所产生的微弱电信号就是脑电信号了,也就是人们常说的脑电波。当人类进行思维活动时,大脑内的神经元会相互连接并相互作用,这些神经元接收来自其他神经元的信号,并将这些神经元信号的能量积聚在一起。当积聚的信号能量超过了某个阈值的时候,就会产生脑电波。为了测量和记录这些脑电波,常常会在人的头皮上放置电极。这样做可以更接近大脑,便于检测到脑电信号。通过采集和处理这些信号,我们可以更好地了解大脑活动的模式和特征。脑电波检测和分析在医学研究和脑机接口技术等领域具有广泛应用。

脑电波（electroencephalogram，EEG）是一种记录大脑活动时电波变化的电生理指标。它反映了大脑皮层或头皮表面上神经细胞的电生理活动总体情况。当大量神经元同步激活并产生突触后电位时，这些电位的叠加效应便形成了脑电波。

1924年，德国精神科医生Hans Berger首次采集到人体脑电信号，并制作了人脑的第一张脑电图，也就是脑电波。由于这是第一个被发现看起来像正弦波的脑电波形，因此人们就采用了希腊字母的首个字母α来为它命名，并且称这个像正弦波的脑电波为α波。Berger博士也是因为在该领域的开创性研究和贡献被后人尊称为"人类脑电图之父"。他的工作为后来的研究和应用奠定了基础，为我们更深入地了解和探索大脑提供了重要的手段。

脑电波是脑科学的基础理论研究之一，脑电波的监测在临床实践和神经科学研究中发挥着重要作用，它为疾病诊断、认知研究、脑机接口技术和睡眠研究等方面提供了非常有价值的数据和信息。脑电波监测在临床实践中更是被广泛地应用，例如：临床诊断，脑电波可以用于帮助诊断多种神经系统疾病和疾病状态（如癫痫、睡眠障碍、脑损伤、脑血管疾病等），通过分析脑电图数据，医生可以观察脑电波的异常模式以确定疾病的类型、严重程度和治疗效果；研究认知与行为，脑电波用于研究人类的认知过程、情绪调节、注意力和记忆等高级神经功能，研究人员可以通过记录脑电波来探索大脑活动与行为之间的关系，以及不同任务和刺激对脑电波的影响；脑机接口，脑电波作为一种可靠的神经信号来源，被应用于脑机接口技术中，脑机接口允许人与计算机或其他外部设备进行直接交互，通过解读脑电波来实现对外部设备的控制（如假肢、轮椅和计算机游戏等）；睡眠研究，脑电波在睡眠研究中具有重要作用，通过记录睡眠期间的脑电波，可以评估睡眠质量、监测睡眠障碍，并研究睡眠与健康之间的关系。

现代科学研究表明，人脑在工作时会产生一种自发性的电生理活动，而这种活动是一种非常微弱的生物电波。它可以通过专用的脑电记录仪以脑电波的形式被记录下来。在目前的脑电研究中，发现脑电波是一些自发的有规律的神经电活动。这些电活动以一定的节律性出现，频率在1～30Hz之间变化。根据频率的不同，脑电波至少可划分为四个重要的波段，分别是δ波（Delta波，频率范围：1～3Hz）、θ波（Theta波，频率范围：4～7Hz）、α波（Alpha波，频率范围：8～13Hz）、β波（Beta波，频率范围：14～30Hz）。

① δ波，其频率为1～3Hz，幅度为20～200μV，在颞叶和顶叶记录到这种波段，主要在深度睡眠和昏迷状态下出现，是大脑放松和休息的标志。其通常与深度睡眠、恢复、修复和神经系统发育等过程有关。

② θ波，其频率为4～7Hz，幅度为5～20μV。此波为少年（10～17岁）的脑电图中的主要成分，在大脑发育和学习过程中，θ波起着重要作用。但是在成年人中，当他们的意愿受挫、精神抑郁或精神方面出现问题时，这种特定类型的脑电波

就极为显著。

③ α波，其频率为8～13Hz（平均数为10Hz），幅度为20～100μV，在放松、休息以及闭眼的安静状态下比较常见，在没有外界干扰的情况下，它的频率是相对恒定的。当人处于清醒、安静并闭眼的状态下时，α波表现得最为明显，但一旦眼睛睁开（受到光的刺激）或者受到其他刺激时，α波会立即消失。α波在冥想、放松和创造性思维等方面也发挥着重要的作用。

④ β波，其频率为14～30Hz，幅度为100～150μV，常见于清醒状态和认知任务执行过程中。它与大脑的注意力、思考、问题解决和认知控制等高级认知功能相关联，也可以反映出紧张、压力、兴奋等情绪状态。

除此之外，当我们在清醒地专注于某一件事的时候，经常可以看见一种频率比β波高的γ波，它的频率范围是30～80Hz，其波幅范围是不定的；当我们在睡眠时，还可能出现另一些较为特殊的正常的脑电波波形，例如σ波、λ波、κ-复合波和μ波等，这些波形通常与不同阶段的睡眠有关，并且在观察和分析睡眠过程中具有重要意义；当我们心情愉快或进行静思冥想等放松活动时，大脑的β波（较高频率的脑电波）、δ波（较低频率的脑电波）或θ波（介于α波和δ波之间的频率）的活跃度可能会减弱，与此同时，α波相对来说会增强，而α波的增加有助于大脑进入一种更加开放、联想和富有创造性的状态，于是我们的灵感和创造性思维也就涌现了。如图1.1所示。

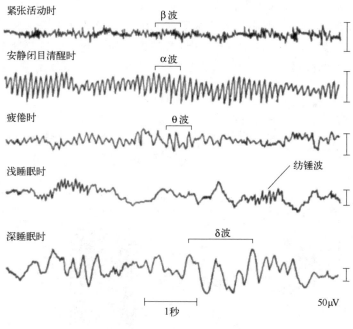

图1.1　不同状态下的脑电波

正是因为脑电波具有随着思维活动或情绪波动而变化的特征，人类对于脑电波的开发和利用就成为一种可能，虽然脑电波的开发和利用仍处于初级阶段，但它们为我们提供了一种了解大脑活动并与之交互的方式。科幻电影《阿凡达》中所展现的一种人脑与计算机等外部设备之间建立直接的连接通路的技术，实际上就是一种叫做脑机接口的技术。而平时我们通过所谓的"意念"来操控物体的基本原理，则是通过脑机接口技术对脑电信息进行分析解读，然后将其进一步转化为相应的动作来操控物体。

二、脑机接口

脑机接口（brain-computer interface，BCI），也可以称作"大脑端口"（direct neural interface）或者"脑机融合感知"（brain-machine interface）。它是建立在人类或动物的大脑（或神经系统）与外部设备之间的直接连接通道，如图1.2所示。这种接口可以实现从大脑到设备的单向传输（单向脑机接口），也可以实现双向传输（双向脑机接口）。在单向脑机接口的情况下，计算机可以接收大脑发出的命令或信号，但计算机无法同时进行发送和接收信号的操作。这种接口常用于通过脑电波控制外部设备，例如使用脑电波进行交互或控制身体假肢。而双向脑机接口却可以允许大脑和外部设备之间进行双向信息交流和互动。这意味着大脑可以发送信号给设备，同时设备也可以将信息发送回大脑。这种接口更为复杂，可能需要更高级的技术和算法来处理双向通信。在脑机接口的定义中，"脑"的意思指代有机生命形式的大脑或神经系统，而不仅限于大脑或头脑，这包括动物脑、人类脑以及脑细胞的培养物等；而"机"的意思指的是具有处理或计算能力的任何设备，也可以是简单的电路或复杂的硅芯片。

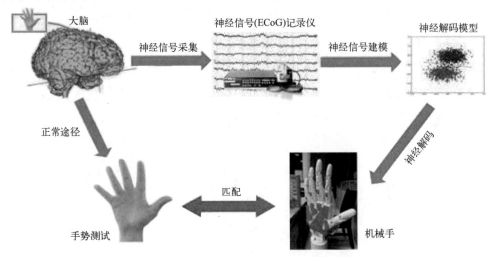

图1.2 脑机接口

早在 20 世纪 70 年代就出现了脑机接口的技术概念，此项技术是一种涵盖神经科学、信号检测、信号处理、模式识别等多学科的交叉技术，该技术也伴随着计算机性能的提高而飞速发展。在美国"人类脑计划"的资金支持下，脑机接口的研究进入了高速发展期。2000 年，Mussa-Ivaldi S 在 *Nature* 发表了一篇 "RealBrains for Real Robots" 的文章，首次从猴子的大脑皮层成功获取到了脑电信号，对千里之外的机器人进行了实时控制，并且实现了 "Monkey Think, Robot Do"。此后随着神经科学及计算机技术的快速发展，对脑机接口技术的研究也取得了极大进展。特别是 1999 年、2002 年、2005 年和 2008 年召开的四次 BCI 国际会议，明确了 BCI 研究的发展方向和面临的挑战，使得 BCI 成为国际研究热点。

作为一项新兴且潜力巨大的技术，美国国防机构［比如美国国防高级研究计划局（DARPA）、陆军研究实验室（ARL）等］、科研机构和高科技公司都在积极进行研究。特斯拉创始人 Elon Musk 在 2016 年 7 月投资创立了面向神经假体应用和未来人机通信的脑机接口公司 Neuralink。其短期目标是治愈严重的脑部疾病，如阿尔茨海默病和帕金森病，并且最终通过与人工智能的融合来增强大脑功能。FaceBook 公司发表声明称，已经成立了超过 60 名科学家和学者组成的团队来研发人脑信息读取技术的项目，其中包含 BCI 硬件和软件。该项目将实现用人脑控制计算机打字，并能让人们通过脑电波每分钟输入 100 个单词。该设备也可以作为增强现实应用的一个大脑鼠标，而不需要通过跟踪手部动作来控制光标。

脑机接口（BCI）设备是可以不间断地进行通信或控制的设备，如图 1.3 所示。BCI 设备检测到用户大脑活动的特定模式，这些模式反映了用户想要发送的不

图 1.3　脑机接口系统组成部分

同信息或命令，例如拼写或更改电视频道。信号处理工具解码此大脑活动以识别所需的信息或命令，然后将此信息发送到输出设备。由于 BCI 是闭环系统，所以这也就意味着 BCI 必须实时向用户提供一些能够反映预期的消息信息或命令信息。

三、脑电信号的获取方式

脑机接口在脑电信号获取的方式上有三种，分别为非侵入式脑机接口、半侵入式脑机接口和侵入式脑机接口。其位置和特征如图 1.4 所示。

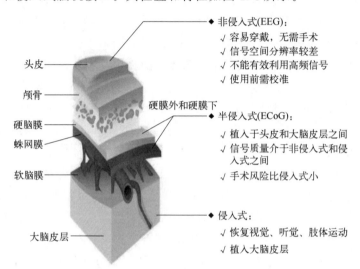

图 1.4　脑机接口系统的信号来源和特征

1. 非侵入式脑机接口

非侵入式脑机接口是直接从大脑外部采集大脑信号，通常无需动手术，直接佩戴一顶脑电极帽就可以。常用的非侵入式信号有头皮脑电信号（EEG）、脑磁信号（MEG）、功能核磁共振成像信号（fMRI）和功能近红外光谱信号（fNIRS）等，其中 EEG 最为常见。EEG 信号是通过头戴式脑电极帽上的电极来采集的，这些电极接触头皮，可以检测并记录到大脑皮层中群体神经元的放电活动。脑电图如图 1.5 所示。

（1）基于脑电图（EEG）的脑机接口

EEG（electroencephalography）通过电极记录大脑的电活动，电极通常嵌入电极帽中。佩戴这种电极帽通常需要一段时间调节来确保电极的位置正确，以获得良好的信号，这涉及在头皮上对电极的位置进行适当的校准和固定，而整个过程通常需要 5min 左右的时间。EEG 通过使用精密的电子仪器，将头皮上脑部的自发性生物电位放大并记录下来，从而产生相应的图形，这些图形反映了脑细胞群的自发性和节律性电活动，为研究大脑功能提供了重要的信息。EEG 系统相对便宜且便

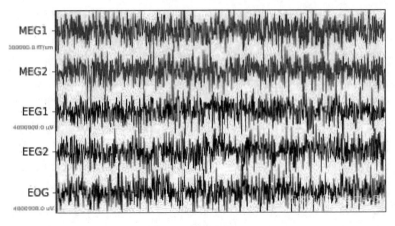

图 1.5 脑电图

携,因此在脑机接口(BCI)研究中被广泛使用,例如常规脑电图、动态脑电图监测、视频脑电图监测等,它是最常见的神经影像学方法之一。

(2) 基于脑磁 (MEG) 的脑机接口

当我们思考、感知和执行各种认知功能时,大脑中的神经元会产生微弱的电流,这些电流又会激发一个非常微弱的磁场,这时就可以通过脑磁(magnetoencephalography,MEG)技术进行测量。MEG 是一种完全无侵袭、无损伤的脑功能检测技术,它采用高灵敏度的传感器来测量和记录脑部产生的磁场信号,相比其他脑电图(EEG)技术,MEG 具有更直接和准确的源定位能力。这是因为脑电信号容易受到颅骨和脑组织的影响,而磁场信号则可以穿过这些组织并在头皮表面测得,MEG 以毫秒级的时间分辨率测量脑活动,并能够提供较准确的空间分辨率,从而得到更精确的空间位置信息。MEG 进行脑功能检测时,受试者不需要特殊准备或佩戴任何设备固定在头部,这使得整个过程更加简便和舒适,没有任何副作用或风险。MEG 广泛应用于大脑功能的研究和临床脑疾病的诊断,但 MEG 设备本身的成本较高,并且在一些方面可能受到环境磁场的干扰。

(3) 基于功能磁共振成像 (fMRI) 的脑机接口

功能磁共振成像(functional magnetic resonance imaging,fMRI)使用强大的磁场和无线电波来测量大脑血流变化,从而间接地反映出与不同精神活动相关的神经活动。虽然 fMRI 可以提供有关大脑活动的信息,但它不能直接测量脑部的电活动,相较于 MEG,fMRI 在时间分辨率上也相对较低。fMRI 的时间分辨率通常在数秒或更长的时间尺度上,从而无法提供高精度的毫秒级别的时间信息。fMRI 系统需要强大的磁场和专门的设备,成本昂贵且不便携,它通常需要在专门的实验室或医院进行操作,无法像 EEG 那样方便地携带使用。

(4) 基于功能性近红外光谱（fNIRS）的脑机接口

功能性近红外光谱（functional near-infrared spectroscopy，fNIRS）技术是一种利用 600～900nm 波长范围内的近红外光的散射特性来测量大脑活动的方法，它通过测量头皮上的近红外光在脑组织中的吸收和散射情况，来推断脑区的氧合血红蛋白和脱氧血红蛋白的变化。fNIRS 技术具有一系列优点，如无创性、对实验过程中受试者动作不敏感等。相比于其他神经影像技术如功能磁共振成像（fMRI），fNIRS 则更加便携、灵活，并且更适合应用于自然情境下的研究，因此，它在高级认知研究、发展心理学、异常心理学等领域得到了广泛的应用。但它也存在着一些限制，如它的空间分辨率相对较低，无法提供像 fMRI 那样详细的空间图像；其次，光在头皮和脑组织中的散射和吸收会受到多种因素的影响，如头皮血流、头发、头骨等，这些都是需要进行算法校正和分析的。以上的这些不足都是需要进一步完善的。未来 fNIRS 的研究可以与 fMRI 等其他成像技术进行结合，可以开展婴幼儿和特殊人群的认知神经科学研究以及自然情境下大脑认知的神经机制研究。

2. 半侵入式脑机接口

半侵入式脑机接口则需动手术，将电极植入大脑表面来记录电活动。基于皮层脑电（electrocorticography，ECoG）的脑机接口是将铂铱电极或不锈钢电极通过外科手术植入大脑表面，皮层脑电信号采集是通过植入的电极直接从大脑的皮层表面采集而来的，这是一种有创的技术。一旦电极植入，它们可以长期留在大脑的某个固定位置，这为研究人员和医生提供了便利，使他们能够更方便地进行特定脑区的脑机接口实验或其他任务。

ECoG 与非侵入式脑机接口 EEG 相比，具有更高的信号质量和空间分辨率，能够准确检测 EEG 电极不可见的高频脑活动，因为电极直接接触到大脑皮层，避免了头皮组织的干扰，所以能够准确地捕捉到更细致的脑电活动，这使得 ECoG 在研究特定脑区域的功能活动以及探索高频神经振荡等方面具有优势。但这种采集对受试者来说是有创的，手术风险、患者接受程度以及对植入设备的耐受性都是需要考虑的因素，所以在一定程度上限制了其应用范围。

3. 侵入式脑机接口

侵入式脑机接口也是需要动手术的，通过植入大脑的电极来记录脑电。基于深度电极（depth electrode）的脑机接口是一种常见的技术，用于记录更深部位的脑电活动。这种方法涉及在颅骨上钻孔，然后通过插入金属或玻璃探针到大脑更深的区域来记录局部场电位（local field potential，LFP），也被称为微脑电（micro-EEG）。与 ECoG 相比，深度电极可以直接记录离神经元更近的脑电活动，因此能够提供更详细的神经信息。通过深度电极接口，研究人员可以更深入地研究特定脑区域的功能和差异。这种技术对于研究癫痫、帕金森病等神经系统疾病以及深度脑刺激治疗等方面具有重要意义。

四、EEG 脑机接口的类型

非侵入式脑机接口是目前脑机接口研究中的一个热点方向。与半侵入式和侵入式的接口不同，非侵入式脑机接口采集和处理头皮表面的信号，无需进行外科手术。它所采集的是头皮脑电信号，临床上常被称为"脑电图"，是脑细胞群的自发性、节律性电活动在头皮上产生的电位差与时间之间的关系图。脑电是大脑神经电活动在头皮上的外在表现，经过头皮、颅骨、脑膜等组织传导而来。作为脑神经细胞总体活动的综合表现，它反映了包括离子交换和新陈代谢等一系列变化。这种电活动将伴随着生命的开始直到结束，一旦主体死亡，电现象也会随之消失。深入地研究脑电的特性，可以推进人们对大脑的探索和研究，增强对相关疾病的辅助诊断能力，并为提高脑功能提供工具。随着全球脑科学研究的不断进展，对脑电这种与脑活动直接相关的电信号的关注越来越多。

相比其他类型的脑信号，脑电图（EEG）具有许多优点，如采集方便、时空分辨率高、便于投入使用等、在脑机接口（BCI）系统中是具有独特的应用价值的。目前，EEG 脑机接口主要有以下几种类型。

1. 基于脑波模式识别的 EEG 脑机接口

这种接口利用机器学习算法对 EEG 信号进行处理和分析，从中提取出特定的脑波模式，并与特定意图或动作进行关联。通过训练模型，可以实现将脑电信号转化为命令或控制信号，用于控制外部设备或执行特定任务，其中运动想象是比较常见的。

运动想象（motorimagery，MI）信号产生的理论依据是事件相关去同步（event-related desynchronization，ERD）和事件相关同步（event-related synchronization，ERS），如图 1.6 所示。当我们想象肢体运动时，大脑中的感觉运动皮层区域会被激活，并产生特定的脑电信号，该区域的脑电信号中的 α 波和 β 波的频谱振幅会减弱，这种现象被称为事件相关去同步。反之，如果我们没有进行运动想象任务，那么大脑中的 α 波和 β 波频谱振荡的幅度就会表现出明显的增强，即事件相关同步。

运动想象脑机接口是一种自发式的脑机接口系统，它不需要外部刺激设备的支持。这种接口方式更加自然和直接，符合脑机接口的设计初衷。然而，它也存在一些限制。首先，它只能识别出有限数量的运动想象模式，比如想象左手运动、右手运动、腿部运动和舌部运动等。其次，使用者需要经过较长时间的训练，以适应和掌握运动想象任务，提高识别的准确性和效果。尽管存在一些限制，但它仍然是一种具有潜力的脑机接口形式，可以用于运动康复和辅助设备控制等应用领域。

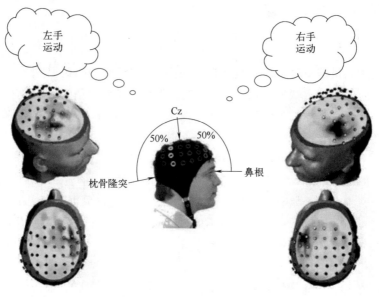

图 1.6 运动想象

2. 基于事件相关电位（event-related potentials, ERP）的 EEG 脑机接口

这种接口通过观察和分析特定刺激或任务引起的脑电响应，例如 P300、视觉诱发电位（visual evoked potentials，VEP）、错误相关负波（error-related negativity，ERN）等，从中提取出与特定意图或指令相关的信息。它可以用于控制外部设备，如拼写器、轮椅等，以实现与大脑的直接交互。

其中 P300 是大脑认知过程中产生的一种事件相关电位。Sutton 等人发现，当人脑受到小概率相关事件的刺激时，脑电信号中会出现一个潜伏期约为 300ms 的正向波峰，P300 因此得名，如图 1.7 所示。

经典的 P300 电位通常在 Oddball 实验范式下出现。Oddball 范式的要点是，在同一个感觉通道（如视觉或听觉）上交替呈现两种刺激[一种是频率较高且出现概率较大的刺激（称为准刺激），另一种是频率较低且出现概率较小的刺激（称为靶刺激）]，这两种刺激以随机顺序呈现给受试者，当受试者被告知将注意力集中在靶刺激上时，在靶刺激出现后的约 300ms 内，经典的 P300 正波电位就会出现。研

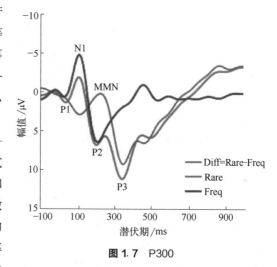

图 1.7 P300

究表明，这种 P300 电位反映了受试者对于靶刺激的注意和加工过程，较低概率的靶刺激往往引发更大振幅的 P300 响应，而较高概率的准刺激则不会引起明显的 P300 响应。P300 电位的出现与受试者的注意力、期望、认知加工和决策等相关。P300 广泛应用于辅助通信、交互设计和康复治疗等领域，随着技术的不断改进和发展，我们可以期待看到更多基于 P300 脑机接口的创新应用。

视觉诱发电位（visual evoked potentials，VEP）是一种通过记录大脑在接受视觉刺激后产生的电活动来研究视觉系统功能的方法。当我们受到视觉刺激时，光信号会经过眼睛进入大脑，并在视觉皮层中产生电活动。这些电活动可以通过 EEG 来测量和记录。VEP 通常使用闪光灯、格子图案或其他视觉刺激来引发，这些刺激会引起大脑产生特定的电响应。VEP 可用于研究视觉系统的结构和功能，包括视觉传导路径、感知和加工信息的时间和空间特性等。

在 VEP 中，稳态视觉诱发电位（steady-state visual evoked potentials，SSVEP）较为经典。稳态视觉诱发电位是一种特殊类型的视觉诱发电位，当眼睛受到一个恒定频率（一般大于 4Hz）的视觉刺激时，大脑会以相同的频率产生电活动，如图 1.8 所示。这些电活动的频率与频闪光刺激的频率相匹配，从而形成稳态电位。SSVEP 波形通常由主频率及其谐波组成，其特点为高频率响应、明显的频率特征、高信噪比等。SSVEP 可以用于实现视觉刺激驱动的脑机接口，例如控制光标移动、选择菜单等。此外，SSVEP 还可用于研究注意力、视觉加工和信息处理等认知过程。

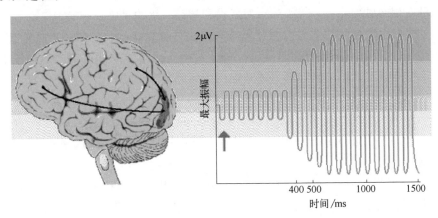

图 1.8　稳态视觉诱发电位

3. 基于谱分析的 EEG 脑机接口

这种接口通过对 EEG 信号进行频谱分析，研究不同频段的脑波特征与特定意图或行为之间的关系。例如，利用脑电信号中的 α、β 和 θ 等频段的变化来识别大脑的注意状态、放松程度或焦虑水平，并相应地调整外部设备或提供反馈。基于谱分析的 EEG 脑机接口在脑机交互、康复治疗、精神状态监测和疾病诊断研究等领域都有广泛应用的潜力。

五、脑机接口的应用

　　脑机接口研究已经历了超过40年的发展，从早期的动物实验到现在的人体应用。最初的目标是帮助恢复受损的听觉、视觉和肢体运动能力。然而，随着技术的进步和对大脑可塑性的理解，研究的重点已经扩展到增强人体功能的领域。现在，研究人员致力于开发能够将人类大脑与外部设备连接起来的脑机接口，以实现精确地控制和交互。这意味着我们可以仅使用我们的思维来操纵机械假肢、外骨骼或其他辅助设备，就像它们是我们自己的身体一样。这种技术的潜在应用非常广泛，除了帮助残疾人恢复功能外，脑机接口还可以应用于虚拟现实、游戏控制、智能家居等领域。尽管其在现实世界应用中仍面临技术限制和伦理考量，但脑机接口的研究已经展示了巨大的潜力。它为我们展开了一个前所未有的科学领域，将人脑与计算机技术结合起来，改变我们与外部世界互动的方式。

　　脑机接口的主要应用有：

　　① 替代功能：脑机接口系统通过识别和解读大脑活动，将其转化为外部输出，来帮助那些因为身体上的损伤或疾病而失去自然输出能力的人们，从而实现替代功能。例如，在丧失说话能力的情况下，脑机接口系统可以让患者通过思维控制输入的方式来输出文字或通过语音合成器发声。再例如重度运动障碍患者群体，以已故著名物理学家霍金为代表的脊髓侧索硬化症患者、重症肌无力患者、高位截瘫患者等，都拥有相对完整的思维能力，但丧失了对肌肉和神经系统的自主控制能力。对于这类患者，脑机接口系统可以帮助他们通过思维来控制外部设备，如轮椅、电视遥控器等，并向外界传达自己的需求和想法，以提高他们的生活质量。最近几年，这种技术的应用范围正在不断扩大，未来它还将成为提高人类健康和生活质量的重要手段。

　　② 恢复功能：通过脑机接口技术，可以帮助丧失某些功能的人恢复。例如，人工耳蜗可帮助失聪患者恢复听力；人工眼球可帮助失明患者重新恢复视力；对于脑卒中患者等失去肢体控制能力的人来说，可以通过脑机接口技术对大脑进行训练，帮助康复。

　　③ 功能增强：针对健康人群，脑机接口可以用于增强机能。例如，在特殊作业岗位上，如机动车驾驶员、飞行员、航空空中交通管制员等，脑机接口的实时监测数据可以提供重要的工作管理依据，确保人员安全和工作绩效。澳大利亚的SmartCap公司已经把此项应用商业化，通过在棒球帽内植入电极，可以实时监测用户的疲劳状态。在教育领域，脑机接口技术可以用于实时评测学生的注意力水平，从而为教师提供参考。通过监测学生的脑电波等生理指标，脑机接口系统可以分析学生的专注度和认知负荷等关键指标，进而评估他们在学习过程中的注意力水平。这些评测结果可以帮助教师了解学生的学习状态，并相应地进行个性化的教学

安排，以优化学习效果。在市场营销领域，脑机接口技术可以应用于观众情绪体验的评价，例如广告、电影、电视等媒体内容。通过监测观众的脑电波、心率等生理信号，脑机接口系统可以获取观众在观看过程中的情感反馈，如兴奋、喜悦、厌恶等。这些情感体验数据可以为市场营销人员提供有价值的信息，用于评估广告或媒体内容的效果，并优化其设计，以更好地吸引观众的注意力和情感共鸣。

④ 改善功能：脑机接口可以用于改善特定领域的功能。例如，在康复领域，对于卒中患者等感觉运动皮层受损的人，脑机接口可以从受损的皮层区采集信号，然后刺激肌肉或控制矫形器，改善手臂运动。对于癫痫患者，脑机接口可以检测到神经元异常放电并进行相应的电刺激，减少癫痫发作。在针对自闭症儿童的康复训练中，运动想象脑机接口技术扮演着重要的角色。相较于正常儿童，自闭症儿童模仿他人运动的能力较差，并且其感觉运动皮层的活跃程度也较低，通过让这些儿童参与基于实时神经反馈的游戏项目，来提高他们对自身感觉运动皮层激活程度的自我控制能力，从而显著改善孤独症症状。类似的脑机接口神经反馈训练范式也有望在其他疾病治疗中发挥积极作用。例如，在多动症和抑郁症的治疗中，通过使用这种技术，可以帮助患者提高自我调节能力，进一步改善患者的行为和情绪状况。然而，这些方法仍处于研究和实验阶段，需要进一步地临床验证和优化，才能广泛应用于临床治疗中。

⑤ 补充控制：脑机接口可以作为传统控制方法的补充，实现多模态控制。在游戏娱乐领域，脑机接口为玩家提供了新的操控方式，丰富了游戏体验。在控制领域，除了手控方式，还可以增加脑控方式，扩展控制范畴。

几年前，由马斯克创建的脑机交互技术公司 Neuralink 发布的脑机接口新技术有两个重要的创新。首先，他们采用了一种更好的传输介质，即一种比头发丝还细的柔软聚合物线，上面布满了微小电极和传感器。这种新材料能够更准确地记录和读取大脑信号，并提供更好的接触和连接。其次，他们实现了更安全的植入技术，通过一台名为"神经外科机器人"的设备，可以在每分钟内自动将六根线植入大脑，避开血管和其他组织，从而减轻可能引起的大脑炎症反应。此外，他们还在尝试解码大脑信号方面取得了进展。他们已经开发出一款定制芯片，能够更好地读取、清理和放大大脑信号。目前，其数据传输仍然需要通过有线连接，但他们的最终目标是打造一个无线系统，以进一步提高脑机接口的便利性。

脑机交互技术的最新突破给医疗行业带来了巨大的潜力。例如，通过深脑刺激技术缓解帕金森症状，通过植入实验性芯片恢复视觉功能，以及植入人工耳蜗来改善听力等。这些技术对于那些肢体残疾或行动不便的人们而言，将带来极大的改善和便利。

此外，在教育领域，脑机交互技术也开始展现出巨大的潜力。BrainCo 公司开发的脑机交互头环能够实时监测学生的注意力水平，为教师提供有关学生学习情况的重要反馈。这种技术可以改善教育过程，帮助教师更好地理解学生的学习需求，并根据需要进行调整。

随着科技的不断进步，脑机交互技术将在各个领域展现更广泛的应用价值。除了在医疗和教育上的应用，它还有可能改善智能设备的交互体验，提升娱乐产业的创新，甚至改变旅行方式。

当然，脑机交互技术的发展也面临着一系列难题和风险。尽管脑机连接能够实现读取大量信息和知识的科幻场景，但也引发了人们对于人脑是否会退化、个人数据泄露风险，以及"读心术"和"思想传输"是否成真的担忧。此外，它还涉及机器是否会控制人类大脑以及伦理争议等问题。为了管控脑机交互技术，专家建议可借鉴国际做法，在初期阶段按照医疗器械管理原则进行管理，并禁止脑机交互数据联网传输和远距离程控。此外，政府部门也需要加快研究该技术对社会、文化、法律等方面的影响，进行合理引导和规范，在保护个人隐私和权益的同时，最大限度地减少潜在风险和黑客入侵的可能性。

第二节 疲劳驾驶的成因和危害

在当今社会，公路交通网络很发达，驾驶出行带来了很多的便利。但当驾驶人员在长时间内持续驾驶而没有得到足够休息时，其生理机能和心理机能将会逐渐失调，对车辆的控制能力、注意力以及面对突发事件时的反应能力都会明显下降，甚至可能坠入短暂睡眠，导致车辆彻底失控，这种现象叫做疲劳驾驶。

根据《全球道路安全现状报告》提供的数据，交通事故造成的人员伤亡数量与日俱增，平均每年有135万人次死亡，交通事故也是儿童和青少年最主要的死因之一。造成交通事故的成因有很多，而疲劳驾驶就是主要原因之一，统计和分析各类交通事故后发现，约12%的事故与疲劳驾驶相关。根据数据显示，在加拿大发生的交通事故中，超过20%的事故涉及疲劳驾驶。而在巴基斯坦，这个比例更高，达到了34%。在美国的调查中，有20%的交通事故中，驾驶员处于昏昏欲睡的状态。美国每年约有30万起交通事故与疲劳驾驶相关，其中包括10.9万起致伤事故和6400起死亡事故。根据2010年美国汽车学会的一项电话调查，有41%的驾驶者承认在驾驶过程中曾经"睡着或打瞌睡"。此外，欧洲等国家的数据显示，商业运输事故中也有很大一部分是由疲劳驾驶引起的。根据中国公安部交通管理局公布的数据，疲劳驾驶是2015年高速公路交通事故的主要原因，占比达到了8.41%，而其产生的死亡人数占总数的6.21%。

一、疲劳驾驶成因

驾驶员的疲劳主要来自神经和感觉器官的疲劳，以及长时间保持固定姿势和血液循环不畅所导致的肢体疲劳。驾驶员在长时间坐在固定座位上时，动作受限，集中注意力，并忙于评估外部刺激信息，因此精神紧张。这可能导致眼睛模糊、腰酸背痛、反应迟钝以及驾驶不灵活等疲劳驾驶症状。而这些疲劳症状产生的顺序，通常先是眼睛疲劳，然后是颈部、肩部和腰部的疲劳，最后是大脑疲劳。这些方面的疲劳都必须引起重视，因为这是驾驶疲劳由轻度转向重度的一个过程。然而形成驾驶疲劳的原因是多方面的，一般会有以下几方面：

① 不充足的睡眠：缺乏足够的睡眠会导致身体和大脑疲劳，降低驾驶者的警觉性和反应能力。

② 长时间连续驾驶：长时间、长距离持续驾驶会导致身体肌肉疲劳、注意力不集中和反应迟钝。尤其是在高速公路等单调直线道路上容易产生驾驶疲劳。

③ 生物钟紊乱：驾驶者的生物钟被打乱，例如在变更时区后没有适应新的作息规律，或熬夜工作后马上开始驾车等，都会增加疲劳驾驶的风险。

④ 身体健康问题：某些慢性疾病或长期服用药物可能影响驾驶者的注意力、反应能力和身体状况，增加了疲劳驾驶的危险性。

⑤ 心理因素：焦虑、压力、情绪不稳定等心理因素也可能导致疲劳驾驶。个人的精神状态对驾驶行为和警觉性有很大的影响。

⑥ 不良驾驶习惯：不规范的驾驶习惯，例如超速、频繁变道、长时间盯着车尾灯等，会增加驾驶风险并加剧疲劳驾驶的发生。

⑦ 不适宜的车内驾驶环境：车内温度过高或过低、噪声太大、座位不舒适等不适宜的驾驶环境会增加驾驶者的疲劳感。

⑧ 不适宜的车外驾驶环境：路面状况差、道路条件好但情况单一、恶劣的天气环境、交通环境差或交通条件拥挤，这些都会使得驾驶员注意力必须高度集中而造成疲劳驾驶。

二、疲劳驾驶的危害

疲劳驾驶会对驾驶员的多个方面产生影响，其中包括注意力、感觉、知觉、思维、判断、意志、决策和运动等。若在疲劳状态下继续驾驶车辆，驾驶员极有可能会感到困倦和昏昏欲睡，并可能会伴有四肢无力、注意力不集中、判断能力下降的情况，更有甚者会出现精神恍惚或短暂性记忆丧失等情况。而这些情况将导致动作迟缓或过早、操作停顿或修正时机不当等不安全因素的出现，从而极易引发道路交通事故。因此，严禁在疲劳状态下驾驶车辆。

疲劳驾驶时，驾驶员的判断能力下降，反应迟钝，操作错误率增加。轻度疲劳时，驾驶员可能会出现变速箱操作时机不准确或不及时的情况。中度疲劳时，驾驶员的操作动作会变得迟钝，有时甚至会忘记应该进行的操作。重度疲劳时，驾驶员往往会在无意识间进行操作，甚至出现短时的睡眠状态，丧失对车辆的控制能力。

当驾驶员处于重度疲劳仍勉强驾驶车辆，则极有可能会导致交通事故的发生。由疲劳驾驶造成的交通事故所带来的严重危害是多方面的：

① 人身伤害：疲劳驾驶引发的交通事故可能导致驾驶员和其他道路使用者严重受伤甚至死亡。

② 财产损失：疲劳驾驶引发的事故可能导致车辆损坏或其他财产受损，给驾驶员和其他人造成经济损失。

③ 法律责任：疲劳驾驶属于违反交通法规的行为，一旦发生事故，驾驶员可能面临法律责任。对于肇事的驾驶员自身而言将面临三大责任。首先是行政责任，驾驶人违反道路交通安全规定会面临行政处罚，这可能包括警告、罚款、驾驶证暂扣或吊销、拘留等。具体的处罚措施会根据违规行为的性质和情节而有所不同。其次是民事责任，驾驶员如果在交通事故中违法行为与事故的发生构成因果关系，就要承担相应的民事赔偿责任。这意味着驾驶员需要赔偿他人因事故受到的人身伤害损失、财产损失等。最后是刑事责任，当交通事故造成一定程度的严重后果时，驾驶人可能面临刑事责任。例如，当一次事故导致1人死亡或者3人以上重伤，并且驾驶人负有全部或主要责任时，可能构成交通肇事罪。按照《中华人民共和国刑法》第133条规定，涉及交通肇事罪的驾驶人可能面临3～7年有期徒刑的刑事处罚。

④ 心理创伤：疲劳驾驶导致的事故可能给驾驶员和其他受害者带来持久的心理创伤。受伤或目睹事故的人可能会受到长期的心理困扰，包括焦虑、抑郁和创伤后应激障碍等。

除以上这些外，对于受害人家庭的危害也是无法弥补的。首先，对于事故造成致伤人员家庭的危害：交通事故可能导致伤者失去工作、学习机会，打乱正常生活秩序，并给其家庭增加额外的精力、时间和经济负担；受害人可能无法升学、升职或就业，仅有的赔偿也难以弥补其他方面的间接危害。其次，对于事故造成致残人员家庭的危害：交通事故导致人员残疾，可能会致使受害者前途的破灭，失去工作和生活能力，其家庭也将面临更大的经济负担和照顾残疾人员的困难，同时也失去了劳动力和经济收入。最后，对于事故造成死亡人员家庭的危害：交通事故致人死亡后，家庭将面临巨大的心理和经济压力，原本完整的家庭被迅速摧毁，他们将承受难以疗愈的伤痛和阴影。

对于交通事故，无论是人的伤亡还是物的损坏，都会对社会资源造成浪费。当发生交通事故时，各方为了处理事故和提供救援会增加社会成本，并且事故现场可能导致交通受阻或中断，对国民的生产和生活造成影响。首先，发生交通事故后，交通警察会赶到事故现场进行处理，消防部门参与救援，医院组织医务人员抢救伤者。这些对事故的处理涉及人力、物力和经济成本，而这些都是由社会承担的。其次，事故现场可能导致交通受阻或中断，造成道路堵塞和交通拥堵。这会延误人们的出行时间，影响工作、学习和其他正常的日常活动，也会给运输和物流造成影响，可能导致货物无法按时到达目的地，给商家和消费者带来经济损失。

为了预防交通事故的发生，许多驾驶疲劳识别系统已经被开发出来。这些系统通常由传感器、数据采集和处理单元以及警告装置组成。当该系统检测到驾驶员的疲劳状态时，它会通过声音或振动等方式发出警报，驾驶员可以根据警报来调整自己的状态，从而避免交通事故的发生。近年来，随着智能手机和可穿戴设备的普及，一些驾驶疲劳识别应用也已经出现。

第三节　驾驶疲劳中的脑电信号

驾驶员的疲劳是导致交通事故发生的主要原因之一，因此，研究驾驶疲劳的脑电信号特点对于提高交通安全具有重要的意义。

脑电信号是指人体大脑神经元活动所产生的电位变化。这种电位变化可以通过安装在头皮上的电极采集到，并可以被记录下来。通过分析这些脑电信号，我们可以了解大脑在不同状态下的活动模式和功能组织。

不同状态下的脑电信号特征可以用来区分和识别不同的脑功能状态。以下是一些常见的脑电信号特征：

① α 波，频率在 $8\sim12\mathrm{Hz}$ 之间的脑电波。在放松、休息、闭目静坐等状态下，α 波振幅较大。而在认知任务过程中，α 波振幅会明显降低。因此，α 波可以用来反映大脑的放松状态和注意力水平。

② β 波，频率在 $13\sim30\mathrm{Hz}$ 之间的脑电波。在认知任务和精神活动中，β 波振幅会增加。因此，β 波可以用来反映大脑的兴奋状态和思维活跃度。

③ θ 波，频率在 $4\sim7\mathrm{Hz}$ 之间的脑电波。在睡眠、冥想、深度放松等状态下，θ 波振幅较大。而在认知任务和注意力集中时，θ 波振幅会相对降低。因此，θ 波可以用来反映大脑的休息状态和思维负荷。

④ δ 波，频率在 $0.5\sim4\mathrm{Hz}$ 之间的脑电波。在深度睡眠状态下，δ 波振幅较大。而在清醒状态和认知任务中，δ 波振幅相对较低。因此，δ 波可以用来反映大脑的放松状态和睡眠质量。

⑤ γ 波，频率在 $30\sim100\mathrm{Hz}$ 之间的脑电波。在认知任务和精神活动中，γ 波振幅会增加。因此，γ 波可以用来反映大脑的注意力水平和思维活跃度。

这些特征可以通过脑电图（EEG）等技术手段进行测量和分析，为研究大脑的认知、情感和行为等方面提供重要信息。

而驾驶员的驾驶疲劳是一种由长时间的驾驶或缺乏充分的休息导致的状态。在这种状态下，人们的注意力和反应能力是会下降的，而这种状态下的脑电信号也是具有一定特征的：

① θ波增加。研究表明，在驾驶疲劳状态下，θ波的振幅会增加。这可能表明大脑处于较轻度的放松状态，而处于较低的认知处理负荷之下。

② α波降低。研究表明，在驾驶疲劳状态下，α波的振幅会降低。这可能表明大脑处于较高的认知处理负荷之下，处于较紧张的状态。

③ β波降低。研究表明，在驾驶疲劳状态下，β波的振幅也会降低。这可能表明大脑处于较低的警觉状态，处于较低的认知处理负荷之下。

④ δ波增加。研究表明，在驾驶疲劳状态下，δ波的振幅也会增加。这可能表明大脑处于较深度的放松状态，处于较低的认知处理负荷之下。

⑤ θ/α比值增加。θ/α比值是指θ波振幅和α波振幅之间的比率。研究表明，在驾驶疲劳状态下，θ/α比值会增加。这可能表明大脑处于较轻度的放松状态，而处于较低的认知处理负荷之下。

综上所述，驾驶疲劳的脑电信号特点主要表现为：θ波增加、α波降低、β波降低、δ波增加和θ/α比值增加。这些特点可以用于识别驾驶员的疲劳状态，并提供关键信息来预测发生交通事故的风险。

第四节 驾驶疲劳检测中的关键技术

截至目前，国内外针对疲劳驾驶检测系统的设计与开发方法可分为主观检测法和客观检测法。主观检测法是通过对驾驶员进行人工询问、填写调查表、主观评价等方式获取在不同时间段下驾驶员的心理、驾驶动作以及面部表情等信息，然后通过对获取到的信息进行分析从而得出驾驶员的疲劳状态。

几年前，丹麦一家公司推出了一项名为"防瞌睡领航员"（ASP）的防疲劳驾驶系统技术。该技术的运作方式如下。首先，驾驶员需要提前录入个人信息，包括年龄、性别、每周工作时间等，并完成一些测试，以创建他们的驾驶危险性预测档案。然后，ASP系统使用自身的算法进行计算，将其作为衡量驾驶疲劳程度的一个标准。在日常驾驶中，ASP系统与驾驶员进行随机互动，例如提问驾驶员。系统会评估驾驶员的反应速度，如果驾驶员的反应过慢，系统会判定其存在疲劳驾驶的可能性，并通过声音等方式提醒驾驶员。这项技术旨在通过主观化的驾驶危险性评估和实时监测来减少疲劳驾驶带来的风险。这是一种主观检测法，以辅助驾驶员在长时间驾驶或疲劳状态下保持安全。

与主观检测法不同，客观检测法主要分为基于非生理信号检测和基于生理信号检测两大类。基于非生理信号的方法主要依靠对驾驶员行为信息和车辆行驶状态信息的检测来评估疲劳驾驶。其中对驾驶员行为信息检测是通过监测驾驶员的眨眼频率、头部姿势、打哈欠等行为特征来评估其疲劳程度；对车辆行驶状态信息检测是通过监测车辆的车道偏离情况、车距、车速、制动频率等参数来评估驾驶员的疲劳状态。而基于生理信号的方法则主要基于驾驶员生理指标来进行疲劳驾驶的检测，常用的生理信号有心电信号、眼电信号、皮肤阻抗、肌电信号和脑电信号等。在疲劳驾驶研究的早期阶段，主要基于非生理信号的方法对驾驶员的面部表情、行为特征以及车辆行驶信息进行疲劳驾驶检测。随着科技的不断发展，基于生理信号的方法逐渐得到应用。客观检测方法可以避免人为进行干涉，而是主要通过外部设备对驾驶员驾驶过程中的相关数据进行采集，再依靠先进的人工智能算法分析评估驾驶员是否处于疲劳驾驶状态。客观检测法不会受到驾驶员主观意识的影响，所以精确度更高，实时性更好。正是由于客观检测法存在诸多优点，现如今它已经成为检测驾驶员疲劳状态的主要研究方向。客观检测法一般可以再细分为以下四种类型。

1. 基于车辆行为特征的检测方法

该方法是基于非生理信号的检测方法，当驾驶员呈现疲劳状态时，在一定程度上会通过他所操作车辆的车辆行为反映出来。这些车辆行为特征参数可以比较容易地被获取并用于疲劳检测，如方向盘受到的来自驾驶员手部的压力、车辆加速度变化情况、车身摇摆情况以及车辆偏离行车道的程度等。分别测量这些车辆行为特征在驾驶员正常驾驶状态以及疲劳驾驶状态下对应的数据，就能制定一个用来区分正常驾驶状态和疲劳驾驶状态的判定标准，然后将实时获取的测量数据与这个标准做比较，从而对驾驶员的疲劳状态进行分析判断。该类检测方法的缺点是容易受到自然环境，驾驶员的驾驶水平、心理素质以及驾驶心情等因素的影响。目前，常用的有以下两种技术。

（1）通过检测车道偏离的防疲劳驾驶技术

此项技术在现如今的车辆上最为常见，它是基于前置摄像头的车道偏离检测系统。该系统通过分析道路上的行驶线来判断车辆是否偏离车道。这个系统可以提醒驾驶员，即当他们的注意力不集中或感到疲倦时，发生车辆偏离车道的情况，系统就会以声音或振动等方式提醒驾驶员。这项技术在众多车型上都有配备，因为它需要的数据累积和技术成本并不高。然而，在雨雪天气或能见度低的路面上，该系统的识别率可能会降低，或者在没有标线的路面上，该系统可能就无法正常工作了。这项技术只是车辆安全辅助系统的一部分，驾驶员仍然需要保持高度的警觉和集中注意力，以确保安全驾驶。

（2）通过检测方向盘的防疲劳驾驶技术

为了避免驾驶员疲劳驾驶，奔驰在车辆的方向盘内部安装了一个传感器。该传感器可以感知驾驶员对行进方向的纠正频率和速度，并将数据传回车辆的计算机进行分析和识别。该系统适用于速度为 80km/h 以上、180km/h 以下的行驶情况，启动后 20min 内开始工作。通过分析驾驶方式（例如转向）、行驶条件和驾驶时间等因素，该系统评估驾驶员的疲劳程度和注意力分散情况。如果系统检测到驾驶员存在疲劳驾驶的可能，仪表盘中央会显示一个咖啡杯的图标。当需要时，咖啡杯标志会放大闪烁，并配有提示音，提醒驾驶员需要停车休息。要使该图标消失，驾驶员需要停车后打开车门或重新启动汽车。这个系统旨在提高驾驶员的安全性，在长时间驾驶过程中减少事故的发生。

2. 基于驾驶员面部特征的检测方法

基于驾驶员面部特征的检测方法也是属于非生理信号的检测方法，该方法是指以通过摄像头等图像传感器获取到的驾驶员面部图像为基础，运用机器视觉中人脸检测、面部特征点定位等算法技术，对驾驶员的脸部变化（如眼睛睁/闭、嘴巴张/合以及头部姿态等）特征进行提取和分析，从而实现对驾驶员的疲劳状态的分析判断。基于驾驶员面部特征的检测方法成本低、不须接触、检测方便，因此成为驾驶员疲劳检测系统的热门研究方向。

通过检测眼睛的特征来检测驾驶疲劳，人们在疲劳或打瞌睡的时候都会频繁地眨眼或者干脆闭眼，所以在判断驾驶员是否存在疲劳驾驶时，可以通过眼部特征来分析判断，而这种通过眼睛检测疲劳状态的方法，通常都是采用动态眼部特征分析方法。该特征分析方法是通过摄像头记录驾驶员眼部运动的方法。它可以通过分析驾驶员的瞳孔大小、眼球位置、眼睛运动速度、眨眼频率、眼睛运动轨迹和视线距离等特征，来确定驾驶员的疲劳状态。另一种为动态眼部特征分析方法，该特征分析方法是通过摄像头记录驾驶员眼睛运动轨迹的方法。它可以通过分析驾驶员的瞳孔大小、眼球位置和眼睛运动速度等特征，来确定驾驶员的疲劳状态。其他还有如丰田汽车公司采用一种通过摄像头监测驾驶员上下眼皮之间距离的系统来判断是否存在疲劳驾驶的情况。当系统检测到驾驶员可能处于瞌睡状态时，会触发警报声以提醒驾驶员。然而，这个系统可能在以下情况里存在一些问题：首先，如果驾驶员的眼睛较小，摄像头可能无法准确测量上下眼皮之间的距离，导致检测结果不准确；其次，如果驾驶员佩戴了墨镜或其他遮挡物，摄像头可能无法清晰地观察到驾驶员的眼睛，同样可能导致误判。因此，在使用这种系统时，驾驶员应尽量避免佩戴遮挡物，并确保摄像头能够正常观察到眼部区域，从而提高检测的准确性。

3. 基于驾驶员生理特征的检测方法

基于驾驶员生理特征的检测方法是通过测量驾驶员的生理特征，如心率、呼吸频率、皮肤电阻和身体温度等，来检测该驾驶员是否处于驾驶疲劳状态。这种通过驾驶员生理指标特征来检测的方法，往往需要借助医疗器械和相关设备来完成采集工作。与基于机动车行为特征的检测方法有所相似，它需要分别采集驾驶员正常驾驶和疲劳驾驶时的生理特征数据，生成相应的驾驶状态区分标准，然后将驾驶员驾驶阶段采集到的实时数据与这两种数据标准相比较，便可对驾驶员的驾驶状态进行判断。该类方法是一种接触式检测方法。基于驾驶员生理特征的检测方法虽然精确度比较高，但是驾驶员需要穿戴相关的生理指标检测设备，有可能会影响驾驶过程中的舒适度。目前，常用的技术有以下几种。

(1) 基于心率监测的防疲劳驾驶技术

诺丁汉特伦特大学开发了一种智能安全带，旨在监测驾驶员的状态。该安全带配备了传感器，可以实时监测驾驶员的心率，以判断是否出现疲劳或瞌睡的情况，并采取相应措施提醒驾驶员。在系统无法唤醒驾驶员时，汽车会自动切换至自动巡航模式，利用防撞和防偏离车道系统来减少碰撞对乘车人员的伤害。目前，防疲劳驾驶技术可以根据触发方式分为主动疲劳预警和被动疲劳预警两类。诺丁汉特伦特大学所采用的监测方式属于主动疲劳预警，即通过主动获取司机信息来判断其疲劳程度。尽管这种防疲劳技术的概念很好，但它仍然需要解决持久性和可靠性方面的问题。当下，该技术尚未实现产品化，因为心率监测涉及许多技术难题，远非想象中简单。

(2) 基于皮肤电阻检测的防疲劳驾驶技术

通过皮肤电阻变化来间接检测驾驶疲劳的技术，通常使用基于生理信号的疲劳驾驶检测系统。这些系统利用皮肤电阻在疲劳状态下升高的特点，可以实时监测驾驶员的身体反应和生理活动，以判断其是否处于疲劳状态。当人处于疲劳状态时，身体处于一种紧张或不适的状态，出现了一些自主神经调节的变化，例如出汗、血压波动等，从而导致皮肤电阻升高。因此，皮肤电阻可以间接反映驾驶员的身体反应和生理活动，并作为一种生理信号用于检测驾驶员的疲劳程度。2011年，Dominique G等研究人员收集了一组长途驾驶数据，并使用可穿戴设备记录了驾驶员的皮肤电导率。他们发现，在长时间的驾驶过程中，驾驶员的皮肤电导率会下降，并且驾驶员可能正在变得疲劳和昏昏欲睡。他们通过实验，让受试者在模拟的驾驶环境中进行长时间的驾驶，同时监测他们的皮肤电阻变化和其他生理指标，结果表明，皮肤电阻变化可以作为一种有效的生理指标来检测驾驶员的疲劳状态。

这里需要注意的是，皮肤电阻的升高可能会受到外部环境和个体差异等因素的影响。因此，在实际应用中，需要综合考虑多种生理信号指标，才能更准确地判断驾驶员的疲劳情况。

(3) 基于脑波信号的防疲劳驾驶技术

基于驾驶员脑波信号来判断驾驶员是否处于疲劳状态的技术是目前为止最为精准的疲劳驾驶预警技术。该技术基于EEG脑波技术，稳定且可追溯；摒弃了ECG、人脸识别、行车轨迹分析、驾驶行为辨析等传统方法，通过佩戴帽子这一简便方法，由帽檐上与皮肤接触的金属触点采集脑电波信号，并进行数据分析来判断驾驶员是否进入疲劳状态。脑信号可以用于检测驾驶员的疲劳和注意力水平。通过一些专门设计的试验或任务，可以收集到驾驶员大脑的电活动，并分析出与疲劳和注意力相关的特征。以下是一些常见的基于脑信号检测驾驶疲劳的方法：

脑电图（EEG）：使用带电极的头盔或耳机采集驾驶员头部的电信号，然后通过对这些信号进行频谱分析、时域分析等方法提取相关特征来判断驾驶员的疲劳状态。

功能性近红外光谱（fNIRS）：通过放置在驾驶员头部的光源和探测器，测量大脑皮层局部血流量的变化，从而推断出驾驶员的疲劳和认知状态。

功能磁共振成像（fMRI）：使用强磁场和无线电波来记录大脑的血液流动情况，然后根据不同任务下的血流变化来推断驾驶员的疲劳状态。

事件相关电位（ERP）：通过记录大脑对特定刺激（例如声音、图像或文字）的反应电位来评估驾驶员的注意力水平和认知负荷。

眼脑电一体化技术（Eye-Brain EEG）：该技术结合 EEG 和眼动仪数据，可以同时获取到眼部运动和大脑电波信息，从而更加精确地评估驾驶员的疲劳状态。

脑机接口（BMI）：使用脑机接口设备，将驾驶员的脑电信号转换为控制汽车行驶或其他操作的指令，从而实现对驾驶员疲劳状态的监测和干预。

移动脑波采集技术：利用无线脑波采集设备，可以在车内或者移动场景下实时地对驾驶员的脑电信号进行监测，避免了传统脑电信号采集需要在实验室环境中进行的限制。

这些方法都具有一定的优点和限制，需要在实际应用中根据情况进行选择。总的来说，基于脑信号检测驾驶疲劳是一种前沿的技术，有望在未来成为驾驶员辅助系统中的重要组成部分，提高行车安全性和降低交通事故风险。

4. 基于多源融合的检测方法

以上的三种检测方法都存在一定的优缺点，在这种情形下，可以优势互补的"融合检测"逐渐被研究人员所认可。基于多源融合的驾驶疲劳检测方法是一种结合了多种生理、行为和环境指标的综合性检测方法。传统的驾驶员疲劳检测方法主要基于单一生理信号或行为数据进行分析，其准确性和可靠性较低。而基于多源融合的驾驶疲劳检测，可以更全面、准确地评估驾驶员的疲劳状态，通过将不同检测手段获取到的数据（生理信号数据和非生理信号数据）进行综合分析，从而实现更为准确和全面的驾驶疲劳检测。

基于多源融合的驾驶疲劳检测方法包括以下几个步骤：

① 数据采集。数据采集是实现基于多源融合的驾驶疲劳检测方法的第一步。常用的生理信号有脑电图（EEG）、心电图（ECG）、皮肤电反应（EDA）、血氧饱和度（SpO2）等。行为数据传感器包括眼动仪、头部运动追踪器、车速传感器等。环境信息有太阳光、白天/黑夜、路况、温度、湿度等。通过多个传感器获取到的数据可以从不同角度反映出驾驶员的身体状况、心理状况和行为状况。

② 信号预处理。传感器所监测到的信号中会存在一定的噪声和干扰，因此需要对其进行一定的预处理操作，主要包括滤波、去噪、校正等。滤波是指将信号中的高频或低频成分去掉，以保留有用信息；去噪是指通过各种方法降低信号中的随机噪声；校正是指将采集到的数据与标准数据进行比较，在必要时对其进行校正。这些预处理步骤可以提高数据质量。

③ 特征提取。在信号预处理之后，需要从采集到的数据中提取出有价值的特征向量。特征提取是基于多源融合的驾驶疲劳检测方法的核心步骤之一，不同的特征向量反映了驾驶员不同方面的状态信息，如注意力水平、疲劳程度、视觉劳累程度等。常用的特征提取方法有时域特征、频域特征、小波变换特征、熵特征等。例如，通过对EEG信号进行小波变换，并提取相应的小波系数，可以得到反映大脑活动的 α 波、θ 波、β 波等特征向量，用于后续的分类和识别。

④ 特征融合。在特征提取之后，不同的传感器会产生大量的特征向量。为了综合考虑多个源数据的信息，需要将它们进行融合。特征融合是基于多源融合的驾驶疲劳检测方法的另一个核心步骤，目的是得到一个更加全面、准确的特征向量。常见的特征融合方法有简单加权、多层融合、决策级联等。例如，采用加权平均的方法对不同传感器获取到的特征向量进行融合，可以根据其重要性赋予不同的权重，得到一个综合的特征向量。同时，为了保证融合后的特征能够更好地反映出驾驶员的真实状态，还需要对其进行归一化处理，以消除不同源数据之间的尺度差异等影响。

⑤ 疲劳识别。在完成特征融合后，可以将得到的特征向量输入分类器中进行疲劳识别。常用的分类器有支持向量机（SVM）、决策树、人工神经网络（ANN）等。分类器通过训练一定数量的已知样本，学习并建立预测模型，从而能够对未知样本进行分类和识别，并输出相应的判断结果。例如，将融合后的特征向量输入SVM分类器中进行训练和验证，可以判断驾驶员是否处于疲劳状态。

基于多源融合的驾驶疲劳检测方法是一种结合了多种生理、行为和环境指标的综合性检测方法，该方法具有以下几个优点：

① 提高检测精度。通过将多个传感器获取到的数据进行综合分析，可以消除噪声和误差，从而提高检测的准确度和可靠性。

② 综合评估驾驶员状态。不同类型的数据反映了驾驶员身体、心理和行为三个方面的状态信息，多源融合可以全面评估驾驶员的整体状态。

③ 适应性更强。基于多源融合的方法可以根据不同的车辆、道路和驾驶员特征进行灵活调整和优化，具有更好的适应性和泛化能力。

④ 实时性更高。该方法可以通过无线传输等技术实现实时数据采集和处理，满足对驾驶员疲劳状态的快速检测和预警需求。

但是，基于多源融合的驾驶疲劳检测方法也存在一些挑战和问题。例如，如何有效地融合多种不同类型的数据，如何解决数据质量和隐私保护等问题，这些需要进一步地研究和改进。同时，该方法还需要实现无线数据传输、数据处理和算法优化等技术创新，以实现更高效、更准确和更可靠的驾驶疲劳检测方法。

未来，该方法有望成为汽车驾驶员辅助系统的重要组成部分，并为防止由疲劳导致的交通事故发生做出更加有效的贡献。

第二章

脑电信号研究现状

第一节 基于脑电信号的特征提取方法研究现状

人们很早就开始研究脑电信号与疲劳之间的关联性。通过大量的研究，人们发现脑电信号时域和频域特征与疲劳状态有显著的对应关系。当疲劳发生时，不同频段的脑电信号活跃度会发生改变，脑电功率谱分布发生改变。而且近似熵、样本熵、分形维数、自回归系数、纺锤波数等时域特征也与疲劳存在一定的变化关系。但是由于脑电信号信噪比较低、每个人的脑电模式存在差异等，因此我们需要对脑电信号进行降噪、特征提取等处理才能使用脑电信号进行疲劳监测。基于脑电信号的疲劳监测具体步骤包括降噪去伪迹、特征提取、特征过滤、特征降维、特征选择、疲劳估计。

如图 2.1 所示，由于外界和受试者自身信号的干扰，采集的原始脑电信号常携带大量噪声信号，因此需要通过对原始脑电信号降噪去伪迹来降低这些噪声的影响。然后对脑电特征进行提取，提取的脑电特征包括时域特征、频域特征、时频特征和其他脑电特征。提取后，由于有些脑电特征与疲劳程度无关，因此需要对这些特征进行过滤，提取与疲劳程度相关最大的那些脑电特征。脑电特征维度很高，在处理前一般需要进行降维处理。最后通过一定的分类算法，将选取的脑电特征作为输入参数建立疲劳监测模型，从而利用脑电数据信号进行疲劳监测。

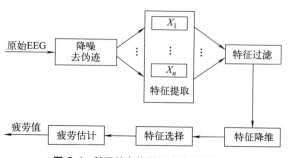

图 2.1 基于脑电信号的疲劳监测步骤

在这些步骤中，选取与疲劳程度紧密相关的疲劳特征是关键步骤。目前对脑电信号进行特征提取和特性分析的方法主要包括时域分析、频域分析、时频分析等。

一、时域分析

1. 时域分析概述

时域（time domain）是描述数学函数或物理信号对时间的关系。信号的时域波形可以描述出信号随时间的变化情况。原始的 EEG 数据是由很多个样本点数据所构成的一个有限的离散的时间序列数据。每个样本点数据代表的是脑电波幅的大小，物理学上称为电压值，单位为伏特（V），由于脑电信号通常较弱，所以更常使用的单位为微伏（μV）。如图 2.2 所示为一个原始的 EEG 信号，它就是一个时域上的数据。

时域分析是最早发展起来的一种特征提取方法，它可以直接从时域提取特征。由于它直观性强且物理含义清晰，因此，很多

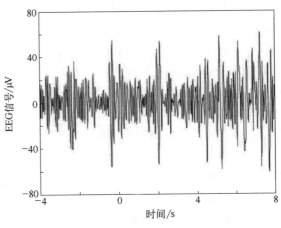

图 2.2 EEG 信号

脑电图专家或技术人员依然选择使用这种方法。时域分析主要从时域信号中提取特征，包括平均值、方差、标准差、均方根、峰值等统计量，它们是可以用于描述信号的整体特征。早期很多研究者就采用时域分析来提取脑电信号的特征。例如，2001 年，G. Pfurtscheller 等人在他们的研究中就比较了一些常用的时域特征提取方法，包括平均幅值、方差、斜率、能量、自相关等方法，讨论了不同特征提取方法的优缺点和适用范围，并比较了这些方法在脑机接口中分类任务的效果。2005 年，L. Ding 等人介绍了时域特征提取的基本原理和常用方法，然后提出了一种基于时域特征的特征提取算法，该算法能够有效地提取脑电信号的时域特征。

2. 时域分析方法

时域分析方法是对信号在时间域上的特征进行分析的方法。常见的时域分析方法主要包括时域图像分析、自相关函数分析、统计特征分析、瞬态分析。

（1）时域图像分析

时域图像分析是一种通过绘制信号的波形图、幅度谱图等图像来直观地观察信号在时间域上的特征的方法。时域图像分析的基本步骤包括：首先采集或获取待分析的信号；将信号的时间序列数据绘制成波形图；对于脉冲信号，可以通过观察波形图来分析脉冲的宽度、上升时间、下降时间等特性，从而了解脉冲信号的快速响

应能力，而对于周期性信号，可以通过观察波形图来分析信号的周期、频率等特征，从而了解信号的重复性和周期性；通过观察波形图的振幅变化，可以分析信号的幅度特性，如峰值、均值、最大值、最小值等。

时域图像分析是一种直观、简单的分析方法，可以帮助我们初步了解信号的时域特征。然而，时域图像分析方法对于复杂信号的分析有一定的局限性，因此在实际应用中常常需要结合其他分析方法进行综合分析。

(2) 自相关函数分析

自相关函数分析是一种用于研究信号的周期性、重复性等特征的方法。自相关函数是信号与其自身在不同时间延迟下的相关性函数。自相关函数的定义如下：

$$R(\tau)=\frac{1}{T}\int_{0}^{T}x(t)x(t+\tau)dt \quad (2.1)$$

式中，$x(t)$ 是信号的时间域表示；τ 是时间延迟；T 是信号的总时间长度。自相关函数的计算步骤如下：

- 将信号进行归一化处理，使其均值为 0；
- 对信号进行时间延迟操作，得到延迟后的信号；
- 将原始信号与延迟后的信号相乘，得到乘积信号；
- 对乘积信号进行积分，得到自相关函数。

自相关函数分析可以帮助人们理解信号的周期性、重复性以及与自身的相关性，从而更好地理解和处理信号。

(3) 统计特征分析

统计特征分析是一种用于研究信号的统计性质和特征的方法。它通过计算信号的均值、方差、偏度、峰度等统计量来描述信号的分布和形态，可以帮助我们了解信号的整体特征和分布情况；通过比较不同信号的统计特征，可以对信号进行分类、识别和判别。

(4) 瞬态分析

瞬态分析是用于研究信号的瞬时变化特性的一种方法。在瞬态分析中，常常对瞬态响应、瞬态幅度和瞬态时间进行分析。通过观察系统的瞬态响应，可以了解系统的稳定性、动态特性和频率响应。通过研究信号的瞬态幅度变化，可以了解信号的峰值、波形变化和幅度调制特性。通过研究信号的瞬态时间变化，可以了解信号的时间延迟、时序关系和时间演化特性。

瞬态分析广泛应用于多个领域，如信号处理、电力系统、音频分析等。它可以帮助人们了解信号的瞬时特征和动态变化，从而更好地理解和处理信号。

由于时域特征是对脑电信号在时间上的变化进行描述，可以直观地反映出信号的振幅、频率和时序等信息；时域特征提取通常计算简单，计算速度快，适合实时应用，如脑机接口中的实时分类任务；时域特征提取方法的结果可以直接解释为脑电信号的某种特性，有助于理解脑电信号与脑机接口任务之间的关系。这些都是采用时域分析的优点,但脑电时域分析也存在一些缺点。比如时域特征提取通常只关注信号的整体统计特征,可能丢失一些细节信息,如脑电信号中的频率成分和相位信息;时域特征提取方法对于非线性的脑电信号可能不够有效,无法捕捉到信号的非线性特征;不同的时域特征可能存在一定的冗余,导致特征向量维度较高,增加了分类算法的计算复杂度。

3. 时域分析案例

时域分析关注的是脑电信号的波幅随时间的变化情况。其中事件相关电位(ERP)分析是最常用的时域分析方法。ERP 是一种特殊的脑诱发电位,它通过给予刺激仪一些特殊的心理意义,然后借助多个或多样的刺激来引起脑电位波幅值的变化,以分析大脑神经电生理在认知过程中的变化。事件相关电位主要成分有 P1、N1、P2、N2、P3 五种,数字代表的是刺激呈现后的时间,P 和 N 代表波是正向波还是负向波,所以 P1(或 P100)是刺激呈现 100ms 后的正向波,而 N2 是刺激呈现 200ms 后的负向波。其中 P1、N1、P2 被称为外源性成分,受物理刺激的影响,只

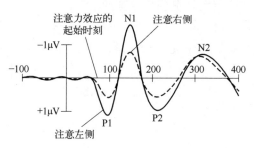

图 2.3 ERP 分析

与刺激的物理特征有关;而 N2、P3 是内源性成分,反映的是与心理有关的活动,包括但不限于注意、辨别、工作记忆等。图 2.3 所示即为一个 ERP 分析,不同刺激产生了不同的事件相关电位。

此处介绍 MNE-Python 中进行事件相关电位 ERP 的处理过程。

```
# 导入包
# 1)读取脑电数据
root= mne.datasets.sample.data_path()/"MEG"/"sample"
raw_file= root/"sample_audvis_filt-0-40_raw.fif"
raw= mne.io.read_raw_fif(raw_file,preload= False)
……
# 2)从连续数据中提取诱发事件
# 在 MNE-Python 中,事件表示为 Numpy 数据,事件代码存储在事件数据的最后一列
np.unique(events[:,- 1])
event_dict= {
    "auditory/left": 1,
    "auditory/right": 2,
```

```
    "visual/left": 3,
    "visual/right": 4,
    "face": 5,
"buttonpress": 32,}
```
3)定义epochs,计算左听觉状态和左视觉状态下的平均值
创建一个包含6个条件的Epochs对象
```
epochs= mne.Epochs(raw,events,event_id= event_dict,tmin= -0.3,tmax= 0.7,preload= True)
# 为每种情况创建单独的ERP
l_aud= epochs["auditory/left"].average()
l_vis= epochs["visual/left"].average()
fig1= l_aud.plot()
fig2= l_vis.plot(spatial_colors= True)
```
显示结果:

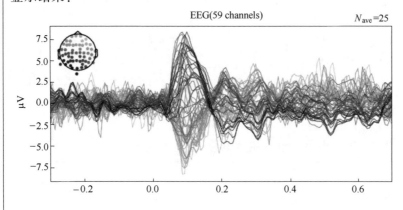

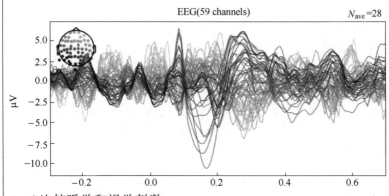

```
# 4)比较听觉和视觉刺激
evokeds= dict(auditory= l_aud,visual= l_vis)
```

```
picks= [f"eeg{n}" for n in range(10,15)]
mne.viz.plot_compare_evokeds(evokeds,picks= picks,combine=
"mean")
```
显示结果：

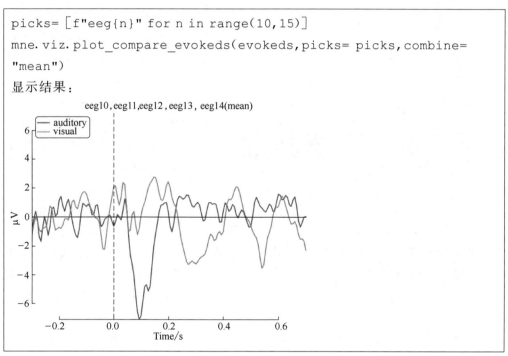

在 ERP 研究中，常常需要在不同条件下提取振幅或潜伏期的测量值来进行比较。一般提取的三种常用度量包括：峰值延迟、峰值振幅和平均振幅。在 MNE-Python 中可以采用 get_peak() 来获取相关度量值。

二、频域分析

1. 频域分析的概述

众所周知，脑电设备采集到的数据实际上就是一种波形信号，而任何复杂信号都可以看成由不同振幅、频率、相位的正弦波复合而成。因此，时域分析不能全面地分析出 EEG 信号中蕴藏的所有信息。比如它就无法按频率对信号进行划分分析。而我们常用的 α 波、β 波、γ 波等就是具有不同频率的 EEG 信号。而频域分析是指将时域信号转换为频域信号，以便于对信号在不同频率上的特征进行分析。

傅里叶定理表明：任何连续测量的时序或信号，都可以表示为不同频率的正弦波信号的无限叠加。因此，对于一个连续信号来说，可以根据傅里叶定理，把一个波形分解成若干个正弦波。而 EEG 数据实际上是一种非周期的、非连续的数据，EEG 数据采样率越高，数据就越接近连续数据。但就算采样率再高，EEG 数据也还是一种非连续数据。如何将离散信号转换为连续信号？美国电信工程师 H. 尼奎斯特 1928 年提出了尼奎斯特定理，该定理也称为采样定理。该定理指出：当采样频率大于信号中最高频率的 2 倍时，采样之后的数字信号完整地保留了原始信号中的信息。因此，对 EEG 数据也可以通过傅里叶变换将其信号从时域形式转换到频

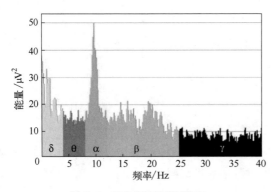

图 2.4 脑电信号的频域表示

域形式。频域分析使用的就是傅里叶变换。它能将 EEG 信号从时域形式变换成频域形式，能显示出信号在不同频率上的能量值分布。图 2.4 所示为脑电信号的频域表示形式。图中横坐标表示不同频率的脑电波（例如，α 波、β 波、γ 波等），纵坐标表示各频率脑电波信号的能量值，单位为 μV^2。

一般，对 EEG 原始信号进行频域分析包括三个步骤：信号提取、频域变换和分析。首先需要从 EEG 脑信号中提取想要测量的特征。然后通过傅里叶变换把信号从时域变换到频域，得到各个频率点上的能量，获得信号的频域特征。常见的频域特征主要包括功率谱密度、频带能量比、频谱熵等。最后对该频域特征进行统计分析，提取信号的有效信息。统计分析一般包括：

① 沿着频率点统计：选择感兴趣的空间区域（通道），沿着频率点进行统计检验。

② 沿着通道统计：选择感兴趣的频段，沿着通道进行统计检验。

③ 提取特定通道、特定频段的能量数值，进行统计检验。

很多研究者也常常提取脑电的频域特征，进行脑电信号分类等研究。例如，李丽君等人在采用小波包分析法提取运动想象的脑电信号特征时，利用脑电的频域特征确定 ERD/ERS 较明显的频率范围。Bazgir O 等人利用脑电信号的频域特征开发了一种基于情感价值/唤醒模型的脑电图（EEG）信号的情感识别系统，该系统能有效识别情绪，并有效激活情绪状态。

相比于时域特征，频域特征的维度通常较低，可以减少特征空间的复杂性，简化模型的训练和计算；频域特征可以提供关于信号在不同频率上的能量分布、频带能量等信息，有助于分析信号在不同频率范围内的变化；此外，频域特征可以提供信号的频率成分，可以揭示信号的周期性、振荡和谐波等特性，从而提供更多的信息用于分析和识别。但脑电频域特征也存在不足。比如，频域特征提取过程中，需要将时域信号转换为频域信号，这可能会导致一些时域信息的丢失，特别是在高频率范围内；频域特征通常包含大量的频率分量，因此在特征选择过程中，需要进行有效的特征选择方法，以排除冗余或不相关的特征，避免过拟合问题；频域特征提取过程中，信号可能受到噪声和干扰的影响，这可能会降低特征的准确性和稳定性等。这些都是对脑电信号进行频域分析的不足。因此，在应用中需要权衡这些优缺点，并选择适合的方法来提取脑电频域特征。

2. 频域分析的方法

功率谱估计是频域分析的主要方法之一。它是频域分析的核心内容，用于估计信号在不同频率上的功率或能量密度。功率谱估计方法可以通过傅里叶变换将信号从时域转换到频域，得到信号的频谱。它分为经典的功率谱估计方法和现代的功率谱估计方法两类。

（1）经典的功率谱估计

经典的功率谱估计也称为非参数估计。经典功率谱估计采用传统傅里叶变换（DFT）分析方法，它通过对信号进行窗口函数处理、傅里叶变换、平方运算和平均处理等步骤，得到信号的功率谱密度估计。这种方法可以用于分析信号的频率成分、频谱密度、频谱峰值等特性，是信号处理和频谱分析中常用的方法之一。它包括周期图法、平均周期图法等。

周期图法是先求出序列的离散傅里叶变换，然后求模平方，得到能量谱，再除以观察时间就得到功率谱。此处，离散傅里叶变换是假设现有序列是无限长序列的一个周期。显然这个假设在大多数时候是不符合实际的，而且谱分辨率也是低的，但是由于可以采用离散傅里叶变换，它的计算效率很高，在对谱分辨率要求不高的地方，这种方法还是很常用的。

平均周期图法就是将原本的序列切割成两段，每段各自按照周期图的方法求一个功率谱出来，然后把两个功率谱加起来除以二，从而缩小原始的周期图法的方差。显然，序列也可以切割成多段。但是这种切割是要付出代价的，代价就是谱分辨率降低。

经典的功率谱估计方法是一种直观且易于理解的方法，其基本原理和计算步骤相对简单。它通常不需要对信号进行窗口函数处理，因此可以获得较高的频率分辨率，能够更好地分辨信号的频率成分。此外，经典的功率谱估计方法通常具有较低的计算复杂度，可以在实时应用中实时计算信号的功率谱。然而，经典的功率谱估计方法也存在一些缺点。比如，经典的功率谱估计方法通常基于信号平稳的假设。这个假设在实际中并不总是成立，如果信号存在非平稳性，将会影响功率谱的估计精度。该方法对信号的长度有一定的要求，如果信号长度过短或过长，都会影响功率谱的估计精度。此外，该方法通常需要对信号进行窗口函数处理，窗口函数的选择和参数设置会影响功率谱的估计结果。而窗口函数的使用会引入窗口效应，导致功率谱估计结果的主瓣宽度增加和频谱泄漏。另外，当信号的信噪比较低时，功率谱估计结果可能会受到较大的误差影响。因此，经典的功率谱估计方法在某些应用场景下具有一定的局限性，需要根据具体情况选择合适的方法进行功率谱估计。

（2）现代功率谱估计

为了解决经典功率谱估计中的问题，人们提出了现代功率谱估计方法。现代功率谱估计是基于现代信号处理理论和方法，利用统计学和数学工具对信号的功率谱进行估计的方法。它通常假设信号的功率谱具有一定的参数化模型，通过对这些参数进行估计来获得功率谱的估计结果。因此，现代功率谱估计也称为基于模型的功率谱估计方法。常用的功率谱估计模型包括自回归模型 AR（auto-regression model）、滑动平均模型 MA（moving average model）和自回归滑动平均模型 ARMA（auto-regression-moving average model）。这三种模型可以相互表示。基于 AR 模型的谱估计因为计算简便，结果为线性方程，实际的物理系统通常又是全极点系统等优点成为现代谱估计中最常用的一种方法。

AR 模型是自回归模型，其信号模型建立如下：

① 首先建立信号模型。由一个均方误差为 σ_w^2 的零均值白噪声序列 $w(n)$ 经过一个时间系统 $H(z)$ 激励得到的数据 $x(n)$，$x(n)$ 的差分方程为

$$x(n) = -\sum_{k=1}^{p} a_k x(n-k) + w(n) \tag{2.2}$$

其中，p 是 AR 模型的阶数，$\{a_k, k=1, 2, \cdots, p\}$ 是 p 阶 AR 模型的参数，将该模型记为 AR(p)，它的系统转移函数为

$$H(z) = \frac{X(z)}{W(z)} = \frac{1}{1 + \sum_{k=1}^{p} a_k z^{-k}} \tag{2.3}$$

② 根据线性系统对平稳随机信号的响应理论可得观测数据的功率谱为

$$P(\omega) = \sigma_w^2 |H(e^{j\omega})|^2 = \frac{\sigma_w^2}{\left|1 + \sum_{k=1}^{p} a_k e^{-jk\omega}\right|^2} \tag{2.4}$$

将式（2.2）两端乘以 $x(n-m)$ 求平均，求得观测数据的 AR(p) 模型参数与自相关函数的关系式为

$$R_{xx}(m) = \begin{cases} -\sum_{k=1}^{p} a_k R_{xx}(m-k) & m > 0 \\ -\sum_{k=1}^{p} a_k R_{xx}(m-k) + \sigma_w^2 & m = 0 \\ R_{xx}(-m) & m < 0 \end{cases} \tag{2.5}$$

将式（2.5）写成矩阵形式得：

$$\begin{bmatrix} R(0) & R(1) & \cdots & R(p) \\ R(1) & R(0) & \cdots & R(p-1) \\ \vdots & \vdots & & \vdots \\ R(p) & R(p-1) & \cdots & R(0) \end{bmatrix} \begin{bmatrix} 1 \\ a_1 \\ \vdots \\ a_p \end{bmatrix} = \begin{bmatrix} \sigma_w^2 \\ 0 \\ \vdots \\ 0 \end{bmatrix} \tag{2.6}$$

这个方程表明，根据已知观测数据的自相关函数，就能求出 AR 模型参数 $\{a_k\}$ 和 σ_w^2，按式（2.4）求得信号功率谱的估值。

目前，有三种主要算法用于提取 AR 模型的参数，它们是 Levinson-Durbin 算法、Burg 算法和 Marple 算法。Levinson-Durbin 算法通过先求得观测数据的自相关函数，然后求得模型参数，并最终计算功率谱来满足前向预测均方误差最小化的要求。Burg 算法首先借助线性预测器的前向和后向预测的总均方误差之和最小化的准则，由观察到的数据来估计反射系数，然后依据 Levinson-Durbin 算法的递推公式求解 AR 模型优化参数。Marple 算法为了避免递推运算约束预测系数，于是将每一个预测系数直接与前、后向预测的总均方误差最小相关联，以达到总均方误差最小。尽管 Levinson-Durbin 算法较为简单，但其分辨率较低。而 Burg 算法计算成本不高，能满足大多数应用需求，但易出现谱线分裂和伪峰，导致频率偏移。Marple 算法的运算量较大，但性能最好，分辨率最高。在实际应用中，应根据需求选择合适的算法。

与经典的功率谱估计方法相比，现代功率谱估计方法能够更准确地估计信号的功率谱，相较于经典方法具有更高的精度。它对信号中的噪声有较好的抑制效果，能够更好地提取信号的特征。此外，它还能够提供更好的频率分辨率和时频分辨率，能够更好地反映信号的时频特性。它的适用范围也非常广，可以对周期信号、非周期信号、窄带信号和宽带信号等多种不同类型的信号进行频域分析。当然现代功率谱估计方法也存在一些不足。它通常需要进行大量的数学计算，因此计算复杂度较高，需要较高的计算资源支持；它通常需要选择一定的参数，如子空间维数、小波基函数等，参数选择不当可能导致估计结果的偏差；它对数据长度有一定的要求，当数据长度较短时，估计结果可能会受到较大的误差影响。

除了功率谱估计，频域分析还包括其他方法，如频谱分析、频率响应分析和滤波等。频谱分析可以对信号的频谱进行可视化展示，以便观察信号在不同频率上的能量分布情况。频率响应分析则是通过对信号进行激励和响应的测量，来分析系统在不同频率上的响应特性。滤波是通过调整信号在不同频率上的能量分布来实现信号的频率选择和去除干扰。

3. 频域分析案例

下面介绍两个频域分析的实例，通过案例来了解频域分析的实现。

（1）按不同频段计算全局功率谱（global field power，GFP）

GFP 综合考虑了来自所有电极的数据，能够反映整体的电位情况。GFP 的最大值也常被用来检测诱发电位成分的潜伏期。按不同频段计算 GFP 的具体步骤如下：

① 读取运动想象脑电数据中的事件信息；

② 设置要分析的频段范围；

③ 计算每一个频段的全局功率谱。

对每一个频段计算全局功率谱的过程都是相同的，主要包括：读取原始脑电数据、提取 MEG 的梯度值、设计带通滤波、生成 epoch 格式的数据、获取信号的包络信息、计算 epochs.average () 获取全局功率谱。具体实现代码如下：

......
(1)读取数据,提取事件信息
```
raw_fname= data_path / f"sub-{subject}" / "meg" / f"sub-{subject}_task-{task}_meg.fif"
raw= mne.io.read_raw_fif(raw_fname)
events= mne.find_events(raw,stim_channel= "STI 014")
```
(2)设置4种不同波段的频率范围
```
iter_freqs= [("Theta",4,7),("Alpha",8,12),("Beta",13,25),("Gamma",30,45)]
```
(3)计算每一个频段的全局功率谱
设置epoch的相关参数,这里分析event_id为1的事件,事件时间范围[-1,3]
```
event_id,tmin,tmax= 1,-1.0,3.0
baseline= None
```
初始化处理结果字典,frequency_map用于保存各个频段的处理结果
```
frequency_map= list()
for band,fmin,fmax in iter_freqs:
    raw= mne.io.read_raw_fif(raw_fname) # 重复加载原始数据
    raw.pick_types(meg= "grad",eog= True)    # 提取MEG的梯度数据
    raw.load_data()
```
带通滤波
......
```
    # 定义epoch
    epochs= mne.Epochs(
        raw,
        events,
        event_id,
        tmin,
        tmax,
        baseline= baseline,
        reject= dict(grad= 4000e-13,eog= 350e-6),
        preload= True,
    )
```
脑电活动是有相位锁定和非相位锁定之分的,此处分析的是非相位锁定部分的脑电信号 epochs.subtract_evoked() # 去除evoked能量,保留induced部分
构建Hilbert解析信号(包络),获取信号的包络信息,得到整体的信息

```
epochs.apply_hilbert(envelope= True)
# 保存对应频段的处理结果,epochs 的均值代表该频段的(induced)处理结果
frequency_map.append(((band,fmin,fmax),epochs.average()))
……
# 计算 GFP,采用 bootstrap 方法计算置信区间
# 开始绘制不同频段对应的处理结果
for((freq_name,fmin,fmax),average),color,ax in zip(frequency_map,colors,axes.ravel()[::- 1]):
    ……
# 计算 GFP
gfp= np.sum(average.data * * 2,axis= 0)
  ……
    # 利用 bootstrap 计算置信区间
    ci_low,ci_up= bootstrap_confidence_interval(average.data,random_state= 0,stat_fun= stat_fun)
    ……
    # 绘制 GFP 的置信区间
    ax.fill_between(times,gfp+ ci_up,gfp-ci_low,color= color,alpha= 0.3)
    ……
```

显示结果:

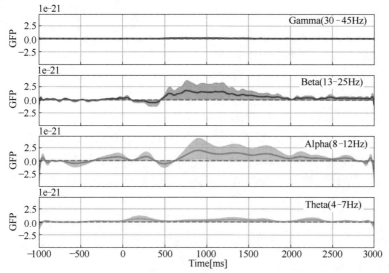

从绘制的结果图中可以看出:主要的反应集中在 Alpha 和 Beta 频段。

(2) 基于 AR 模型的时域白化处理

要理解白化，首先理解何为白噪声。白噪声是一种在不同频率都具有相同功率的随机信号，它的功率谱密度为常数。这种信号的平均值为 0，且各个分量之间互不相关。因此，白化操作就是在保留原信号的某些特征的情况下，把一个不满足上述特性的信号变成具有上述特性的信号。白化处理能降低数据特征之间的相关度。而模型法就是通过模型来对数据进行拟合。AR 模型是使用前面信号的线性加权来表示后面的信号。针对脑电信号的非平稳性，AR 模型对信号的拟合效果是很好的。

基于 AR 模型的时域白化处理具体步骤如下：

① 读取原始数据 sample_audvis_raw.fif，进行去除伪影、排除坏通道等预处理。原始数据的基本信息为 376 * 166800，表示通道数为 376，分别为 GRAD：204，MAG：102，STIM：9，EEG：60，EOG：1；采样样本点为 166800 个。信号采样频率为 600.61Hz，因此采集数据的时间约为 277.7s。原始数据中还存在一些坏道，分别为 MEG 2443，EEG 053。

② 计算 AR 模型。在 MNE 中，使用 fit_iir_model_raw 函数来实现 AR 模型的拟合。拟合过程中，创建相应的 IIR 过滤器。fit_iir_model_raw 函数返回分母滤波系数和分子滤波系数。

③ 根据分母滤波系数和分子滤波系数重新生成信号。这通过滤波函数 signal.lfilter() 来完成重新生成信号的功能。

④ 信号的白化处理通过卷积函数 signal.convolve() 完成。

具体实现代码如下：

```
# 导入包
# 读取文件
raw_fname= meg_path / 'sample_audvis_raw.fif'
raw= mne.io.read_raw_fif(raw_fname)
……
# 设置 pick 条件:选择梯度数据,排除坏通道
picks= mne.pick_types(raw.info,meg= 'grad',exclude= 'bads')
# 在 raw 数据中计算 AR 模型,利用 fit_iir_model_raw 函数完成
# 返回的 a、b 分别是计算得出的分母滤波系数和分子滤波系数
b,a= fit_iir_model_raw(raw,order= order,picks= picks,tmin= 60,tmax= 180)
d,times= raw[0,10000:20000]   # 只看 0 号频道从 10000 到 20000 的采样点
d= d.ravel()   # 创建平面向量
# 通过对 a、b 进行卷积,实现白化处理,生成的 innovation 为白化处理的信号
```

```
innovation= signal.convolve(d,a,'valid')
d_= signal.lfilter(b,a,innovation)    # 重新生成信号 d_
d_= np.r_[d[0] * np.ones(order),d_]    # 假样本保持信号长度
# 绘图
# AR 模型拟合的数据与源信号对比图
plt.plot(d[:100],label= '源信号')
plt.plot(d_[:100],label= 'AR 拟合信号')"
# 白化处理的效果
plt.psd(d,Fs= raw.info['sfreq'],NFFT= 2048)    # 绘制功率谱密度图
plt.psd(innovation,Fs= raw.info['sfreq'],NFFT= 2048)
plt.psd(d_,Fs= raw.info['sfreq'],NFFT= 2048,linestyle= '--')
```

显示的图效果：

第一幅图：AR 模型拟合的数据与源信号对比图

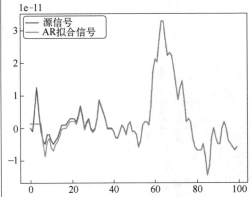

图中蓝色为源信号波形图，黄色为拟合波形图。从这个图中可以看出 AR 模型拟合的数据与源信号基本重合。

第二幅图：白化处理的效果

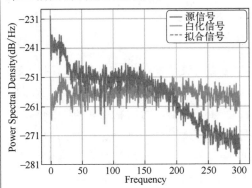

> 图中蓝色为源信号 d 的功率谱密度图,橙黄色为信号白化后的信号 innovation 的功率谱密度图,绿色为拟合信号 d_ 的功率谱密度图。可以看出黄色的功率谱密度图相对来说不随频率的变化而改变,基本是个常数。这就是源信号经过白化处理后的效果。

三、时频分析

1. 时频分析的概述

脑电信号是一种非平稳的时变信号,因此,无法在时域获得高分辨率的同时在频域上也获得高分辨率,反之同理。此外,脑电信号中的许多病变以瞬态形式表现,只有把脑电的时域和频域数据结合起来才能获得更好的结果。时频分析是一种用于分析信号时域和频域特性的方法,主要用于分析信号的瞬态特性和时变特性。该方法首先对脑电数据进行加窗处理,然后沿着时间轴以滑动窗口形式依次对每个时窗的脑电数据进行傅里叶变换,提取数据的频域信息。而在时间轴上,由于对每个时窗进行了傅里叶变换,因此可以获得随时间变化的频率信息,即可以获得时频图。时频图如图 2.5 所示。时频分析中假设在每个时间窗口内数据是稳态的。

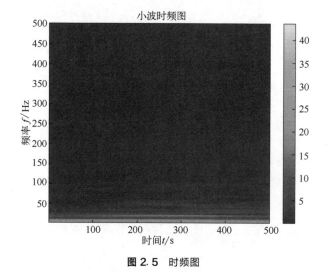

图 2.5 时频图

在图 2.5 中,时频图中横轴代表时间,纵轴代表频率,横轴和纵轴的对应交叉点代表 power 值。窗口的大小会影响到时间精度和频率精度。窗口越大,时间精度越低,频率精度越高,适合分析低频慢波;窗口越小,时间精度越高,频率精度越低,适合分析高频快波。当然,具体还是根据研究需要进行设定。时间窗可以是固定大小,也可以具有自适应性。如短时傅里叶变换的时间窗就是大小固定的,而小波变换的时间窗则可以随着频率变化而伸缩,使用更灵活。

2. 时频分析的方法

常用的时频分析方法包括短时傅里叶变换（short-time Fourier transform，STFT）、小波变换（wavelet transform，WT）、经验模态分解（empirical mode decomposition，EMD）等。

（1）短时傅里叶变换

短时傅里叶变换又称为窗口傅里叶变换，是傅里叶变换的一个简单扩展。傅里叶变换非常擅长分析那些频率特征均一稳定的平稳信号。但对于非平稳信号，傅里叶变换只能获取信号总体上的频率成分信息，而对于信号中各成分出现的时间、信号频率随时间变化的情况以及各个时刻的瞬时频率及其幅值等信息是无法获取的。短时傅里叶变换的思路非常直观：既然对整个信号做傅里叶变换会丢失时间信息，那就一段一段地做傅里叶变换。短时傅里叶变换的原理如图2.6所示。

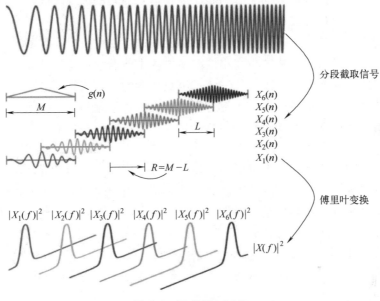

图 2.6　短时傅里叶变换

图中 M 为窗长度，L 为重叠长度，R 为窗移动长度。针对某一段信号序列，通过加窗的方法来截取信号的片段，常用的窗函数诸如汉宁窗、海明窗等。接下来对截取的这一段信号做傅里叶变换，然后再截取，再做傅里叶变换，直至完成所有分段。考虑到移动窗函数时可能会丢失信号，通常会添加一个参数——重叠度（Overlap）。重叠即表示每次截取的信号会存在相同部分，不同窗函数选取的重叠度也不尽相同，如汉宁窗、海明窗一般选择50%。当然，短时傅里叶变换也有自己的缺陷，比如窗口是没有自适应性的，只适合分析所有特征尺度大致相同的信号，不适合分析多尺度信号和突变信号。因此，选择信号时间段的长度需要在时间和频率分辨率之间进行权衡：信号取较短时间段是为了取得更好的时间分辨率而可以牺牲频率分辨率；信号取较长时间段则相反。

(2) 小波变换

短时傅里叶变换的时间窗大小一旦确定，就不能根据信号频率的变化而调整，因此其时频分辨率不具备自适应能力，这限制了其在时变非稳态信号分析中的应用。1980 年，法国著名信号处理科学家 J. Morlet 提出了短时傅里叶变换的改进版——小波变换（wavelet transform，WT）。小波变换延续了短时傅里叶变换的局部化思想，但它解决了时间窗大小不能随信号频率变化的问题。它提供了时间-频率窗口，一个能随频率变化而调整大小的时窗。通过这个改进，小波变换实现了在时间和频率两个维度上对信号的有效分析提取。和短时傅里叶变换相比，小波变换具有窗口自适应的特点，即高频信号时间分辨率高、低频信号频率分辨率高。而工程中常常关注的是低频信号的频率问题、高频信号的频率出现时间点问题，因此小波变换在工程中用途比较广泛。

小波变换是一种基于多尺度分析的方法，它通过变换突出信号的某些特征，并可以对时间频率进行局部化分析。小波变换中的小波通常比傅里叶变换的正弦波要短些。它将傅里叶变换中无限长的三角基函数替换为有限长衰减的小波基函数，这些基函数通过伸缩、平移操作，实现对信号多尺度的细化和分析，从而在时间和频率上获取信号的信息，即在时间上细分信号的高频部分，在频率上细分信号的低频部分。

小波变换用小波基函数表示信号。每个小波变换都涉及一个母小波和一个尺度函数。通过平移和缩放母小波，生成多个不同时间和空间尺度的小波系数。信号的高频部分对应的母小波的伸缩范围较窄，而信号的低频部分对应的母小波的伸缩范围较宽。小波变换的具体过程如下：

① 取一个小波与信号的最前面部分做比较；
② 计算小波与信号的相关因子 C，C 代表小波与这段数据的相关性，即 C 越大，两者越相似；
③ 移动小波，重复步骤①和②，一直遍历整个数据；
④ 对小波进行缩放，重复步骤①~③；
⑤ 在所有小波尺度下，重复上述步骤。

通俗来讲，在时间域上，随着时间移动，依次将小波与不同时间位置的窗口信号进行比较，计算小波函数与该窗口信号的卷积，作为该窗口下的小波系数。具体过程如图 2.7 所示，窗口的长度和小波的长度是相同的。小波系数越大，则证明小波与该段信号的拟合程度越好。

在频率域上，拉伸或压缩小波的长度，可以改变小波的长短和频率，生成不同频率下的小波系数。窗口长度也会随着小波长度变化。当高频处小波被压缩，时间

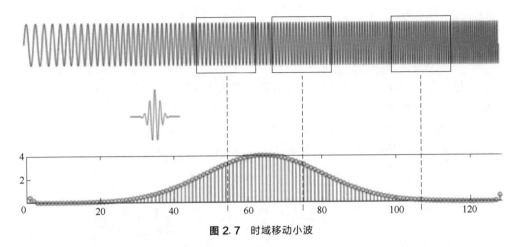

图 2.7 时域移动小波

窗变窄，信号时间分辨率就会变高。将不同频率下的小波系数组合起来，便形成了小波系数图，如图 2.8 所示。

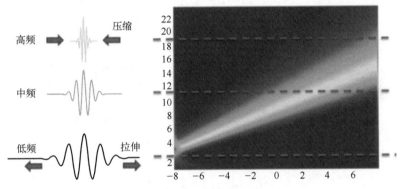

图 2.8 频率改变小波长度

(3) 经验模态分解 (EMD)

小波变换中的小波基函数对于整个小波分析是非常重要的，但基函数缺乏适应性。因为一旦确定了基函数，在小波分析的整个过程中是无法更换的。为了克服基函数缺乏自适应性的问题，黄锷提出了经验模态分解 (EMD)。EMD 方法中可以利用数据自身的时间尺度特征进行信号分解，自适应地对信号进行主要成分分析，而无需预先设定任何基函数。在 EMD 中，任何信号都可以被拆分成若干个内涵模态分量 (intrinsic mode functions, IMF)，即各层信号分量。内涵模态分量有两个约束条件：

① 在整个数据段内，极值点和过零点的个数相等，或者最多相差一个。

② 在任意时刻，由局部极大值点形成的上包络线和由局部极小值点形成的下包络线相对于时间轴具有局部对称性。

EMD 的分解过程如下：

① 根据原始信号上、下极值点，分别画出上、下包络线。

② 求上、下包络线的均值，画出均值包络线。

③ 原始信号减均值包络线，得到中间信号，过程如图2.9所示。

④ 判断该中间信号是否满足IMF的两个条件，如果满足，该信号就是一个IMF分量；如果不满足，以该信号为基础，重新做①~③的分析。IMF分量的获取通常需要若干次的迭代。

⑤ 使用上述方法得到第一个IMF后，用原始信号减IMF1，作为新的原始信号，再通过①~④的分析，可以得到IMF2，以此类推，完成EMD分解。

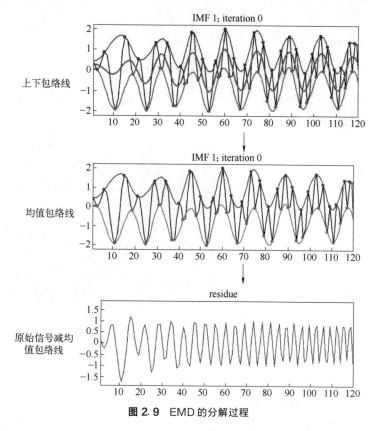

图2.9 EMD的分解过程

EMD是一种自适应的时频信号分析法。它可以广泛地用于非线性非平稳过程。但这种方法仍存在未克服的难点。原始EMD的主要缺点之一就是模态混叠的频繁出现。模态混叠是信号中断引起的，中断是一种不定形式的扰动信号，是我们经常会遇到的情况。中断会导致混淆时频分布，进而破坏IMF的物理意义。

除了上面三种常用的时频分析方法外，时频分析方法还有希尔伯特-黄变换（Hilbert-Huang transform，HHT）、小波傅里叶变换（wavelet-Fourier transform，WFT）、近似熵（approximate entropy，ApEn）、近似小波熵（approximate wavelet entropy，AWE）等。其中HHT是一种基于EMD和希尔伯特变换

的时频分析方法，可以分析非线性和非平稳信号的时频特性。WFT 则是一种将傅里叶变换和小波变换结合起来的时频分析方法，可以同时获得信号的局部频率和局部幅度。ApEn 是一种基于信息熵的时频分析方法，可以分析信号的复杂度和规律性，常用于分析生物医学信号。AWE 是一种基于小波分析和信息熵的时频分析方法，可以分析信号的复杂度和规律性。这些时频分析方法适用于不同类型的信号和应用场景，需要根据具体情况选择合适的方法。

3. 时频分析案例

下面通过用小波变换进行时频分析的实例来说明对脑电信号进行时频分析的过程。在 MNE 中，小波变换使用函数 mne.time_frequency.tfr_morlet 来完成时频信号分析。该函数输入 epoch 或 evoke 对象等参数，返回平均或单次功率。

具体实现代码如下：

```
# 1)首先生成一段脑电模拟信号
……
raw= RawArray(data,info)
……
epochs= Epochs(
    raw,
    events,
    dict(sin50hz= 0),
    tmin= 0,
    tmax= n_times / sfreq,
    reject= dict(grad= 4000),
    baseline= None,
)
epochs.average().plot()
```

运行结果为模拟数据的所有 epochs 平均值。效果图如下：

```
# 2)利用morlet小波计算时间-频率表示(time-frequency representation,TFR)
# 小波变换函数tfr_morlet(epoch,感兴趣的频段,小波变换的循环数,返回试验一致性以及平均功效)
……
# n_cycles参数定义了窗口中包含的周期数
all_n_cycles=[1,3,freqs/2.]
for n_cycles,ax in zip(all_n_cycles,axs):
    # 使用morlet小波计算不同时频下的功率
    power= tfr_morlet(epochs,freqs= freqs,n_cycles= n_cycles,return_itc= False)
    n_cycles= 'scaled by freqs' if not isinstance(n_cycles,int) else n_cycles
# 3)分别绘制不同循环次数的power图
power.plt()
```

运行结果如下图：

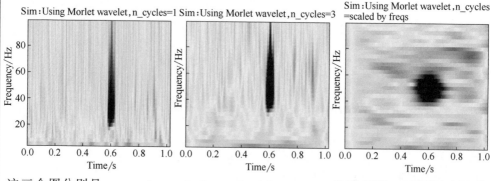

这三个图分别是 n_cycles= 1,3,scaled by freqs 的时频图。时频图中清楚地描述了信号频率随时间的变化关系，并且还通过颜色表达了对应的振幅大小。

时频分析方法相较于时域分析和频域分析，由于可以同时获得信号的时间和频率信息，因此，它能够提供更全面、更准确的信号特征描述。时频分析方法也更适用于分析非平稳、瞬态和复杂信号。时频分析的方法有很多种，每种方法都有其独特的优缺点。比如，STFT能够提供较好的频率分辨率和时间分辨率，适用于分析信号的瞬态特性和时变特性，但STFT无法同时获得高时间分辨率和高频率分辨率。WT具有多分辨率分析的能力，可以根据信号的局部特性选择合适的小波基函数，适用于分析非平稳信号，但WT的计算复杂度较高，需要选择合适的小波基函数和尺度参数。不同的时频分析方法适用于不同类型的信号和应用场景，因此，我们需要根据具体情况选择合适的方法进行时频分析。

四、非线性动力学

非线性动力学是研究非线性系统的运动规律和行为的学科。在非线性动力学中，系统的演化不再遵循线性方程，而是可能出现复杂的非线性行为，如混沌、周期性振荡、奇异吸引子等。非线性动力学的研究对象包括自然界中的各种非线性系统，如天体系统、生物系统、化学反应系统、流体力学系统等；也包括人工制造的非线性系统，如电路系统、机械系统、控制系统等。

非线性动力学的研究方法包括数学模型建立、数值模拟、实验观测等。在非线性动力学中，一个系统的演化可能会出现多样化的行为，例如周期振荡、混沌、奇异吸引子等，这些行为具有高度的复杂性和不可预测性，因此非线性动力学的研究具有重要的理论和实际意义。

非线性脑电信号分析的早期发展阶段大致是在 1985 年到 1990 年之间，其特征是在各种类型的脑电信号中寻找低维混沌动力学。1990 年左右，非线性时间序列分析的各种算法的一些局限性变得清晰起来，于是引入了"替代数据检验"的方法来检查结果的有效性。随后，早期关于大脑"混乱"的说法被批判性地重新检查，并经常被否定。从那时起，非线性脑电分析将其重点转向了非线性动态学的检测、表征和建模，以及开发了更适合噪声、非平稳、高维脑电图数据的新型非线性测度。

1. 静息状态正常脑电图的非线性动力学分析

静息状态正常脑电图的非线性分析主要是针对正常脑电图，特别是 Alpha 节律背后的动力学问题。在人们意识到过滤噪声后的数据可以模拟低维混沌之前，许多研究人员认为正常的脑电图节律可能反映了低维混沌吸引子的动态变化。随着替代数据测试的出现，这些早期关于正常脑电图背后的混乱的主张被批判性地重新审视。目前，对于静息状态正常脑电图的非线性动力学分析研究主要包括以下几个方面。

① 使用奇异性分析来研究脑电信号的复杂性和规律性。奇异性分析是一种用于描述时间序列的非线性动力学特征的方法。Stam CJ 等人提出了基于相位差异的统计分析方法——相位滞后指数（PLI）来评估多通道脑电图（EEG）和脑磁图（MEG）的功能连接性。相比于传统的相干性分析方法，PLI 可以更准确地检测到脑区之间的功能连接性，并且对共同源的偏差不敏感。Babiloni F 等人通过整合 EEG 和 fMRI 数据，发现有向传递函数（directed transfer function，DTF）可以提供更准确和可靠的皮层功能连接性估计。通过多模态整合，可以克服单一数据源的局限性，提供更全面的功能连接性信息。这对于研究脑网络的结构和功能，以及神经系统疾病的诊断和治疗具有潜在的应用价值。

② 使用相互信息分析来研究脑电信号之间的相互作用和信息传递。相互信息分析是一种用于描述时间序列之间的相互依赖关系的方法。丁瑞瑞等人利用相互信息方法对脑电信号进行分析，探究其在构建通信网络中的作用。通过对脑电信号数据进行处理和分析，建立了脑电信号的通信网络模型，并通过相互信息的计算方法揭示了不同脑区之间的信息传递和交互关系。研究结果表明，脑电信号之间存在着复杂的信息传递网络结构，不同脑区之间的通信方式和强度各不相同。这一研究为深入理解脑电信号之间的信息传递机制提供了新的思路和方法，有助于揭示大脑功能活动的复杂性和动态性。

③ 使用带通滤波分析来提取特定频率范围内的脑电信号，并研究其非线性动力学特征。例如，Pereda E 等人为了揭示信号的非线性动力学特征，提出了一种非线性多元分析的方法，用于研究神经生理信号的非线性动力学特征。这种方法可以揭示信号之间的复杂相互作用、非线性耦合和动力学模式。

④ 使用复杂网络分析来构建脑电信号的连接网络，并研究网络的拓扑结构和动力学特性。复杂网络分析是一种用于描述复杂系统中节点之间连接关系的方法。Bullmore 等人研究如何利用图论分析方法来研究脑结构和功能系统的复杂网络，从而揭示脑网络的组织原则、功能特性和演化规律。Stam C J 等人则探讨了脑网络的构建原则和拓扑结构，并研究了这些结构与脑功能之间的关系。

⑤ 使用非线性动力学模型分析来建立脑电信号的数学模型，并研究其动力学特性和行为。非线性动力学模型分析是一种用于描述非线性系统演化规律的方法。Breakspear 等人详细讨论了如何使用非线性动力学模型来检测和描述脑电信号中的非线性相互依赖性，并介绍了一种基于互信息的方法来量化脑电信号之间的非线性相互依赖性，探讨了这种方法在实际数据中的应用和效果。Pereda E 等人提出了一些具体的非线性多变量分析方法，如相空间重构、复杂网络分析和动力学模型。利用这些方法可以提取神经生理信号中的非线性特征，分析信号之间的相互关系，并建立动力学模型来解释信号的生成机制。研究发现，通过应用这些方法，可以深入理解神经系统的动力学特性、功能连接性和信息传递机制，从而为神经科学研究和临床诊断提供新的视角和方法。

这些非线性动力学分析方法可以帮助我们深入了解静息状态正常脑电图的特征和机制，为脑电图的临床应用和脑功能研究提供重要的理论和实验支持。

2. 睡眠状态正常脑电图的非线性动力学分析

首次发表的关于人类脑电图非线性分析的研究涉及睡眠记录。从那时起，睡眠就成为非线性动力学的主要研究焦点。在这些研究中，睡眠脑电图反映了低维混沌动力学，但这些说法没有得到替代数据测试的支持。最近，关于睡眠脑电图中存在混乱和非线性的说法已经用替代数据测试进行了检验。在对一整夜睡眠记录的分析中，Acherman 发现了弱非线性结构的证据，而不是低维混沌。Ferri 等人使用非线性交叉预测（NLCP）来搜索成人和婴儿睡眠脑电图的非线性结构。研究者在 CAP（循环交替模式）A1 阶段发现了非线性结构，在 NREM Ⅱ 阶段和慢波睡眠 A2 阶段也发现了较小程度的非线性结构。相比之下，婴幼儿睡眠脑电图仅零星地呈现非线性结构，且多在安静睡眠期间。Shen 等人的研究也表明脑电图的非线性结构和睡眠有一定的关联。这些研究者在 NREM Ⅱ 阶段发现了非线性结构的最强迹象。另一种探讨非线性睡眠脑电图测量相对重要性的方法是将它们与适当的线性测量进行比较。Fell 等人研究了非线性（相关维数和最大 Lyapunov 指数）和频谱测量在区分睡眠阶段方面的表现。非线性测度在区分阶段Ⅰ和阶段Ⅱ之间有较好的效果，而频谱测量在分离Ⅱ阶段睡眠和慢波睡眠方面更有优势。Pereda 等人将睡眠脑电图的相关维数和脑电图曲线的分形维数进行对比。脑电图曲线的分形维数（不应与相关维数混淆）是一种可以从功率谱推导出来的线性度量（分形维数用于描述不规则的边界线）。本研究的相关维数与分形维数有较强的相关性，表明睡眠脑电图中相当一部分信息可以通过线性测量来捕获。在另一项研究中，这些研究者还发现非线性测量与频谱功率之间存在很强的相关性。

在进行睡眠状态正常脑电图的非线性动力学分析的过程中，涉及了大量研究方法，主要包括相空间重构、复杂网络分析、动力学模型和非线性分析工具的应用，旨在揭示脑电图中的非线性动力学特征以及理解睡眠状态的产生和调控机制。比如，相空间重构是将一维时间序列重构为高维状态空间的过程。在睡眠状态正常脑电图的研究中，相空间重构可以用于提取脑电信号中的非线性特征，并用于后续的分析和建模。复杂网络分析是一种用于研究网络结构和动态特性的方法。在睡眠状态正常脑电图的研究中，可以将脑电信号看作网络中的节点，通过分析节点之间的连接和交互来揭示脑电图中的非线性动力学特征。动力学模型是用来描述和解释系统中的动态行为的数学模型。在睡眠状态正常脑电图的研究中，可以建立动力学模型来模拟和解释脑电信号的产生机制和演化过程，从而揭示脑电图中的非线性动力学特征。

大量对睡眠状态正常脑电图的非线性动力学分析，不仅帮助我们更全面地了解脑电图中的非线性特征，更好地理解睡眠状态的产生和调控机制，为睡眠障碍的研究和治疗提供理论基础，为睡眠障碍的诊断和分类提供新的方法和指标，有助于提高诊断的准确性和个体化治疗的效果；同时还使得我们能更好地理解神经系统的复杂性和动态性，推动神经科学的研究进展。

3. 昏迷和麻醉状态正常脑电图的非线性动力学分析

最早提出意识变化与脑电图相关维度之间关系的研究是 Nan 和 Jinghua 等人研究了 14 名年龄在 1.5 岁到 61 岁之间的健康受试者的相关维度（基于空间嵌入）。他们发现，与清醒状态相比，困倦状态下的维度有所增加。Kim 等人的研究表明非线性分析可用于区分正常 Alpha 节律和病理昏迷 Alpha 节律。Tong 等人使用脑电图熵测量来表征心搏骤停后患者的脑电图。非线性脑电图分析作为一种监测麻醉深度的工具的有效性是由 Watt 和 Hamerof 首先提出的。Widman 等人表明相关维数与大脑中七氟醚的估计水平相关。Van den Broek 的博士论文证实了相关维度作为麻醉深度估算的有效性。Bruhn 等人研究了各种熵度量，如近似熵和 Shannon 信息熵。然而，一种非线性的测量方法——双谱指数（BIS）在这一领域独占鳌头。在临床试验中，它已被证明是一种可靠的措施，但它在手术室之外的作用还有待证明。

对昏迷和麻醉状态正常脑电图的非线性动力学分析，有助于我们深入了解昏迷和麻醉状态的产生机制和调控机理，更好地理解昏迷和麻醉状态的神经生理基础，为相关疾病的研究和治疗提供理论依据。此外，非线性动力学分析可以通过揭示脑电图中的非线性特征，为昏迷和麻醉状态的诊断和分类提供新的方法和指标。传统的诊断方法主要依靠观察和问诊，而非线性动力学分析可以提供更客观、更准确的诊断指标，有助于提高诊断的准确性和个体化治疗的效果。

第二节　基于脑电信号的分类方法研究现状

由于采集脑电信号常常受到肌电、眼电等信号的干扰，因此原始的脑电信号是不能直接用于预测分类的。它需要经过预处理，以便去除噪声、矫正电极伪影和增强信号。预处理后的脑电信号质量更好。我们可以对预处理后的脑电信号进行特征提取，最后将特征向量输入分类算法中进行分类。目前用于脑电信号分类的常用分类算法有线性判别分析、K 最近邻算法、支持向量机、人工神经网络与遗传算法等。

一、线性判别分析

1. 线性判别分析概述

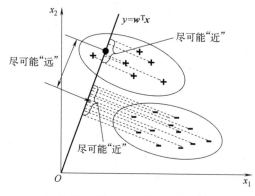

图 2.10　线性判别分析的二维示意图

线性判别分析（linear discriminant analysis，LDA）是经典的二分类算法。其基本思想是：给定训练样例集，设法将样例投影到维度较低的直线/平面/超平面上，然后尽可能让同类样例的投影点靠近，而异类样例的投影点远离。在分类时，将新样本集投影到同样的直线/平面/超平面上，再按照投影点的位置来判定新样本的类别，如图 2.10 所示。

图 2.10 中,"+"代表正例,"−"代表反例,椭圆表示正(反)例样本集的外轮廓,虚线表示投影,红色实心圆代表正例样本投影后的中心点,实心三角形代表反例样本投影后的中心点。

假设各个类别的样本数据服从高斯分布,首先利用 LDA 进行投影,然后通过极大似然估计求出各类别投影数据的方差和均值,进而得到该类别高斯分布概率密度函数。对于需要分类的新样本,我们先对其进行投影,然后将投影的样本特征分别代入各类别的高斯分布概率密度函数,计算其属于各个类别的概率,最大概率对应的类别即为该样本的预测类别。LDA 不仅可以解决二分类问题,也可以解决多分类问题。

(1) 二类 LDA

首先给定数据集 $D = \{(\boldsymbol{x}_1, y_1), (\boldsymbol{x}_2, y_2) \cdots (\boldsymbol{x}_m, y_m)\}$,其中任意样本 $\boldsymbol{x}_i$ 为 n 维向量,$y_i \in \{0,1\}$。另外我们定义 $N_j(j=0,1)$ 为第 j 类样本的个数,$X_j(j=0,1)$ 为第 j 类样本的集合,而 $\boldsymbol{\mu}_j(j=0,1)$ 为第 j 类样本的均值向量,定义 $\boldsymbol{\Sigma}_j(j=0,1)$ 为第 j 类样本的协方差矩阵。其中,μ_j 的表达式为

$$\mu_j = \frac{1}{N_j} \sum_{\boldsymbol{x} \in X_j} \boldsymbol{x}, j = 0,1 \tag{2.7}$$

$\boldsymbol{\Sigma}_j$ 的表达式为

$$\boldsymbol{\Sigma}_j = \sum_{\boldsymbol{x} \in X_j} (\boldsymbol{x} - \mu_j)(\boldsymbol{x} - \mu_j)^\mathrm{T}, j = 0,1 \tag{2.8}$$

我们用向量 $\boldsymbol{w}$ 来表示投影直线,则任意一个样本 $\boldsymbol{x}_i$ 在向量 $\boldsymbol{w}$ 的投影为 $\boldsymbol{w}^\mathrm{T} x_i$,而两个类别的中心点 μ_0、μ_1 在向量 $\boldsymbol{w}$ 的投影为 $\boldsymbol{w}^\mathrm{T} \mu_0$ 和 $\boldsymbol{w}^\mathrm{T} \mu_1$。LDA 要求投影后类内方差最小,类间方差最大。因此,我们要最大化 $\|\boldsymbol{w}^\mathrm{T}/m\mu_0 - \boldsymbol{w}^\mathrm{T}/m\mu_1\|_2^2$ 和最小化同类样本投影点的协方差之和 $\boldsymbol{w}^\mathrm{T} \Sigma_0 \boldsymbol{w} + \boldsymbol{w}^\mathrm{T} \Sigma_1 \boldsymbol{w}$。综上所述,我们的优化目标为

$$\underset{w}{\arg\max} J(\boldsymbol{w}) = \frac{\|\boldsymbol{w}^\mathrm{T} \mu_0 - \boldsymbol{w}^\mathrm{T} \mu_1\|_2^2}{\boldsymbol{w}^\mathrm{T} \Sigma_0 \boldsymbol{w} + \boldsymbol{w}^\mathrm{T} \Sigma_1 \boldsymbol{w}} = \frac{\boldsymbol{w}^\mathrm{T}(\mu_0 - \mu_1)(\mu_0 - \mu_1)^\mathrm{T} \boldsymbol{w}}{\boldsymbol{w}^\mathrm{T}(\Sigma_0 + \Sigma_1) \boldsymbol{w}} \tag{2.9}$$

定义类内散度矩阵 $\boldsymbol{S}_w$ 为

$$\boldsymbol{S}_w = \Sigma_0 + \Sigma_1 = \sum_{\boldsymbol{x} \in X_0} (\boldsymbol{x} - \mu_0)(\boldsymbol{x} - \mu_0)^\mathrm{T} + \sum_{\boldsymbol{x} \in X_1} (\boldsymbol{x} - \mu_1)(\boldsymbol{x} - \mu_1)^\mathrm{T} \tag{2.10}$$

定义类间散度矩阵 $\boldsymbol{S}_b$ 为

$$\boldsymbol{S}_b = (\mu_0 - \mu_1)(\mu_0 - \mu_1)^\mathrm{T} \tag{2.11}$$

全局散度矩阵为

$$\boldsymbol{S}_t = \boldsymbol{S}_b + \boldsymbol{S}_w = \sum_{i=1}^m (\boldsymbol{x}_i - \mu)(\boldsymbol{x}_i - \mu)^\mathrm{T} \tag{2.12}$$

这样优化目标重写为

$$\underset{w}{\arg\max} J(w) = \frac{w^{\mathrm{T}} S_b w}{w^{\mathrm{T}} S_w w} \tag{2.13}$$

这是广义瑞利商,根据广义瑞利商的性质,$J(w')$ 最大值为矩阵 $S_w^{-1/2} S_b S_w^{-1/2}$ 的最大特征值,而对应 w' 为 $S_w^{-1/2} S_b S_w^{-1/2}$ 的最大特征值对应的特征向量。而 $S_w^{-1} S_b$ 的特征值和 $S_w^{-1/2} S_b S_w^{-1/2}$ 的特征值相同,$S_w^{-1} S_b$ 的特征向量 w 和 $S_w^{-1/2} S_b S_w^{-1/2}$ 的特征向量 w' 满足 $w = S_w^{-1/2} w'$ 的关系。所以,对于二分类,只要求出原始二类样本的均值和方差就可以确定最佳的投影方向 w。

对于二分类样本进行分类的过程如下:

在经过上面的求解后,最后所有样本将会映射到一维空间中,设两个不同样本映射后的中心点分别为 z_1、z_2;将两个类别的中心点之间的中心点作为分类点,即 $Z = (z_1 + z_2)/2$;然后将 $w^{\mathrm{T}} x > Z$ 的 x 分为一类,其他的分为另一类。

(2) 多类 LDA

假设我们的数据集 $D = \{(x_1, y_1), (x_2, y_2), \cdots, (x_m, y_m)\}$,其中任意样本 x_i 为 n 维向量,$y_i \in \{C_1, C_2, \cdots, C_k\}$。我们定义 $N_j (j = 1, 2, \cdots, k)$ 为 j 类样本的个数,$X_j (j = 1, 2, \cdots, k)$ 为 j 类样本的集合,而 $\mu_j (j = 1, 2, \cdots, k)$ 为第 j 类样本的均值向量,定义 $\Sigma_j (j = 1, 2, \cdots, k)$ 为第 j 类样本的协方差矩阵。多类向低维投影,投影结果是超平面。假设此时的低维空间的维度为 d,对应的基向量为 $(w_1, w_2 \cdots w_d)$,基向量组成的矩阵为 w,它是一个 $n \times d$ 的矩阵。

优化目标应该可以变成为:

$$\frac{w^{\mathrm{T}} S_b w}{w^{\mathrm{T}} S_w w} \tag{2.14}$$

由于 $w^{\mathrm{T}} S_b w$ 和 $w^{\mathrm{T}} S_w w$ 都是矩阵,不是标量,无法作为一个标量函数来优化,因此可以用其他的一些替代优化目标来实现。比如,常见的一个 LDA 多类优化目标函数定义为

$$\underset{w}{\arg\max} J(w) = \frac{\prod_{\text{diag}} w^{\mathrm{T}} S_b w}{\prod_{\text{diag}} w^{\mathrm{T}} S_w w} \tag{2.15}$$

$J(w)$ 的优化过程可以转化为:

$$J(w) = \frac{\prod_{i=1}^{d} w_i^{\mathrm{T}} S_b w_i}{\prod_{i=1}^{d} w_i^{\mathrm{T}} S_w w_i} = \prod_{i=1}^{d} \frac{w_i^{\mathrm{T}} S_b w_i}{w_i^{\mathrm{T}} S_w w_i} \tag{2.16}$$

式(2.16)右边就是广义瑞丽商。其最大值是矩阵 $S_w^{-1} S_b$ 的最大特征值,最

大的 d 个值的乘积就是矩阵 $S_w^{-1}S_b$ 的最大的 d 个特征值的乘积，此时对应的矩阵 w 为这最大的 d 个特征值对应的特征向量的矩阵。

对于多分类样本，一般考虑先降维处理，即先将它转换为二分类来处理。

假设数据集 $D=\{(x_1,y_1),(x_2,y_2),\cdots,(x_m,y_m)\}$，其中任意样本 x_i 为 n 维向量，$y_i \in \{C_1,C_2,\cdots,C_k\}$。我们定义 N_1 表示第一类样本数量，N_2 表示第二类样本数量，而 μ_1 为第 1 类样本的均值向量，μ_2 为第 2 类样本的均值向量。

则二类 LDA 算法流程为：

① 分别计算每一类的均值向量。第一类和第二类样本点投影的均值向量分别为

$$\mu_{P1} = \frac{1}{N_1}\sum_{i=1}^{N_1} p_i \tag{2.17}$$

$$\mu_{P2} = \frac{1}{N_2}\sum_{i=1}^{N_2} p_i \tag{2.18}$$

（其中 N_1 表示第一类样本数量，N_2 表示第二类样本数量）

② 分别计算每一类的协方差矩阵。第一类和第二类的协方差矩阵分别为

$$\alpha_{p1} = \frac{1}{N_1}\sum_{i=1}^{N_1}(p_i-\mu_{p1})(p_i-\mu_{p1})^T \tag{2.19}$$

$$\alpha_{p2} = \frac{1}{N_2}\sum_{i=1}^{N_2}(p_i-\mu_{p2})(p_i-\mu_{p2})^T \tag{2.20}$$

③ 计算类内散度矩阵 S_w 和类间散度矩阵 S_b。

$$S_w = (N_1\alpha_{p1}+N_2\alpha_{p2}) \tag{2.21}$$

$$S_b = (\alpha_{p1}-\alpha_{p2})(\alpha_{p1}-\alpha_{p2})^T \tag{2.22}$$

④ 计算矩阵 $S_w^{-1}S_b$。计算最大的 d 个特征值和对应的 d 个特征向量得到投影矩阵 w。

⑤ 将样本集中的每一个样本特征 x_i 转化为新的样本 $z_i = w^T x_i$。

⑥ 得到输出样本集 $D'=\{(x_1,y_1),(x_2,y_2),\cdots,(x_m,y_n)\}$。

2. LDA 算法的实现

下面举例说明如何使用 LDA 算法对数据进行分类。在 Python 中，可以使用很多种方法来实现线性判别分析（LDA）算法。比如 Scikit-learn 库中提供了 sklearn. discriminant_analysis. LinearDiscriminantAnalysis 类来实现 LDA，该类提供了训练和预测方法。Statsmodels 库中提供了 statsmodels. api. DiscriminantAnalysis 类来实现 LDA。此外还可以通过 NumPy（或者 SciPy 库）计算 LDA 所需的协方差矩阵和特征向量。然后，可以将数据投影到最佳线性判别方向上进行分类。此处我们使用 Scikit-learn 库中的 LinearDiscriminantAnalysis 来实现 LDA。

具体实现代码如下：

```
# 实例:使用 LDA 算法对鸢尾花数据集进行分类
# 1)导入包
from sklearn.discriminant_analysis import LinearDiscriminantAnalysis
from sklearn.model_selection import train_test_split
……
# 2)加载鸢尾花数据集
df= load_iris()
# 3)将数据集拆分为训练集和测试集
X_train,X_test,y_train,y_test= train_test_split(df.data,df.target,test_size= 0.25,random_state= 0,stratify= df.target)
# 4)训练 LDA 模型
LDA= LinearDiscriminantAnalysis()
# 5)LDA 模型拟合
LDA.fit(X_train,y_train)
# 6)利用模型对测试数据集进行预测
LDA.predict(X_test)
```

LDA 不仅可以用来做线性分类，也可以单纯用来对数据进行降维。它被广泛应用于人脸检测、人脸识别、目标跟踪和检测、信用卡欺诈检测和图像检索、语音识别等，是目前应用最广且有效的方法之一。LDA 具有很多优点，比如 LDA 对不平衡模式类的处理上有很大优势；LDA 对模式的归一化或随机化不敏感，但很多基于梯度下降的算法都存在模式的归一化或随机化敏感问题；相对于神经网络算法，LDA 不需要调参，减少了学习参数和优化权重以及神经元激活函数的选择问题等。因此，虽然 LDA 很早就被提出，但 LDA 仍凭借其优秀的性能被广泛地应用于降维和模式分类领域。甚至在某些应用中，LDA 的性能与支持向量机 SVM 相当甚至更优。

二、K 最近邻算法

1. KNN 算法概述

K 最近邻（K-Nearest-Neighbors，KNN）是一种基于样本实例的分类算法。它是模式识别中一个比较简单但是很重要的无参数分类方法，已广泛应用于模式识别和数据挖掘等多个领域中。在进行分类时，如果对数据分布和概率密度的先验知识了解较少或者没有，KNN 是个很好的选择。

KNN算法的基本思想是：如果一个样本数据在特征空间中最相邻的 k 个数据大多数属于某一个类别，那该样本也属于这个类别，并具有这个类别上样本的特性。如图 2.11 所示，要预测图中 X_u 的分类结果，先预设一个距离值，只考虑以 X_u 为圆心以这个距离值为半径的圆内的已知训练样本，然后根据这些样本的投票结果来预测 X_u 属于 ω_1 类别，投票结果是 4：1。

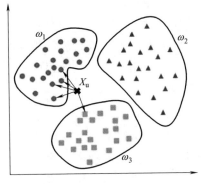

图 2.11　KNN 算法

KNN 的基本计算步骤如下：

① 对数据进行标准化，通常是进行归一化，避免量纲对计算距离的影响；

② 计算待分类数据与训练集中每一个样本之间的距离（欧几里得距离或者马氏距离）；

③ 对计算出来的距离进行升序排列，找出与待分类样本距离最近的 k 个样本；

④ 观测这 k 个样本的分类情况，把出现次数最多的类别作为待分类数据的类别。

在 KNN 算法中有两个参数需要用户进行选择。第一个参数是 k 的取值，第二个参数是邻样本点到样本点的度量方法，即采用的距离公式。

(1) k 值的选取

在 KNN 算法中，k 值的选择通常会影响整个算法的准确率。当 k 值过小时，就等于用较小范围的训练样本在进行预测，训练误差会减少，但也只有与输入样本较近或相似的训练样本会对预测结果起作用，导致泛化误差增大，容易发生过拟合；当 k 值过大时，就等于用较大范围中的训练样本进行预测，虽然可以减少泛化误差，但训练误差又会增大，容易发生欠拟合，导致泛化性能下降。因此 k 值的选择会对分类结果产生重大影响。k 值的选择反映了对近似误差与估计误差之间的权衡。一般情况下，采用交叉验证选择最优的 k 值。交叉验证的基本思路就是：将训练集均分为 N 等分，将其中一部分指定为验证集，剩下的作为训练集；使用交叉拆分出的不同的训练集和验证集分别测试模型的精准度，然后将求出的精准度的均值作为此次交叉验证的结果；将交叉验证精度最高的对应 k 值作为最佳 k 值。此时的交叉验证称为 N 折交叉验证。通常情况下一般使用 10 折交叉验证。具体交叉验证步骤为：

① 确定参数（此处采用 10 折交叉验证）；

② 切分数据（切分出训练数据和测试数据）；

③ 进行训练（对训练数据进行交叉验证）；

④ 根据交叉验证结果选取最优 k 值。

(2) 距离度量

KNN 算法中有很多距离度量的方法，包括欧氏距离、曼哈顿距离、杰卡德距离、汉明距离等。但一般常用的距离只有三种，分别是曼哈顿距离、欧几里得距离和闵可夫斯基距离。其中闵可夫斯基距离公式为

$$\mathrm{dist}(X,Y) = \left(\sum_{i=1}^{n}|x_i - y_i|^p\right)^{1/p} \tag{2.23}$$

式中，p 值是一个变量，当 $p=1$ 的时候就得到了曼哈顿距离，$p=2$ 的时候就得到了欧几里得距离，而当 p 趋向于无穷大时，就是切比雪夫距离。曼哈顿距离、欧几里得距离和切比雪夫距离都是闵可夫斯基距离在特殊条件下的应用。一般处理连续的实值特征采用欧几里得距离；而某些数据集或异常值的存在可能对模型的性能产生重大影响时一般采用曼哈顿距离，因为曼哈顿距离对异常值的敏感性较低；如果想要控制单个特征的差异对整体距离的影响，则使用闵可夫斯基距离可能更好。KNN 算法默认使用的是欧几里得距离。欧几里得距离是指在 n 维空间中两个点之间的距离。其中 n 维空间的欧几里得距离公式为：

$$d(x,y) := \sqrt{(x_1-y_1)^2 + (x_2-y_2)^2 + \cdots + (x_n-y_n)^2} = \sqrt{\sum_{i=1}^{n}(x_n-y_n)^2} \tag{2.24}$$

而二维空间的欧几里得距离是 KNN 算法采用的距离公式。

2. KNN 算法的实现

在 Python 中，可以通过 scikit-learn.neighbors.KNeighborsClassifier 类来实现 KNN 算法。因此需要在代码中输入 "from sklearn import neighbors" 将相应的包导入。利用 KNeighborsClassifier 类来实现 KNN 算法的具体步骤如下：

① 首先对类 neighbors.KNeighborsClassifier 进行初始化，建立 KNN 模型。例如：neighbors.KNeighborsClassifier（n_neighbors=7）。其中的 n_neighbors 就是 KNN 算法中常说的 k 值，即在分类时选取最近邻点的个数。

② 然后利用数据对 KNN 模型进行训练。这里可以使用函数 neighbors.KNeighborsClassifier.fit（X_train,y）来实现。其中 X_train 表示训练样本数据，y 表示训练样本的类别。但是为了获取最佳 k 值，一般可以采用 cross_val_score(knn_clf,X_train,y_train,cv=cv) 方法将数据进行交叉分割并传入模型中进行训练。

③ 最后选择最佳 k 值来训练 KNN 模型。利用训练好的 KNN 模型就可以对测试数据进行预测。这里利用 neighbors.kNeighborsClassifier.predict（X_test）函数完成对测试样本数据的预测，判断它的类别。

具体代码如下：

```
# 实例:使用 KNN 算法对鸢尾花数据集进行分类
# 导入包、导入数据,拆分成训练和测试数据的过程和 LDA 算法类似
# 训练 KNN 模型
# 获取最佳 k 值,最高准确率对应 k 值为最优 k 值
for k in range(3,20):    # 一般情况下 k 值选择不超过 20 的数字
    knn= KNeighborsClassifier(n_neighbors= k)    # KNN算法函数
    score= cross_val_score(knn,x_train,y_train,cv= 10).mean()
# 交叉验证的函数
    scores.append(score)
    ks.append(k)
# 假设最优 k 值为 5,训练 KNN 模型
Knn_pri= KNeighborsClassifier(n_neighbors= 5)
knn_pri.fit(x_train,y_train)
# 使用分类器对测试数据进行预测
y_pred= knn_pri.predict(X_test)
```

由于 KNN 算法主要靠周围有限的邻近的样本来确定样本所属类别,因此对于类别重叠较多的待分样本集,采用 KNN 方法更为适合。此外,KNN 算法适用于大样本数据分类,对于样本容量较小的类域则容易产生误分。KNN 算法具有简单有效、重新训练代价低等优点,但它也有不足。比如 KNN 算法计算量较大,效率不如 SVM、决策树等算法;KNN 算法的输出可解释性不强;对于各类别不均衡的样本数据采用 KNN 算法分类效果不佳等。

三、支持向量机

1. 支持向量机概述

支持向量机(support vector machine,SVM)是一类按监督学习方式对数据进行二元分类的广义线性分类器。它是一个非常强大而多变的机器学习模型,能够执行线性或非线性的分类、回归任务,甚至进行异常值检测。支持向量机学习方法包含两种模型:线性可分支持向量机以及非线性可分支持向量机。当训练数据线性可分时,通过硬间隔最大化,学习一个线性的分类器,即线性可分支持向量机,又称为硬间隔支持向量机。当训练数据线性不可分时,通过使用核技巧及软间隔最大化,学习非线性支持向量机。

SVM 的基本模型是定义在特征空间上的间隔最大的线性分类器。它的决策边界是对学习样本求解的最大边距超平面,可以将问题化为一个求解凸二次规划的问题。SVM 特别适用于复杂的中小型数据集分类。

2. 支持向量机的类型

（1）硬间隔支持向量机

对于二维空间来说，如果可以找到一条线，将两个不同类别的样本划分开来，我们就说这个样本集是线性可分的，如图 2.12 所示。相反，如果这些样本混在一起，找不到这样一条线将两个不同类别的样本划分开来，我们就说这个样本集是线性不可分的。

在机器学习的过程中，我们需要找到这样一种线性模型，帮我们把不同类别的样本分离

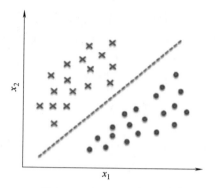

图 2.12　线性可分的样本集

开来。在图 2.12 中，线性模型就是将两个不同类别的样本划分开来的那条线。但这只是在二维空间中的情况，如果在三维空间中呢？显然，我们可以找一个面将不同类别的样本划分开来。在数学中，我们将超过三维的曲面统称为超平面，超平面的公式为

$$\boldsymbol{Wx} + b = 0 \tag{2.25}$$

式中，$\boldsymbol{W} = (w_1, w_2, \cdots, w_d)^{\mathrm{T}}$；$b$ 为常数。

SVM 算法的目的就是找到这样一个超平面 $\boldsymbol{Wx} + b = 0$，使得在超平面上方的点 $\boldsymbol{x}$ 代入函数 $y = \boldsymbol{Wx} + b$，y 全部大于 0；在超平面下方的点 $\boldsymbol{x}$ 代入函数 $y = \boldsymbol{Wx} + b$，y 全部小于 0。SVM 所做的工作就是找到这个超平面，能够将两个不同类别的样本划分开来，但问题是这种平面是不唯一的，即可能存在无数个超平面都可以将两种样本分开。那么我们如何才能确定一个分类效果最好的超平面呢？

Vapnik 提出了一种方法，即对每一种可能的超平面，将它进行平移，直到它与空间中的样本向量相交。我们称这两个向量为支持向量，这两个支持向量必须满足两者平行和两者距离最大的两个条件，如图 2.13 所示。

其中最大间隔超平面（也就是分类器）可以表示为：$\boldsymbol{Wx} + b = 0$；

两个超平面可以分别表示为：$\boldsymbol{Wx} + b = 1$，$\boldsymbol{Wx} + b = -1$。

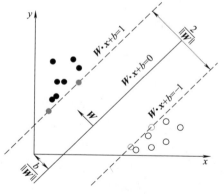

图 2.13　线性支持向量机

假设支持向量到该超平面的距离为 d，分类效果最好的超平面应该使 d 最大。我们定义这两个超平面间的区域为"间隔"。在这种情况下它就是"硬间隔"。

样本集到超平面 $\boldsymbol{Wx} + b = 0$ 的距离为

$$\rho = \min_{(x_i, y_i) \in S} \frac{y_i(\mathbf{W}^T \mathbf{x}_i + b)}{\|\mathbf{W}\|} = \frac{a}{\|\mathbf{W}\|} \tag{2.26}$$

优化目标为

$$\max_{\mathbf{W}, b} \frac{a}{\|\mathbf{W}\|} \text{ s.t. } y_i(\mathbf{W}\mathbf{x}_i + b) \geqslant a, \forall i \tag{2.27}$$

令 $\hat{\omega} = \frac{\omega}{a}$，$\hat{b} = \frac{b}{a}$ 则优化目标转变为

$$\max_{\mathbf{W}, b} \frac{1}{\|\hat{\mathbf{W}}\|} \text{ s.t. } y_i(\hat{\mathbf{W}}\mathbf{x}_i + \hat{b}) \geqslant 1, \forall i \tag{2.28}$$

最大化间隔问题就是求解一个凸二次规划问题。为了最大化间隔，仅需要最大化 $\|\mathbf{W}\|^{-1}$，等价于最小化 $\|\mathbf{W}\|^2$。于是上式可写成：

$$\min_{\mathbf{W}, b} \frac{1}{2} \|\mathbf{W}\|^2 \text{ s.t. } y_i(\mathbf{W}\mathbf{x}_i + b) \geqslant 1, i = 1, 2 \cdots n \tag{2.29}$$

这就是支持向量机 SVM 的基本型。

求解线性可分的 SVM 的步骤为：

步骤 1：构造拉格朗日函数得

$$\min_{\mathbf{W}, b} \max_{\lambda} L(\mathbf{W}, b, \lambda) = \frac{1}{2}\|\mathbf{W}\|^2 + \sum_{i=1}^{n} \lambda_i [1 - y_i(\mathbf{W}\mathbf{x}_i + b)] \text{ s.t. } \lambda_i \geqslant 0 \tag{2.30}$$

步骤 2：利用强对偶性转化得

$$\max_{\lambda} \min_{\mathbf{W}, b} L(\mathbf{W}, b, \lambda) \tag{2.31}$$

现对参数 $\mathbf{W}$ 和 b 求偏导数可得

$$\sum_{i=1}^{n} \lambda_i x_i y_i = \mathbf{W}$$

$$\sum_{i=1}^{n} \lambda_i y_i = 0 \tag{2.32}$$

带回函数中可得到

$$\min_{\mathbf{W}, b} L(\mathbf{W}, b, \lambda) = \sum_{i=1}^{n} \lambda_i - \frac{1}{2} \sum_{i=1}^{n} \sum_{j=1}^{n} \lambda_i \lambda_j y_i y_j (x_i \cdot x_j) \tag{2.33}$$

步骤 3：由步骤 2 得

$$\max_{\lambda} \left[\sum_{i=1}^{n} \lambda_i - \frac{1}{2} \sum_{i=1}^{n} \sum_{j=1}^{n} \lambda_i \lambda_j y_i y_j (x_i \cdot x_j) \right] \text{ s.t. } \sum_{i=1}^{n} \lambda_i y_i = 0 \quad \lambda_i \geqslant 0 \tag{2.34}$$

这是一个二次规划问题，问题规模正比于训练样本数，我们常用 SMO（sequential minimal optimization）算法求解最优解 λ^*。

步骤 4：根据

$$\mathbf{W} = \sum_{i=1}^{n} \lambda_i x_i y_i \tag{2.35}$$

由式（2.35）可求得 $\boldsymbol{W}$，代入 $y_s(\boldsymbol{W}\boldsymbol{x}_s+b)$ 求得 b 的值为

$$b = \frac{1}{|S|}\sum_{s \in S}(y_s - \boldsymbol{W}\boldsymbol{x}_s) \tag{2.36}$$

步骤 5：根据 $\boldsymbol{W}$、b 的值构造最大分割超平面 $\boldsymbol{W}\boldsymbol{x}+b=0$。
分类决策函数 $f(x)=\text{sign}(\boldsymbol{W}\boldsymbol{x}+b)$，其中

$$\text{sign}(x)=\begin{cases}-1 & x<0 \\ 0 & x=0 \\ 1 & x>0\end{cases} \tag{2.37}$$

将新样本点导入决策函数中即可得到样本的分类。

（2）软间隔支持向量机

线性不可分即指部分训练样本不能满足 $y_i(\boldsymbol{W}\boldsymbol{x}_i+b) \geqslant 1$ 的条件，如图 2.14 所示。

此处先利用松弛变量允许一些点到分类平面的距离不满足原先的要求。具体约束条件中增加一个松弛项参数 $\xi_i \geqslant 0$，变成 $y_i(\boldsymbol{W}^\mathrm{T}\boldsymbol{x}_i+b) \geqslant 1-\xi_i$，$i=1,2,\cdots,n$，即软间隔，对应如图 2.15 所示。

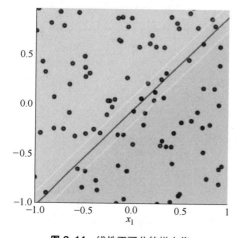

图 2.14 线性不可分的样本集

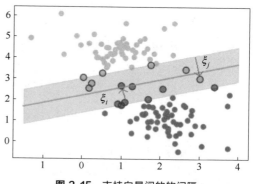

图 2.15 支持向量间的软间隔

增加软间隔后优化目标变成了：

$$\min_{\boldsymbol{W}} \frac{1}{2}\|\boldsymbol{W}\|^2 + C\sum_{i=1}^{n}\xi_i \quad \text{s.t.} \quad g_i(\boldsymbol{W},b) = 1 - y_i(\boldsymbol{W}\boldsymbol{x}_i+b) + \xi_i \leqslant 0, \xi_i \geqslant 0, i=1,2,\cdots,n \tag{2.38}$$

式中，C 表示错误样本的惩罚程度，它是一个大于 0 的常数。若 C 为无穷大，ξ_i 必然无穷小，线性 SVM 就又变成了线性可分 SVM；当 C 为有限值的时候，才会允许部分样本不遵循约束条件。

最后针对新的优化目标求解最优化问题从而得出分类决策函数。

（3）非线性支持向量机

当样本完全线性可分或者大部分线性可分时，可以采用硬间隔或软间隔来进行分类，但是如果样本点在二维空间不是线性可分的，则可以将样本点映射到高维空间中，使得它们在高维空间线性可分，如图 2.16 所示。

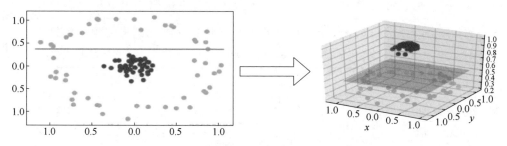

图 2.16 不是线性可分的样本集映射到高维空间线性可分

针对输入空间中的非线性分类问题，可以通过应用非线性变换将其转化为高维特征空间中的线性分类问题，然后使用线性支持向量机进行学习。在线性支持向量机的对偶问题中，目标函数和分类决策函数仅涉及实例之间的内积，因此不需要显式地指定非线性变换，而是通过使用核函数来替代内积计算，这样可以减少很多计算量。因此，非线性支持向量机的核心思想是通过非线性变换将输入空间映射到特征空间，将输入空间中的超曲面模型对应于特征空间中的超平面模型；然后通过在特征空间中求解线性支持向量机来完成分类任务。

3. SVM 算法的实现

在 Python 中，我们一般使用 sklearn 包中的 SVM 模块来实现 SVM 算法的功能。使用 SVM 算法实现对数据的分类的具体步骤如下：

① 读取数据集，然后将数据集划分训练样本与测试样本。

② 先训练 SVM 分类器。这需要利用 SVM 模块中的 SVC（）函数构建 SVM 模型，然后利用训练数据对模型进行训练。例如：

```
classifier= svm.SVC(C= 2,kernel= 'rbf',gamma= 10,decision_func-
tion_shape= 'ovr')
classifier.fit(x_train,y_train.ravel())   # ravel 函数在降维时默
认是行序优先
```

其中，SVC 函数中 C 是惩罚项参数，C 越大，对误分类的惩罚越大；kernel='rbf'表示 SVM 算法采用的核函数为高斯核函数 rbf；gamma=10 表示核函数系数等于 10；decision_function_shape='ovr'表示一对多，即一个类别与其他类别进行划分。

③ 然后利用 SVM 模型去预测测试数据的类型。例如：

```
tes_label= classifier.predict(x_test) # 测试集的预测标签
```

④ 计算对于测试数据 SVC 分类器预测准确率,有几种方法可以实现:

第一种方法:classifier.score(x_test,test_label)

第二种方法:通过调用 accuracy_score 方法计算准确率。

```
tes_label= classifier.predict(test_data)   # 测试集的预测标签
accuracy_score(test_label,tes_label)    # 测试集上 SVC 的准确率
```

主要实现代码如下:

```
# 将数据集划分训练样本与测试样本
x_train,x_test,train_label,test_label= train_test_split(x,y,
random_state= 1,test_size= 0.3)
# 训练 SVM 分类器
classifier= svm.SVC(C= 2,kernel= 'rbf',gamma= 10,decision_func-
tion_shape= 'ovr')
classifier.fit(x_train,y_train.ravel())
# 预测
tes_label= classifier.predict(x_test) # 测试集的预测标签
# 计算预测准确率
classifier.score(x_test,test_label)
```

SVM 可以用于处理非线性分类/回归任务。它具有严格的数学理论支持,可解释性强,简化了通常的分类和回归问题。它通过找出对任务至关重要的支持向量而减少了大量的计算工作量。另外,SVM 是一个凸优化问题,所以求得的解保证是全局最优。这些都是 SVM 的优点。但 SVM 也存在不少缺点,比如训练时间长、空间复杂度大等,因此 SVM 目前只适合用于小批量样本的任务,无法完成大(超大)样本的分类任务。

四、人工神经网络

1. 人工神经网络概述

人工神经网络(artificial neural network,ANN)是一种基于生物神经网络基本原理、模仿人脑神经系统复杂信息处理机制的数学模型。这种模型借鉴了人脑结构和其对外界刺激的响应机制,基于网络拓扑知识构建,以便更好地模拟人脑。它具有并行分布处理、高容错率、自我学习和智能化等特性,把信息处理和存储融为一体。凭借独特的知识呈现方式和智能化的自适应学习能力,神经网络吸引了各学科领域的瞩目。实质上,神经网络是一个由大量简单元素互相连接形成的复杂网

络，这让它能以高度非线性的方式执行复杂逻辑操作和实现非线性关系。神经网络是一种由大量的神经元相互连接构成的运算模型。神经元模型如图 2.17 所示。

其中，$a_1, a_2, \cdots, a_n$ 为各个输入的分量；$w_1, w_2, \cdots, w_n$ 为各个分量对应的权重；b 为神经元的激活阈值；f 为激活函数，常见的激活函数有 tanh、sigmoid、relu；t 为神经元的输出。

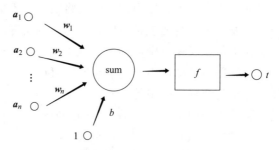

图 2.17　简单神经元模型

$$t = f\Big(\sum_{i=1}^{n} w_i a_i - \theta\Big) \qquad (2.39)$$

网络中输入端的神经元接收信息（$a_1, a_2, \cdots, a_n$）与权重 w 的点积，将输入与设定的某一阈值 θ 做比较，再经过某种神经元激活函数 f 的作用，便得到该神经元的输出 t。

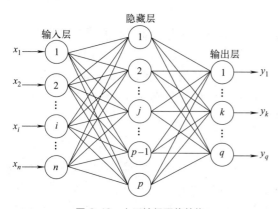

图 2.18　人工神经网络结构

具体来说，神经网络是将我们对生物神经网络的理解与数学统计模型融合，然后运用数学统计方法去实现这个过程。其中神经网络的输出是由网络架构、互联方式、权重以及激活函数决定。在神经网络中，神经元处理单元可以代表各种不同的对象，这些对象可能是特征、字母、概念，或者是一些有意义的抽象模式。神经网络的示意图如图 2.18 所示。

如图 2.18 所示，人工神经网络结构中包含一个输入层、一个输出层和多个隐藏层。输入层和输出层分别负责接收外部世界的信号数据和输出网络系统处理结果。隐藏层是介于输入层和输出层之间的一层或多层神经元组成的层级结构，它的作用包括非线性建模、特征提取和表示学习、解决多类别分类问题等。隐藏层在神经网络中扮演着重要的角色，通过引入非线性、学习特征和提供网络深度等方式，增强了神经网络的表达能力和学习能力，使网络能够解决更加复杂和抽象的问题。

2. 人工神经网络（ANN）的分类原理

利用人工神经网络进行分类，首先需要让人工神经网络进行学习，确定系统中各个输入对系统性能的影响程度，确定网络中的各个连接权值。因此，我们需要先给出训练样本和目标输出值,然后将训练样本输入神经网络,网络则会利用最快下降法反复调整网络的连接权值,使网络的实际输出值和目标输出值一致。当输入一个非样本数据时,已学习的神经网络就可以给出系统最可能的输出值。

根据网络结构的不同,神经网络可以分为 BP 神经网络、径向基函数神经网络和自组织竞争神经网络等。其中,BP 神经网络是典型的前馈型神经网络结构,是最常用的神经网络。它包括信号的正向传播和误差的反向传播两个过程。它是一种有监督的模式识别方法。

在正向传播的初始阶段,所有的连接权值都被设定为随机数作为初始值,然后选择模式集中的任一模式作为输入,经过隐藏层的处理,并在输出层得到对应的输出值。在这个过程中,每一层的神经元状态只会影响到下一层的神经元状态。此时,输出值与期望值之间通常存在较大的误差,需要通过误差反向传播的过程来计算各层神经元权值的变化量。这个过程会不断重复,直到完成对该模式集所有模式的计算,产生这一轮训练值的变化量 $\Delta\omega_{ij}$。在调整网络中各种神经元的权值后,网络会重新按照正向传播的方式得到输出。实际输出值与期望值之间的误差可以引发新一轮的权值调整。正向传播和反向传播的过程会不断循环,直到网络收敛,得到网络收敛后的连接权值和阈值。

在神经网络的训练中,我们通过损失函数(loss function)来衡量这个神经网络的训练是否到位了。常见的损失函数包括均方误差、交叉熵损失、KL 散度(Kullback-Leibler divergence)、Hinge Loss。交叉熵是损失函数适用于分类问题。交叉熵是信息论中的一个重要概念,主要用于度量两个概率分布的差异性。对于多分类问题,交叉熵损失函数的数学表达式为:

$$L = -\sum_{c=1}^{C} y_i \log_e^{(p_i)} + (1 - y_i) \log_e^{(1-p_i)} \tag{2.40}$$

其中 y_i 是真实标签,取值为 0 或 1,p_i 是模型预测的概率值,C 为类别数。该函数表示真实概率分布与预测概率分布之间的差异,交叉熵的值越小,模型预测效果就越好。交叉熵损失函数中对数函数默认是以 e 为底数,有时也以 2 为底数。在分类问题中,交叉熵常常与 softmax 函数搭配,softmax 函数将输出结果进行处理,使其多个分类的预测值和为 1,再通过交叉熵来进行损失。

该函数表示真实概率分布与预测概率分布之间的差异,交叉熵的值越小,模型预测效果就越好。在分类问题中,交叉熵常常与 softmax 函数搭配,softmax 函数将输出结果进行处理,使其多个分类的预测值和为 1,再通过交叉熵来进行损失。

3. 人工神经网络(ANN)算法实现案例

在 Python 中,实现 BP 神经网络的框架有 Keras 和 TensorFlow 等。Keras 和 TensorFlow 中都提供了序列模型 Sequential 来实现神经网络模型的构建。下面主要介绍 keras.models 中提供的序列模型 Sequential。通过利用 BP 神经网络实现二分类问题的案例来说明使用神经网络实现分类的过程。具体实现步骤如下:

① 首先搭建一个 BP 神经网络模型。可以通过 keras.models 中提供的序列模型 Sequential 来实现神经网络模型的搭建。通过堆叠许多层，构建出深度神经网络。序列模型可以通过 list 构造，也可以通过 add() 构造。比如通过 add() 构造，即通过 add() 可以逐层向 Sequential 中添加 layer。代码如下：

```
model= Sequential() # 定义模型
model.add(Dense(units= 64,activation= 'relu',input_dim= 100)) # 定义网络结构
model.add(Dense(units= 10,activation= 'softmax')) # 定义网络结构
```

② 配置神经网络的训练模型。这个可以利用 compile() 方法实现。Model 方法可以为神经网络模型设置损失函数 loss、优化器 optimizer、准确性评价函数 metrics 等。例如：

```
model.compile(optimizer= "adam",loss= "sparse_categorical_crossentropy",metrics= ["sparse_accuracy"])
```

表示模型优化器采用"adam"，损失函数用的是稀疏类别交叉熵，准确性评价函数为"稀疏精度"。

③ 配置训练数据集的相关参数。这个利用 fit() 方法实现。例如：

```
model.fit(x_train,y_train,epochs= 10)
```

表示输入数据为 x_train，目标数据为 y_train，训练轮数为 10。

④ 测试模式下模型的损失值和指标值。利用 evaluate() 方法实现。例如：

```
Model.evaluate(x_test,y_test)
```

表示输入数据为 x_train，目标数据为 y_train 时计算模型的损失值和指标值。

⑤ 生成输入样本的输出预测。利用 predict() 方法实现。例如：

```
model.predict(x_test)
```

案例的主要实现代码如下：

```
# 例子:利用 BP 神经网络实现二分类问题
# 以 Keras 为例,先定义一个有多层的神经网络模型,然后进行训练和测试
# 1)导入相关的库
……
from keras.models import Sequential
from kera.layers.core import Dense,Activation
from tensorflow.kera.optimizers import SGD
```

```
# 2)定义一个2层感知器模型
# 定义模型
model= Sequential()
# 添加第一层,输入维度为100,输出维度为64,激活函数为relu
model.add(Dense(64,activation= 'relu',input_dim= 100)) # 定义网络结构
# 添加第二层的输出层,输出维度为10,激活函数为sigmoid
model.add(Dense(10,activation= 'softmax'))
# 3)设定模型的优化器、学习率、损失函数、训练数据等参数
sgd= SGD(lr= 0.1)
model.compile(loss= 'binary_crossentropy', optimizer= sgd, metrics= ['accuracy'])
# 4)训练模型
Model.fit(x_train,y_train,epochs= 100)
# 5)利用测试数据对模型进行测试
……
Loss,acc= model.evaluate(x_test,y_test) # 测试模型
```

人工神经网络优势很多,它拥有自我学习、联想存储以及快速寻找优化解的能力,使得它可以自动提取和分类脑电信号。目前卷积神经网络已经在基于EEG的脑机接口中取得了成功的应用。然而,人工神经网络也存在其局限性。例如,它无法解释自己的推理过程和依据,也不能向用户提出必要的询问。当数据不足时,神经网络将无法正常工作。此外,其理论和学习算法还需要进一步地完善和提升。

五、遗传算法

遗传算法GA(genetic algorithm)是一种借鉴了自然生物选择和遗传原理的启发式搜索算法。它在优化参数编码串的群体中引入了生物进化的原则:优胜劣汰,适者生存。根据选定的适应度函数,遗传算法通过复制、交叉及变异筛选出适应度高的个体,这些被保留下来的群体既保留了前代的信息,又优于前代。反复如此,群体中的个体适应度持续提升,直至满足特定条件。

遗传算法主要涵盖三个方面:首先,遗传是生物的一个基本特征,父母将遗传信息传给子女,使后代和父母具有相似或一致的特性,这保证了物种的稳定存在;其次,变异决定了子代和父母之间以及子代内部的异质性,而变异是随机的,多次随机发生的变异导致了生命的多样性;最后,通过生存竞争和适者生存,保留具有适应性变异的个体,不适应的个体被淘汰。经过多代变异和继承,生存下来的后代

在适应环境、性状等方面和祖先产生明显差异，成为新的物种。

该算法的基本流程如图 2.19 所示。

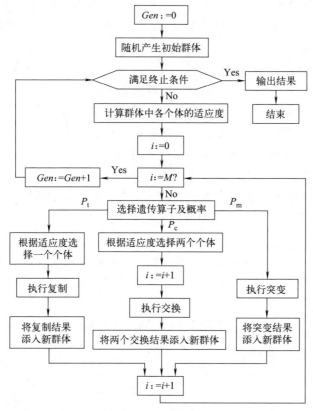

图 2.19 遗传算法的流程

其中，Gen 代表迭代次数，M 表示一代中的个体数目，i 表示已处理个体的数量。P_c 表示交叉率，就是参加交叉运算的染色体个数占全体染色体总数的比例。P_m 表示变异率，是指发生变异的基因位数所占全体染色体的基因总位数的比例。P_t 表示复制概率，用于控制复制与淘汰的个体数目。遗传算法的基本流程为：

① 设置进化代的计数器 $Gen=0$，设置最大进化代数 T、交叉概率、变异概率。

② 随机地建立由字符串组成的初始群体。

③ 当不满足终止条件（终止条件为 $Gen>T$）时，计算群体中各个体的适应度。适应度可以用来判断群体中的个体的优劣程度。某个体的适应度越大，其被遗传到下一代的概率就越大。

④ 当 $i<M$ 时，循环依次采用选择、交叉、变异三种方式产生新群体中的个体。对群体中的个体进行选择，选择最优个体直接遗传到下一代。选择个体是以个

体适应度为基础,采用精英选择法进行选择,即选择适应度最高的个体进行复制。也可以采用轮盘赌的方式进行选择,一般个体适应度越大,被选中的概率就越大。对个体间进行交叉运算,即在交叉概率的控制下,将群体内的个体进行配对交叉。对个体进行变异运算,即选取种群中的某一个个体,以变异概率随机对个体基因进行调整。

⑤ 当 $i=M$ 时,表明这一代的个体已全部处理完毕,转入下一代群体,否则循环执行然后判断是否满足终止条件,在没有达到终止条件前,循环执行②~④操作。若满足条件,则输出结果,算法结束。算法的最后结果为最佳个体。

因此,采用遗传算法求问题的最优解时,遗传算法第一步操作就是对问题中的初代种群进行编码操作,即进行基因编码。当初代种群产生后,根据优胜劣汰和适者生存的原则,在每一代中,根据个体的适应度选择个体,借助组合交叉和变异产生新的种群。迭代多次,最后生成的种群一定会比前代更加适应环境。最后对末代种群中的最优个体进行解码,作为问题的近似最优解。在遗传算法中存在三个算子,分别是选择算子、交叉算子、变异算子。

这里要介绍下遗传算法函数,通过遗传算法函数来求问题的最优解。在Python 中,可以通过 sko.GA 中的 GA() 函数来实现遗传算法。该函数的具体参数如表2.1中所示。

表 2.1 GA() 函数具体参数表

参数	默认值	含义
func	—	自己定义的最小目标函数
n_dim	—	目标函数的维度
size_pop	50	种群规模
Max_iter	200	最大迭代次数
Prob_mut	0.001	变异概率
lb	−1	每个自变量的最小值
ub	1	每个自变量的最大值
Constraint_eq	空元组	等式约束
Constraint_ueq	空元组	不等式约束
precision	1e-7	精确度

该函数的输出结果有多个,其中包括最优函数值、最优函数值对应的输入值等。利用遗传算法 GA() 求问题的最优解的具体步骤如下:

① 定义问题;

② 运行遗传算法。这个通过 GA() 函数来实现。例如:

ga= GA(func= schaffer,n_dim= 2,lb= [- 1,- 1],ub= [1,1],precision= 1e-7)

best_x,best_y= ga.run()

虽然遗传算法也存在不足，比如它容易陷入局部最小值，但遗传算法运行效率和时间优于许多其他优化算法，且具有并行处理能力和全局最优解寻找能力，因而受到广泛应用。因此，为了发挥遗传算法的优势，提升分类器的效率和精度，学者们尝试将遗传算法与其他分类算法相融合，通过遗传算子来提升分类器的性能。主要的结合算法包括以下几种。

（1）基于遗传算法的朴素贝叶斯分类算法（G_NBC）

该算法的基本思想是：首先检查样本数据的每个属性值是否为空，如果为空，利用统计学方法删除或补齐空属性值，使数据每个属性值完整；然后，采用随机抽样法将数据样本集划分为训练集和验证集，随机生成 S 个属性子集，建立 S 个分别基于每个属性子集的朴素贝叶斯分类器；最后，将这 S 个朴素贝叶斯分类器作为初始种群，使用遗传算法对其进行优化选择，选择的最优解就是最优的朴素贝叶斯分类器。

（2）基于遗传算法优化的神经网络分类算法（GA_BP）

该算法的基本思想是：将遗传算法在优化问题上的超强自适应搜索能力与神经网络自我学习、联想存储以及快速寻找优化解的能力相结合，发挥各自的优势，弥补各自的不足，从而优化算法性能。目前两者的结合研究主要集中在利用遗传算法优化神经网络的连接权重和阈值、优化神经网络的结构以及优化神经网络的学习规则三个方面。

（3）基于遗传算法的优化分类器算法

该算法通过遗传算法（GA）对多个单个分类器进行优化组合形成一个性能更优的综合分类器。具体方法流程如图 2.20 所示。

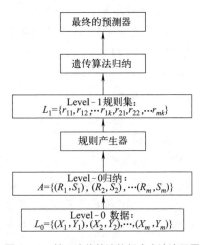

图 2.20 基于遗传算法的组合方法流程图

图 2.20 中，采用叠加方法作为组合的基本框架。在框架中，原始数据经过第 0 层的归纳，生成一套对分类问题的表示，然后由规则产生器将分类问题的表达转化为规则形式，输入到 Level-1 层形成规则集。规则集经过遗传算法的综合，生成最后的分类器。该分类器综合了多个分类器的优点，其精确度高于各单个分类器。算法结果为规则集。

六、决策树

1. 决策树的概述

决策树算法是一种采用树状结构对实例进行分类的算法，用于解决分类和回归问题。它是一种基于策略选择的树，由节点（内部节点和叶子节点）和有向边组

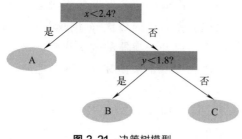

图 2.21　决策树模型

成。内部节点用于表示特征或属性的测试条件,通过测试条件将具有不同特征的记录分开,而叶子节点表示一个分类。决策树模型如图 2.21 所示。

其中 A、B、C 为一个类别或回归值。其他两个非叶节点为一个特征。这每一个特征往往就是一系列 if then 决策规则。这些规则将特征空间划分成有限个不相交的子区域,对于落在相同子区域的样本,决策树模型会给出相同的预测值。

在决策树算法中最关键的问题是如何构建决策树,决策树的划分依据是什么。在采用决策树算法对数据集进行分类之前,我们需要根据给定的训练数据构造一个决策树模型。这个构造过程就是要从训练数据集中归纳出一组分类规则,即一系列的 if then 决策规则,这个过程称为决策树学习。通过决策树学习通常能得出多个决策树,这些决策树都能对训练数据进行正确分类。这就需要我们在选择决策树时,选择一个与训练数据矛盾最小的决策树,它不仅对训练数据具有很好的拟合,还能对未知数据具有良好的预测能力。

2. 决策树的构建

构建良好的决策树是决策树算法的关键。决策树构建过程的具体步骤为:

(1) 特征选择

特征选择是指从训练数据中选取出具有分类能力的特征。一般是根据某种准则来选取这样的特征的。可用的特征选择准则包括信息增益、信息增益比、基尼指数等。其中信息增益是常用的准则。信息增益是代表在一个条件下,信息不确定性减少的程度。它的计算公式为"熵－条件熵",即特征 A 对训练数据集 D 的信息增益 $g(D,A)$,定义为集合 D 的经验熵 $H(D)$ 与特征 A 给定条件下 D 的经验条件熵 $H(D|A)$ 之差:

$$g(D,A)=H(D)-H(D|A) \tag{2.41}$$

因此,在选择每一层的当前节点特征时,都需要计算每个特征的信息增益,将信息增益最大者作为当前节点特征。

(2) 划分数据集

根据选定的特征将数据集划分成多个子集,每个子集对应当前节点的一个分支。这个分支可以是两条,也可能是多条。

(3) 递归构建子树

对于每个子集,重复步骤 (1) 和步骤 (2),直到满足某个终止条件。这个终止条件可以设置为:

① 当前节点为空节点时，返回空节点；
② 当前节点为叶子节点时，返回当前节点；
③ 当前节点已经访问过（遍历中使用）或者已经处理过（例如动态规划中使用）时，返回已经处理过的结果；
④ 达到指定的深度或者层数时，返回空节点或者其他结果。
终止条件的设置需要根据具体的算法和问题进行调整。

（4）对构建好的决策树进行剪枝处理

当决策树构建好了后，为了评价决策树的好坏，我们会设置一个目标函数，通过这个目标函数来评价这个决策树的好坏。这个目标函数包括反应决策树对样本数据点拟合准确度的损失项和反应决策树模型复杂程度的正则化项两项内容。如果这两项内容表现不佳的话，就需要对决策树进行调整，即通过优化算法优化决策树，从而使得目标函数取值不断降低。一般优化算法包括树的生成策略和树的剪枝策略。其中常常采用的是剪枝方法。

剪枝方法又包括预剪枝和后剪枝两种。预剪枝（Pre-pruning）是指在构建决策树的过程中，在每个节点进行划分之前，通过一些预先定义的条件来判断是否进行划分。如果判断条件不满足，则停止划分并将当前节点标记为叶子节点。预剪枝的目的是在构建决策树时，尽早地停止划分，避免过拟合的问题。预剪枝可以有效地减少决策树的复杂度，提高模型的泛化能力。常见的预剪枝条件包括：最大深度、最小样本数、最小不纯度减少等。后剪枝（Post-pruning）是指先构建完整的决策树，然后从底部开始逐层向上对节点进行评估，判断是否剪枝。后剪枝方法可以根据具体的问题和数据集进行调整和选择。它可以有效地减小决策树的复杂度，提高模型的泛化能力。常见的后剪枝方法包括错误率剪枝、悲观错误剪枝、损失函数剪枝等。

决策树模型构建后，就可以利用该模型进行分类。具体分类步骤是：从根节点开始，从上到下，依次按照内部节点上的特征对实例进行测试；根据实例的测试结果（满足或不满足），将实例分配到相应的子节点（即选择适当的分支）。如果实例到达叶子节点，则可以得出最终的分类结果。如果到达另一个内部节点，则使用新的测试条件进行递归处理，直到实例到达叶子节点为止。将实例最终到达的叶子节点内容作为实例的最终分类结果。

3. 决策树的典型算法

决策树是一种常见的机器学习算法，常见的决策树算法包括 ID3，C4.5，CART 等。

（1）ID3 算法

ID3 算法（iterative dichotomiser 3）是最早的决策树算法之一，它在决策树领域的研究中起到了重要的作用。它基于信息增益来进行特征选择，使用熵来衡量数据集的不确定性。ID3 算法的基本思想是在每个节点选择信息增益最大的特征进行划分，直到所有的特征都被使用或者数据集已经划分为同一类别，使用信息增益作为节点分裂的依据。ID3 算法构建决策树的步骤为：

① 计算数据集的熵，用于衡量数据集的不确定性。

② 对每个特征计算信息增益，选择信息增益最大的特征作为节点的划分特征。

③ 根据划分特征将数据集划分为多个子集，对每个子集递归执行步骤①和②，直到所有的特征都被使用或者数据集已经划分为同一类别。

④ 构建决策树，将每个特征作为节点，将数据集划分为多个子集作为子节点，直到所有的子节点都是同一类别。

ID3 算法的优点是简单易懂、计算效率高、可解释性强，但它存在对噪声数据敏感、容易过拟合、无法处理连续型特征和缺失值等不足。因此，在实际应用中，需要对 ID3 算法进行改进。

(2) C4.5 算法

C4.5 算法是 ID3 算法的改进版本，它是由 Ross Quinlan 在 1993 年提出。C4.5 算法在 ID3 算法的基础上进行了一系列的改进，使得它能够处理连续型特征，并且能够处理缺失值。C4.5 算法构建决策树的步骤为：

① 选择最优划分特征：根据信息增益比（gain ratio）来选择最优的划分特征。对于离散型特征，C4.5 算法计算信息增益比；对于连续型特征，C4.5 算法通过二分法来确定最优划分点。

② 划分数据集：根据选择的最优划分特征，将数据集划分为多个子集，每个子集对应划分特征的一个取值。

③ 递归构建子树：对于每个子集，递归地构建子树。如果子集中的样本都属于同一类别，则将该子集作为叶节点；否则，选择新的最优划分特征，继续划分子集。

④ 剪枝处理：使用悲观剪枝（pessimistic pruning）方法对构建好的决策树进行剪枝。

⑤ 重复上述步骤，直到满足停止条件。停止条件可以是达到预定的树深度、所有样本属于同一类别，或者没有更多特征可供选择。

最终，C4.5 算法构建出一棵决策树，可以用于对新样本进行分类。从构建决策树的过程中可以看出 C4.5 算法对 ID3 算法进行了一定的改进，主要改进了如下三个方面：

① 连续型特征处理：C4.5 算法引入了一种新的划分准则，称为信息增益比。在选择最优划分特征时，C4.5 算法使用信息增益比来解决 ID3 算法对取值较多的特征有偏好的问题。信息增益比考虑了特征的取值数目对信息增益的影响，从而更加公平地选择划分特征。

② 缺失值处理：C4.5 算法能够处理缺失值的情况。它通过计算每个特征的信息增益，然后将缺失值的样本按照各个取值的比例分配到不同的分支上，从而保留了缺失值的信息。

③ 剪枝方法：C4.5 算法引入了一种称为悲观剪枝的剪枝方法。它通过对决策树进行剪枝，从而降低过拟合的风险。悲观剪枝在构建决策树的过程中使用了验证集来评估剪枝的效果，从而选择最优的剪枝点。

C4.5 算法通过改进 ID3 算法，性能得到了很大的提升。C4.5 算法能够生成易于理解的决策树模型，同时具有较好的分类效果。但 C4.5 算法同样也存在一些不足，比如对噪声和异常值敏感、容易产生过拟合、可能存在计算复杂度和内存消耗问题等。

（3）CART 算法

在 20 世纪 70 年代，统计学家 Breiman 等人开始研究决策树算法，并提出了分类回归树（classification and regression tree，CART）算法。CART 算法是一种基于树结构的分类和回归分析方法，与 C4.5 算法不同，CART 算法可以处理连续型和离散型特征，既可以用于分类问题，也可以用于回归问题。

CART 算法的主要思想是通过递归地二分每个属性，将数据集划分为尽可能纯的子集，然后在每个子集上分别建立决策树。构建决策树的过程和 C4.5 算法类似，只是在选择最优划分特征时有些不同。在分类问题中，CART 算法使用基尼指数来度量属性的纯度和不确定性，选择基尼指数最小的属性作为分裂属性；在回归问题中，CART 算法使用平方误差和来度量预测值与实际值之间的差异，选择平方误差和最小的属性作为分裂属性。

CART 算法具有计算简单、可解释性强、适用性广等优点，被广泛应用于数据挖掘、机器学习、统计分析等领域。同时，CART 算法也存在一些缺点，例如对于噪声数据敏感、易过拟合等问题，需要在实际应用中进行优化和改进。

CART 算法和 ID3 算法、C4.5 算法都是常用的决策树算法，但它们在属性选择度量、树的类型、缺失值处理、连续属性处理和剪枝策略等方面存在差异。具体差别如表 2.2 所示。

表 2.2 CART 算法和 ID3 算法、C4.5 算法的比较

	CART 算法	ID3 算法	C4.5 算法
树的类型	可以构建二叉树，每个非叶节点都有两个分支	可以构建多叉树，每个非叶节点可以有多个分支	可以构建多叉树
属性选择度量	使用基尼指数作为属性选择度量，它衡量了一个属性的纯度和不确定性	使用信息增益作为属性选择度量，它衡量了一个属性对于分类的贡献程度	使用信息增益比作为属性选择度量，它在信息增益的基础上考虑了属性的分支数目

续表

	CART 算法	ID3 算法	C4.5 算法
缺失值处理	可以处理缺失值，它使用缺失值的属性值来计算基尼指数	在处理缺失值时需要进行额外的处理	在处理缺失值时需要进行额外的处理
连续属性处理	可以处理连续属性，它使用二分法将连续属性转化为二元属性	需要对连续属性进行离散化处理	需要对连续属性进行离散化处理
剪枝策略	使用预剪枝和后剪枝两种剪枝策略	通常使用后剪枝策略	通常使用后剪枝策略

三种算法各有自己的优缺点，因此各有其不同的应用场景。一般来说，CART 算法适用于分类和回归问题，能够处理离散属性和连续属性，具有较好的灵活性和可解释性；ID3 算法适用于分类问题，适用于属性取值较少的情况；C4.5 算法适用于分类问题，适用于属性取值较多的情况，并在属性选择度量上进行了改进。选择适合问题需求和数据特点的算法可以提高模型的性能和准确性。

4. 决策树算法的实现

在 Python 中，决策树算法的实现要借助于 DecisionTreeClassifier 方法。DecisionTreeClassifier 是 Scikit-learn 库中的一个分类器类，它实现了决策树算法，用于处理分类问题。因此，在使用 DecisionTreeClassifier 前需要通过"from sklearn.tree import DecisionTreeClassifier"导入这个库。

在 DecisionTreeClassifier 构造函数中有几个重要的参数分别为：criterion 参数、max_depth 参数和 random_state 参数。其中 criterion 参数用于指定决策树划分标准，常见的取值为 gini 和 entropy。gini 表示使用基尼系数作为划分标准，而 entropy 表示使用信息熵作为划分标准。一般默认是 gini，即 CART 算法。max_depth 参数用于控制决策树的最大深度，限制树的生长。random_state 参数用于控制随机数生成器的种子，保证每次运行得到的结果一致。

使用 DecisionTreeClassifier 来实现的大致过程为：

```
1)# 创建决策树分类器
clf= DecisionTreeClassifier(criterion= 'entropy',max_depth= 3,random_state= 42)
2)# 训练分类器
clf.fit(X_train,y_train)
3)# 预测
y_pred= clf.predict(X_test)
```

七、随机森林

1. 随机森林概述

在传统的决策树算法中，通过递归地选择最优特征和分裂点来构建决策树，但这种方法容易产生过拟合问题。为了解决这个问题，Breiman等人提出了随机森林算法。随机森林（random forest）是一种集成学习（ensemble learning）方法，通过构建多个决策树并进行集成来完成分类和回归任务。随机森林的主要思路是采用Bagging思想，即当一个样本来临时，需要将样本输入每棵树中进行分类。森林中的每棵树都是独立的，每棵决策树都会得到一个分类结果。随机森林汇集所有分类结果，然后对它们进行投票，投票次数最多的类别为最终输出。在随机森林，99.9%不相关的树的预测结果涵盖了所有情况，这些预测结果会相互抵消。少数优秀的树的预测结果将超越其他"噪声"，从而做出良好的预测。通过将多个弱分类器的分类结果进行投票选择，形成一个强分类器，这就是随机森林中Bagging思想的应用。

随机森林通过引入随机性来降低决策树的过拟合风险，即采用自助采样法（bootstrap sampling）随机选择训练样本，并在每个节点随机选择特征子集进行分裂。这种随机性的引入增加了决策树之间的差异性，从而降低了过拟合的风险。随机森林集成多个决策树的预测结果，通过投票或平均预测的方式进行分类或回归。这种集成的方式可以提高模型的稳定性和泛化能力。随机森林算法在机器学习和数据挖掘领域得到了广泛的应用，尤其在处理高维数据和大规模数据集时具有优势。它是一种强大而灵活的机器学习方法，被广泛应用于分类、回归、特征选择等任务中。

2. 随机森林的构建

随机森林的基本思想是通过随机选择训练样本和随机选择特征，构建多个决策树，并将它们进行集成。算法过程如图2.22所示。

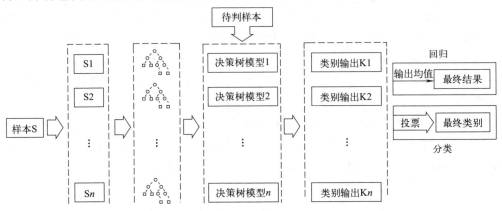

图2.22 随机森林算法过程

具体而言，随机森林的构建包括以下步骤：

① 随机选择训练样本：从原始训练集中有放回地随机选择样本，构建一个新的训练集，样本数量与原始训练集相同，但可能会有重复样本。

② 随机选择特征：对于每个决策树的节点，在当前节点的特征集合中随机选择一个子集作为候选特征，然后从中选择最优特征进行分裂。这样做的目的是增加决策树之间的差异性，避免过拟合。

③ 构建决策树：使用选定的特征和训练样本构建决策树，通常采用基于信息增益或基尼指数的方法进行分裂。

④ 集成决策树：构建多个决策树，然后将它们进行集成，通常采用投票或平均预测的方式进行分类，采用平均预测的方式进行回归。

随机森林是一种强大而灵活的机器学习方法，具有高准确性、鲁棒性和可处理高维数据的优点，但存在训练时间较长、模型解释性较差和内存消耗较大的缺点。

3. 随机森林算法的实现

在 Python 中，随机森林算法通过 scikit-learn 库中提供的 RandomForestClassifier 和 RandomForestRegressor 来实现分类和回归。由 RandomForestClassifier 建立的随机森林分类模型代码如下：

```
# 导入相关的包
from sklearn.ensemble import RandomForestClassifier
# 建立分类模型
clf= RandomForestClassifier(n_estimators= 200,criterion= 'entropy',max_depth= 4)
rf_clf= clf.fit(x_train,y.ravel())
# 进行预测
Clf.predict(X_test)
```

其中 RandomForestClassifier 方法中的 n_estimators 表示在利用最大投票数或平均值来预测之前，想要建立子树的数量。较多的子树可以让模型有更好的性能。criterion 表示决策树的划分标准，criterion＝'entropy' 表示采用信息熵作为决策树的划分标准。max_depth＝4 表示树的最大深度为 4，超过最大深度的树枝都会被剪掉。

RandomForestRegressor 是一种基于随机森林的回归方法，使用该方法需要通过 "from sklearn import ensemble" 导入相关的库。它的使用方法和 RandomForestClassifier 是类似的。建立的随机森林回归模型的代码如下：

```
# 导入包
from sklearn import ensemble
```

```
# 建立回归模型
regr = ensemble.RandomForestRegressor(n_estimators = 10, bootstrap= True,criterion= 'mse')
regr.fit(X_train,y_train)
# 利用回归模型预测
Regr.predict(X_test)
```

其中 RandomForestClassifier 方法中的大部分参数和 RandomForestClassifier 类似。但 RandomForestClassifier 函数有个新的参数 criterion。它是字符串类型，表示用于拟合每个决策树的损失函数，是衡量回归效果的指标。可选的值有 mse（均方误差）、mae（平均绝对误差）、friedman_mse（friedman 的均方误差）和 mape（平均绝对百分比误差）。默认值为 mse。

第三节　基于脑电信号的应用研究现状

一、脑电波临床应用进展

1. 癫痫治疗

癫痫是一种慢性脑疾病，其主要特征是暂时的中枢神经系统功能异常，这是由大脑神经元异常放电引发的。各类癫痫发作的病理基础在于大脑皮层神经元的过度放电。在正常情况下，人们在安静状态下闭眼时的脑电波主要由后脑部的 α 节律和前脑部的 β 节律构成，只有少量的 θ 波散布其中，基本上不会出现 δ 波。两个脑半球的相应区域的平均周期差距不会超过 10%（频率差不超过 2Hz），振幅差也不会超过 50%。α 波的最大波幅不会超过 150μV，并且对眼睛的开闭有抑制反应；β 波的波幅不会超过 50μV，深度呼吸诱发试验也不会出现病理波。而癫痫发作时起始的脑电图特点为：

① 频率突然变化：出现新的节律性波形，可为 α 频段或较之更快或更慢的波形，节律性波可具有或不具有棘波的特征，波幅逐渐增高、频率逐渐减慢，随后可出现棘波成分。

② 波幅突然降低：发作开始为突然局灶或广泛性去同步化电活动即电压衰弱，在电压衰弱前，发作间期放电可突然停止或明显增多数秒，随着发作图形的演变，波幅逐渐增高、频率逐渐减慢，随后可出现显著的节律性活动。一些强直发作、痉挛发作及局灶性发作均可出现电压衰减图形。

③ 波幅突然增高：发作初期波幅突然增高，如失神发作的双侧对称同步 3Hz 棘慢波节律性爆发。

脑电图（EEG）在癫痫的诊断中发挥了关键作用，其主要特征是痫样放电。这种放电可以以各种形态出现，包括单一的棘波和尖波。两者都是由刺激性病灶产生的放电。棘-慢波和尖-慢波则可能显示出深层的广泛癫痫源病灶。特别地，3Hz棘-慢波是癫痫小发作脑电图的特异性改变。更广泛的癫痫发作，如大发作和肌阵挛性发作可能会表现出棘波群和多棘波。多棘-慢波则常见于肌阵挛性发作和婴儿痉挛症，而高度失率则常在婴儿痉挛症中观察到。另外，在脑电图背景上出现的阵发性或爆发性的高波幅节律，可能是 δ、θ、α 或 β 节律。

癫痫脑电图在确诊、分类、定位和定性癫痫的过程中起到了巨大的作用，同时也有助于鉴别癫痫与其他发作性疾病。比如发作性睡病、昏厥、偏头痛、低血糖症、手足搐搦、癔症和诈病等。此外，脑电图也对癫痫的治疗指导和愈后评估具有很大帮助。

脑电图在癫痫诊疗方面的新进展主要有以下几种。

（1）高频振荡（HFOs）

HFOs 是指频率在 40～500Hz 的脑电活动。发作间期 HFOs 分布的空间及频率，与癫痫发生密切相关，成为痫性疾病的生物学标志。HFOs 通常出现在致痫灶附近，而非结构性病灶；而且越接近致痫灶的核心区，记录到 HFOs 频率越高。Valenca La 等也发现 HFOs 定位致痫灶较棘波更具优势。Wu JY 等发现切除形成 HFOs 的组织有助于术后的缓解。发作期 HFOs，尤其是 100～200Hz、400～500Hz、300～400Hz 频段的 HFOs，对致痫灶的精确定位更具有临床价值。发作期 HFOs 是癫痫发作的重要先兆。其中难治性癫痫患者的颞叶内侧 HFOs 活动最为频繁。在 HFOs 对癫痫预后的评价方面的研究中，Zijlmans M 等对改变抗癫痫药物（Antiepileptic drugs，AEDs）浓度，以及惊厥发作时，HFOs 比例的变化进行评估，结果发现较棘波放电，HFOs 可更好地反映癫痫活动指标。

（2）EEG-fMRI

结合 EEG 和 fMRI 的 EEG-fMRI 技术能够在确定的脑电异常活动时间内记录功能性核磁共振的影像学信号变化。该技术的一个主要组成部分是基于血氧水平的功能磁共振成像（BOLD-fMRI）。通过对大量动物实验以及初步的临床试验的研究发现，EEG-fMRI 联用能较准确地定位癫痫初始位置及范围，通过该项技术分析患者在癫痫发作间隙或发作期间的异常电活动对应的血流代谢变化。EEG-fMRI 能够无创记录癫痫活动相关的血流代谢变化。在 40%～80% 的成人局灶性癫痫患者中，EEG-fMRI 能发现明显的定位 BOLD 信号的改变。从这些定位的 BOLD 信号改变中，50%～100% 与术后确认的癫痫起源灶相吻合。因此，EEG-fMRI 可以提供关于癫痫起源范围和癫痫异常电活动扩散路径的信息，这是其他检查无法提供的。此外，研究表明，即便在影像学上没有结构性变化的癫痫患者中，EEG-fMRI 也能找到相对应的定位性 BOLD 信号变化。立体定向脑电图（SEEG）进一步证实了 EEG-fMRI 在确定癫痫病灶起源及传播路径上的精度。通过 EEG-fMRI 还可以研究异位灰质在癫痫的产生和传播中的作用，利用在颅内植入电极进行射频毁损、消除病灶及阻断异常放电的传播路径，或者提前判断切除某块异位灰质来阻断癫痫的产生和传播，从而达到治疗目的。

EEG-fMRI 技术将 EEG 的时间分辨率优势与 MRI 的空间分辨率优势相结合，设备需求不高，成本较低，技术较易掌握。然而，目前 EEG-fMRI 技术所面临的主要问题是在检测过程中出现的脑电和核磁图像的伪迹问题。患者运动、呼吸、心跳，核磁扫描噪声，由光导纤维的微小移动引起的电极数据传输都可能对脑电图和 MRI 信号造成干扰，特别是在血流丰富的部位（如丘脑等）。此外，头皮脑电图记录的是头皮表面的脑电活动，BOLD 则反映的是整个脑血流代谢改变，两者并不完全一一对应。所以，EEG 所对应的 fMRI 信号变化可能并非简单地反映大脑的血流变化，解释结果要复杂得多。

(3) 体定向脑电图（SEEG）

SEEG 是近年来国际上兴起的一种全新的癫痫病灶定位技术。它是一种安全有效的植入性脑电图检测技术。它是在皮层脑电监测的基础上，结合立体定向微创定位方式与脑电监测技术而发展起来的。它主要运用微创的方法，在头皮和颅骨上钻一个 2~3mm 的小孔，将深部电极放入脑深部特定的位置（如额叶深部、大脑内侧

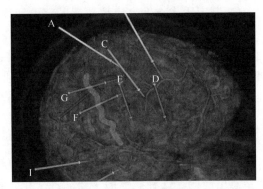

图 2.23 立体定向脑电图

面、扣带回、颞叶内侧等常规皮层电极无法达到的部位），如图 2.23 所示。它既是一种诊断方法，也是一种致痫灶切除术的替代疗法。

该技术最早来自 20 世纪 50 年代的法国 Saint Anne 医院。后来，基于 SEEG 技术，Bancaud 和 Talairach 两人又提出了一种新的定位癫痫病灶的方法，这种方法以临床症状、脑电生理和脑内解剖结构为理论基础。目前，该方法已经成为研究者们开展 SEEG 操作时的判定方法和理论基础。

SEEG 技术以临床表现为依据，分析癫痫发作时临床症状与脑内放电之间的关系，以及涉及的解剖部位。在定位癫痫病灶的过程中，SEEG 技术首先将癫痫发作期的整个临床表现过程进行分类，比较临床表现与已知的典型的临床发作形式；然后，将每次发作涉及的自主神经系统、情感系统和感觉系统等解剖结构进行关联；接着研究癫痫发作表现与最早发生的脑内癫痫样放电之间的相同与不同点，从而鉴别该癫痫是属于颞叶癫痫还是颞叶以外起源的癫痫；最后总结研究癫痫症候群与脑

电释放之间的不同点。

当出现以下情况时可以应用 SEEG 技术：

① 当 MRI 为阴性，患者处于发作间期或发作期脑电图与临床症状部分或者完全不吻合时；

② 当 MRI 为阴性或阳性，癫痫发作症状学定侧与发作期 EEG 定侧不符，或发作期 EEG 显示迅速波及对侧半球时；

③ 当 MRI 为阳性，患者处于发作间期或发作期脑电图、临床症状和致痫灶范围波及病灶以外的区域时；

④ 当 MRI 病变、发作期 EEG 和发作期症状证实致痫灶涉及功能区，需定位功能区部位及其与致痫区关系来评估手术风险时；

⑤ MRI 显示病变范围广泛，涉及一侧或双侧半球时；

⑥ 发作期 EEG 和临床表现证实存在多个潜在的致痫灶，可能涉及双侧半球时；

⑦ 制定手术方案、定位功能区部位和评估手术风险时。

当然，SEEG 也有不足。例如，SEEG 的医疗费用相对较高；SEEG 技术记录到的脑皮质放电面积相对较小；立体定向脑血管造影普及率不高；脑血管造影结合 MRI 进行影像融合，相对比较复杂，学习曲线较长；等等。但 SEEG 的技术体系和操作规则已经完善，为定位难以治疗的癫痫病灶提供了新的工具和方法。这确保了每位患者都能接受个性化的病灶定位和手术治疗，从而提升了治疗效果。

2. 缺氧缺血性脑病治疗

新生儿缺氧缺血性脑病（HIE）是一种新生儿脑组织的缺氧缺血损伤，它是产期窒息引起的。这种病症的主要病理变化包括脑水肿、细胞肿胀、坏死和出血。轻度的 HIE 通常有良好的预后，而严重的 HIE 会导致不可逆的脑损伤、永久性神经功能缺陷，甚至死亡。HIE 的有效治疗时间窗口相对较短，而且早期 HIE 通常不具有典型的临床症状和影像学特征。因此，检测 HIE 需要借助分析脑电图来了解脑功能状态，从而评估病情状况。为此，有研究人员开始研究 HIE 的临床分级和脑电图异常程度之间的关系。他们发现，随着 HIE 的临床分级的提高，EEG 的异常发生率和异常等级也会增加，这两者之间存在正相关关系。此外，EEG 表现为爆发性抑制、同步性极差和明显的低电压的，大多数是中度或重度的 EEG 异常；而脑电活动的连续性差、同步性差、成熟度延迟、局部异常和睡眠状态的一致性差的，多数是轻度或中度的 EEG 异常。研究结果为：新生儿缺氧缺血性脑病的临床分级与 EEG 异常程度具有相关性，EEG 异常程度与脑电波异常类型高度相关，EEG 对诊断新生儿缺氧缺血性脑病具有重要应用价值。在早期的 HLE 治疗中，多应用录像脑电图进行监测，近年来，医疗技术的更新使得视频脑电图在该病治疗中逐步推广，该技术使得缺氧缺血性脑病的严重程度得到直观地体现，并且实时对脑损伤情况进行监测，这就保证了动态疾病信息的获取。

3. 肝性脑病检测

肝性脑病（HE）是由急性或慢性肝病引发的中枢神经系统功能的紊乱，主要由代谢异常引起，并表现为一种神经/精神综合征异常。这种疾病通常会伴随急性和慢性肝疾病，有可能导致颅内压力增加并缩短生命周期。导致 HE 的常见诱因包括感染、出血和低钾血症等，这些问题在纠正后，HE 通常能够逆转。HE 的主要临床症状包括高级神经中枢功能的丧失以及运动和反射异常。比如 HE 患者出现性格改变、行为异常、肌肉痉挛和病理反射等症状。HE 的临床过程可分为潜伏期（0 期）、前驱期（1 期）、昏迷前期（2 期）、昏睡期（3 期）和昏迷期（4 期）五个阶段。在健康人中，脑电图（EEG）主要显示 α 波，每秒 8～13 次，而肝性脑病患者的 EEG 则明显节律缓慢。在 2～3 期，显示 δ 波或三相波，每秒 4～7 次；在昏迷状态下，显示高幅度 δ 波，每秒少于 4 次。因此，在 HE 的 2～4 期中，可以通过 EEG 来检测病情。在 HE 的前驱期，也可以通过刺激大脑皮层产生诱发电位来检测和诊断轻微的 HE。这样可以及时进行治疗，提高患者的生活质量和生存率。许多研究已经证明，EEG 作为一种实用的、便捷的临床检测方法，已经得到了许多学者的关注，在肝性脑病检查中，它已经被越来越多的学者所接受。

4. 脑电波在睡眠障碍方面的应用

睡眠障碍是指睡眠过程中出现的各种异常症状，如入睡困难、睡眠中断、嗜睡、睡眠质量下降等。在睡眠过程中，脑电波会表现出不同的频率和模式。而一旦出现睡眠障碍，患者的脑电波是有所不同的。比如，在失眠患者中，脑电波表现出较高的频率和较低的振幅，表明大脑处于较为清醒的状态，难以进入深度睡眠；在睡眠呼吸暂停患者中，脑电波会出现频率的变化，呈现为高频、低振幅的特征；在嗜睡症患者中，脑电波表现为异常的睡眠节律，即在清醒状态下也会出现类似于睡眠的脑电波模式。因此，脑电波可以提供关于睡眠过程中大脑活动的信息。

其实，在 20 世纪初，人们就发现脑电波与睡眠存在密切关系。1929 年德国医生汉斯·贝格尔首次记录到人类睡眠过程中的脑电波活动，并将其分为不同的睡眠阶段。1960 年后，科学家们开始使用电极记录脑电波活动，并将其与睡眠行为进行关联研究。发展到 20 世纪 70 年代，科学家们开始探索脑电波与睡眠障碍之间的关系。睡眠呼吸暂停被认为与脑电波的变化有关。20 世纪 80 年代，科学家们开始使用脑电图（EEG）技术来诊断和监测睡眠障碍，如失眠症、睡眠呼吸暂停等。20 世纪 90 年代，随着计算机技术和信号处理技术的进步，脑电波在睡眠障碍研究中的应用得到了进一步扩展。2000 年后，随着深度学习和人工智能技术的发展，脑电波在睡眠障碍研究中的应用进一步提升。大量的脑电波数据被用于训练模型，以提高睡眠障碍的诊断和治疗的准确性和效率。

目前，脑电波在睡眠障碍方面的研究主要包括以下几个方面：

① 睡眠障碍的诊断：通过脑电波诊断不同类型的睡眠障碍，如睡眠呼吸暂停、失眠症、睡眠行为障碍等。通过分析睡眠中的脑电波模式，可以检测异常的脑电活动，并帮助医生进行准确的诊断。

② 睡眠质量评估：通过脑电波评估睡眠质量。通过分析脑电波的频谱特征，可以确定睡眠的深度和轻重程度，从而评估睡眠质量是否正常。

③ 睡眠障碍的治疗：通过脑电波治疗睡眠障碍。神经反馈治疗是一种常用的方法，通过让患者观察自己的脑电波活动，并训练改变自己的脑电波模式，从而改善睡眠质量。

④ 研究睡眠机制：将脑电波用于研究人类的睡眠机制。通过记录脑电波活动，可以了解大脑在不同睡眠阶段的工作机制，如快速眼动期（REM）睡眠和非快速眼动期（NREM）睡眠等。

5. 脑电波在脑机接口方面的应用

脑机接口（BCI）是一种直接将人脑和计算机或其他外部设备连接起来的技术，通过监测和分析脑电波、脑磁波或其他神经活动信号，将其转化为计算机能够理解的指令或控制信号，实现人脑与外部设备的实时交互和控制。脑机接口系统的示意图如图 2.24 所示。首先采集脑电信号，通过分析脑电波的活动模式（经过预处理、特征提取、分类识别等），识别出与特定意图或动作相关的脑电波模式，将其转化为控制指令，实现通过思维控制外部设备的目的。

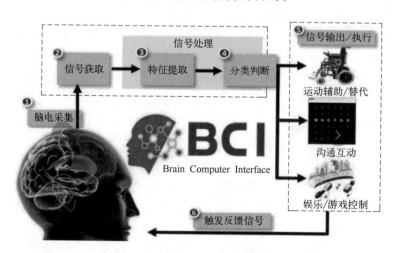

图 2.24 脑机接口系统的示意图

当然，根据实验目的的不同，可以识别出与不同肢体或器官的动作相关的脑电波模式。例如，通过识别出与特定肢体运动相关的脑电波模式，可以实现通过思维控制假肢或轮椅的目的；通过识别出与特定眼球运动相关的脑电波模式，可以实现通过眼球运动控制计算机或其他设备的目的。

人们在 20 世纪 60 年代就开始了脑机接口的应用。1969 年，研究人员 Thomas W. Picton 和 John G. Taylor 在加拿大麦克马斯特大学开发了第一个脑机接口系统，通过脑电波实现了对计算机光标的控制。1973 年，研究人员 Lawrence Farwell 和 Edward Donchin 在美国开发了第一个基于脑电波的脑机接口系统，该系统可以识别出特定的脑电波模式，实现对计算机光标的控制。1988 年，研究人员 Jonathan Wolpaw 和 Dennis McFarland 在美国开发了一种基于脑电波的脑机接口系统，该系统可以通过识别脑电波的活动模式，实现对电动轮椅的控制。1999 年，研究人员 Niels Birbaumer 和 Leonardo G. Cohen 在德国和美国开发了一种基于脑电波的脑机接口系统，该系统可以识别出特定的脑电波模式，实现对假肢的控制。2005 年，研究人员 John P. Donoghue 在美国开发了一种基于脑电波的脑机接口系统，该系统可以通过脑电波实现对机械臂的控制。随着技术的不断发展和研究的深入，脑机接口技术在医疗、康复、游戏、娱乐等领域的应用也越来越广泛。

目前，脑电波在脑机接口中的应用成果已经取得了许多重要的突破和进展。主要表现在以下几个方面：

① 康复和辅助治疗：脑机接口技术被广泛应用于康复和辅助治疗领域。例如，通过脑机接口技术，脑卒中患者可以通过思维控制假肢或轮椅，恢复部分运动功能；脑机接口技术还可以帮助失明患者通过眼球运动控制计算机或其他设备，提高生活质量。

② 游戏和娱乐：脑机接口技术在游戏和娱乐领域的应用也越来越广泛。例如，通过脑机接口技术，玩家可以通过思维控制游戏角色的动作，实现更加沉浸式的游戏体验。脑机接口技术还可以用于创造新的娱乐形式，例如脑波驱动的音乐或艺术作品。

③ 教育和培训：脑机接口技术在教育和培训领域也有广泛应用。例如，通过脑机接口技术，学生可以通过思维控制计算机进行学习和测试，提高学习效果和兴趣。脑机接口技术还可以用于培训和技能提升，例如通过思维控制模拟飞行器进行飞行训练。

④ 心理健康和情绪调节：脑机接口技术可以用于帮助人们改善心理健康和管理情绪状态。例如，通过脑机接口技术，人们可以通过思维控制呼吸、放松或冥想的音乐，实现自我调节和放松。

⑤ 人机交互和智能设备：脑机接口技术可以改善人机交互方式，使其更加直接、高效和自由。例如，通过脑机接口技术，人们可以通过思维控制智能设备的操作，实现更加便捷和智能化的生活方式。

总之，脑电波在脑机接口中的应用成果涵盖了康复和辅助治疗、游戏和娱乐、教育和培训、心理健康和情绪调节、人机交互和智能设备等多个领域，为人们提供了更加多样化和创新的应用体验和解决方案。

二、脑电波在认知研究方面的应用

认知研究是一门跨学科的研究领域，包括心理学、神经科学、计算机科学、哲学等多个学科。它主要研究人类的认知加工过程，即人类如何获取、处理、存储和应用信息的过程。比如，人类如何通过感官获取信息，如何将感官信息转化为神经信号并传递到大脑；人类如何选择和集中注意力，如何将信息存储在记忆中，以及如何检索和应用这些信息。这些都是认知研究关注的问题。脑电波是大脑神经元活动产生的电信号，在认知过程中扮演着重要的角色。通过记录和分析脑电波，研究人员可以了解大脑在不同认知任务和状态下的活动模式，揭示认知加工的基本原理和机制。

1929 年，德国神经生理学家汉斯·贝格尔首次记录到人类脑电波。他发现，在大脑皮层表面放置电极后，可以观察到一种连续的电活动。1930 年，美国神经生理学家亚历山大·利伯曼和德国神经生理学家汉斯·贝格尔发现了脑电波的频率和振幅与不同认知状态之间的关系。他们发现，不同的脑电波频率与不同的认知活动相关联。1940 年，美国神经生理学家威廉·格雷沙姆和阿德里安·马修斯开始使用事件相关电位（ERP）技术研究脑电波与认知任务之间的关系。他们发现，在特定的时间窗口内，脑电波会出现特定的成分，这些成分与认知任务的不同方面相关。1960 年，荷兰神经生理学家克里斯·维尔特斯和美国神经生理学家罗伯特·奥尔德斯特发现，脑电波可以用于研究大脑不同脑区之间的信息传递和协调。他们提出了脑电连通性分析的方法，用于研究大脑网络的功能。1990 年以来，随着脑电波记录技术的不断改进和计算能力的提高，脑电波在认知研究中的应用得到了进一步发展。研究人员开始使用高密度脑电阵列和时频分析方法，以更高的时空分辨率研究大脑的认知加工过程。随着技术的不断发展和研究方法的创新，脑电波在认知研究中的应用也越来越深入。

认知研究的方法有很多。基于脑结构成像的研究利用血管造影术、CT、MRI，而基于脑功能成像的研究则使用 PET、神经电记录刺激和计算机建模仿真等。在过去的二十年里，脑认知功能成像技术取得了重大进步，并快速应用到了认知神经科学的所有领域。同时，认知神经科学的发展也对脑成像技术提出了更高的要求，它要求脑成像技术具备无创性、高空间分辨率和高时间分辨率。

当前的研究表明，EEG 方法在认知研究中被广泛使用。一个关键原因是 EEG 监测是一种无创的研究方法，具有高时间分辨率，专注于信息的传输和处理。EEG 能够捕获到大量与思维、情感、精神和心理相关的大脑皮层神经活动的信息。通过深入研究 EEG，人们可以理解认知和思维过程，揭示大脑的工作机制。这一点吸引了全球众多学者，他们通过实验获取不同导联和心理任务的时间序列信号，并处理这些信号，通过不同认知状态下的能量分布特性来揭示大脑的工作机制。

20世纪90年代,以梅磊为首的心理学研究团队,基于混沌理论构建了一种新颖的脑电波功率波动图。这种方法与传统的功率谱分析和脑地形图分析有显著的不同。他们发现了一系列关于不同人群认知功能脑电波动态的特征,这对于理解认知功能在大脑内部复杂的自我组织活动及其机制有重要意义。

在应用领域,20世纪70年代开始出现了利用脑电信号进行大脑功能训练的技术,90年代达到了第二个高峰。这是一种生物反馈治疗技术。这种基于脑电波的治疗技术通过训练选择性强化某一波段的脑电波以达到预期的治疗效果。在治疗过程中,当脑电波满足特定要求时,会以奖励的方式反馈给患者,通过一段时间的自我调整,改变脑电波形态,从而调整大脑功能状态。这是一个将脑电信号分析直接应用于认知功能康复训练的典型示例。目前,这种技术在美国的医疗和教育领域已经得到了广泛应用,并取得了显著效果,也在学术界得到了高度认可。另外,一些运动心理学研究者正在或计划将EEG引入运动心理学应用研究中,部分研究已经取得了一些成果。这些研究都是基于自发脑电信号的某种特性。

在认知研究领域,诱发电位是目前主要的研究手段之一。由于诱发电位与特定刺激和特定感觉回路的关联性,它携带了更多关于大脑结构和功能的信息,因此具有很高的研究价值。其中,事件相关电位(ERP)反映了认知过程中大脑的神经电生理变化,因此有人将其称为"认知电位",即当人们对某一客观事物进行认知处理时,可以通过平均叠加法从头颅表面记录到的脑电位。事件相关电位将大脑的神经生理学与认知过程的心理学相结合,使得ERP成为了解认知神经基础的主要信息来源,这些认知过程包括感觉、知觉、记忆、判断、思维、推理等。

在完成各种认知活动时,脑部的动态行为以及相关的认知电位会有所变化。存在注意力缺陷、智力减弱或阿尔茨海默病等认知功能受损的病患,他们在进行认知活动时的认知电位与正常人相比存在显著差异。据此,我们可以通过比较患者和正常人的认知电位来评估其认知功能。现在,最常用的与认知活动相关的脑电波主要包括40Hz脑电事件相关电位、事件相关电位和认知电位P300。近期的诱发电位研究更多地依赖于对大量实验数据的统计分析。

然而,当前使用脑电波进行认知研究的方法还存在着很大的局限性,主要体现在不能获得足够高的时间分辨率。一方面,由于信号采集系统的限制,我们不能实时获取更高的时间分辨率信号,但这个问题随着微电子计算机技术的发展已经逐步解决;另一方面,计算机在处理大量实时数据方面的速度还无法满足需求。因此,如何更好地高速处理实时脑电数据是一个需要进一步研究的问题。

人类的认知活动以及相应的神经机制在某种程度上仍然是个未解之谜,这多亏了大脑的复杂性以及对功能的精密调控。但随着我们对于脑电(EEG)信号的理解愈加深入,越来越多的研究开始将重心放在EEG信号处理技术在EEG分析中的应用,这已经不仅仅是工程界的关注焦点,而且被医学、心理学与神经科学领域的研究者重视并使用。综上，多元化的研究方法对于认知科学研究是必不可少的。研究者应该采取跨学科的、多层次的理论研究策略，借助心理学、医学、计算机科学以及神经科学等领域的合作，才能在解析认知科学之路上取得更大的突破。

三、脑电波在情感计算中的应用

情绪是对一系列主观认知经验的通称，包括人对外界刺激或自身刺激的心理反应并伴随着生理反应。情绪对人际关系的建立和维持、认知、决策等互动活动具有直接影响。许多疾病如抑郁症、孤独症、阿尔茨海默病、冠状动脉疾病与认知和情绪障碍密切相关。识别情绪表达障碍患者的情绪状态将有助于为其提供更好的治疗和护理。1995年，Picard提出了"情感计算"概念。所谓情感计算，是一种通过计算机技术来识别、分析和模拟人类情感和情绪的领域。它涉及使用人工智能、机器学习、自然语言处理、计算机视觉等技术来解析和理解人类的情感状态和情绪表达。情感计算的目标是使计算机能够感知、理解和响应人类的情感，从而实现更智能、人性化的交互和服务。通过情感计算，计算机可以识别人的情绪状态、评估情感反应、生成情感化的内容和交互，以及提供情感支持和情感调节。情感计算主要包括以下几个方面：

① 情感识别：通过分析文本、语音、图像等数据，识别出其中所表达的情感，如喜悦、愤怒、悲伤等。

② 情感分析：对于一段文本、一段对话或一幅图像等进行情感分析，判断其中的情感倾向和情感强度。

③ 情感生成：根据特定的输入，生成具有情感色彩的文本、语音或图像等内容，使其具有一定的情感表达能力。

④ 情感交互：通过人机交互的方式，实现计算机与用户之间的情感交流，如情感化的对话系统、情感化的虚拟助手等。

⑤ 情感调节：通过计算机技术来辅助人们调节情绪，如情感支持系统、情感调节游戏等。

⑥ 情感识别与个性化推荐：根据用户的情感状态和情感偏好，进行个性化的推荐和服务，如情感化的音乐推荐、情感化的电影推荐等。

情感计算中借助的信息源有很多，如文本、语音、图像以及生理信号。而脑电信号是通过电极记录到的人脑活动产生的电信号，它可以反映出人的认知、情感和行为状态。情感计算是通过分析人的情感状态来识别和理解人的情感，以及进行相应的情感交互和情感调节。脑电信号可以提供关于人的情感状态的重要信息。通过分析脑电信号的频谱特征、时域特征和空间特征等，可以识别和判断人的情感状态，如愉快、压抑、焦虑等，研究人员可以使用机器学习算法来训练模型，将脑电信号与不同的情感状态进行关联，从而实现情感状态的识别和分类。同时，脑电信号还可以用于情感交互和情感调节。例如，可以通过监测人的脑电信号来实时了解其情感状态，并根据情感状态提供相应的情感支持和情感调节，当系统检测到用户情感低落时，可以提供积极的情感支持和鼓励，以改善用户的情绪状态。脑电信号可以为情感计算提供重要的生理指标，帮助识别、理解和调节人的情感状态。通过结合脑电信号和其他情感计算方法，可以实现更准确和细致的情感分析和情感交互。

　　脑电信号中的特定频带 δ（1～4Hz）、θ（4～7Hz）、α（8～13Hz）、β（13～30Hz）、γ（>30Hz），它们都与不同的情绪有一定的关联。比如 α 波通常出现在放松和安静的状态下，与愉悦和舒适的情感状态相关；β 波通常出现在注意力集中和思考的状态下，与紧张和焦虑的情感状态相关；δ 波通常出现在深度睡眠状态下，与放松和平静的情感状态相关；θ 波通常出现在放松和专注的状态下，与创造性思维和放松的情感状态相关；γ 波通常出现在注意力高度集中和认知任务中，与高度专注和认知负荷的情感状态相关。通过分析不同类型的脑电波，可以识别和判断人的情感状态，为情感识别和情感交互提供重要的参考依据。同时，也可以通过刺激和调节不同类型的脑电波来实现情感调节和情感诱导。因此，脑电波常常应用于情感识别、情感调节和情感交互中。我们可以通过分析脑电波，来识别和分类人的情感状态。例如，研究人员使用脑电波来识别情感状态，如愉快、悲伤、焦虑等。通过分析脑电波的频谱特征和时域特征，可以建立情感识别模型，实现对情感状态的准确识别。借助脑电波，可以实现情感调节和情感诱导。例如，通过刺激特定脑电波频段，如 α 波或 θ 波，可以促进放松和平静的情感状态。这种技术可以用于情感调节和压力缓解，例如在焦虑或紧张情绪下提供放松和舒适的体验。通过脑电波可以实现与计算机或虚拟代理的情感交互。例如，使用脑电波来控制计算机游戏或虚拟现实环境中的角色动作。通过分析脑电波的特征和模式，可以将特定的脑电波模式与特定的指令或动作关联起来，实现基于脑电波的情感交互。

　　具体应用脑电信号进行情感计算的大致步骤如下：

　　① 情绪诱导和同步脑电记录。为了研究，我们会通过某些方式来诱发受试者的情绪，一般诱发情绪的方法主要有三种：通过呈现音乐、图片、视频和其他刺激材料来唤起情绪；通过构建模拟场景诱发情绪；要求受试者玩计算机/视频游戏或假装有一定的面部表情和手势。诱发材料的选择将直接影响情绪能否被有效诱发以及采集到的同步脑电信号的质量。通常，视频的情绪诱导能够达到最佳的触发快速准确情绪反应的效果。脑电信号采集则使用电极阵列或头皮电极帽等设备，将电极放置在头皮上，记录脑电信号。

　　② 脑电信号预处理。成人头皮测得的脑电信号幅度在 $10\sim100\mu V$ 范围内，对心电、肌电、EOG 等生理信号非常敏感。此外，轻微的身体运动、电力线干扰和基线漂移会给记录的脑电图信号带来严重的伪迹，导致信噪比差。因此，需对采集

的信号进行预处理,如滤波、去除噪声等,以提高信号的质量和准确度。

③ 情绪相关脑电特征提取和选择。通常,从时域、频域、时频域和电极域提取脑电图特征。通过从不同维度获取脑电信息,可以准确表征不同情绪下的大脑活动。特征提取后,基于监督和非监督方法的脑电特征选择可用于选择与情感高度相关的特征。

④ 情感识别的分类器构建。通过分析脑电信号的特征,使用机器学习算法训练模型,将脑电信号与不同的情感状态进行关联,基于脑电特征建立情感分类器,从而实现情感状态的识别和分类。

⑤ 情感调节和交互。根据情感识别的结果,提供相应的情感支持和情感调节,或者实现与计算机或虚拟代理的情感交互。

情感脑机接口(affective brain-computer interface,aBCI)是近年来的又一个重要研究成果。它通过测量来自外周神经系统和中枢神经系统的信号,提取与用户情感状态相关的特征,并利用这些特征来适应人机交互(human-computer interaction,HCI)系统。脑电信号因其高时间分辨率和快速传输的优势在 aBCI 中得到了广泛应用。aBCI 使用心理学的理论和方法、神经科学和计算机科学的技术来诱导、测量和检测情绪状态,并应用由此产生的信息来改善人机交互。aBCI 领域的研究集中在感知情绪状态、情绪过程建模、合成情感表达和行为,并基于情感背景改善人与机器之间的互动。虽然情感脑机接口的研究还处于起步阶段,但已经取得了一些重要的研究成果和应用。aBCI 技术的应用前景非常广阔,例如可以用于情感诊断和治疗、情感交互、情感调节和情感诱导等方面。尽管 aBCI 技术在研究和应用上还存在一些挑战,但随着技术的发展和研究的深入,它将会成为人机交互领域的重要技术之一。

第四节 基于脑电信号的实验范式研究现状

实验范式即相对固定的实验程序,包括实验的目的、具体流程、手段,以及是被试内还是被试间或者是混合实验设计等。在许多领域研究领域(特别是心理学)中,研究者为了验证某种假设或发现某些有意思的现象,会设计出一些具有验证性目的的实验。实验范式分为两大类型:一种是通用实验技术范式,经过改动可广泛用于多种研究领域,如启动技术,可广泛用于知觉、注意、记忆、语言、意识、决策的研究;另一种是经典实验任务范式,主要局限于某个领域的研究,如用于言语产生研究的图词干扰范式等。

实验范式在具体的实验中可以作为模板,并根据自己的新要求进行修改。目前基于脑电信号的实验范式主要包括 EEG 采集实验、ERP 脑电实验、诱发试验、疲劳试验、TCRS 脑刺激实验、脑机接口常用的实验范式等。

一、EEG 采集实验

脑电图（electroencephalogram，EEG）是通过戴在头部的精密仪器采集大脑皮层的自发性生物电位加以放大记录而获得的图形，它是通过电极记录下来的脑细胞群的自发性、节律性电活动。脑电图是一个以电位作为纵轴，以时间作为横轴，描述电位与时间相互关系的平面图，如图 2.25 所示。

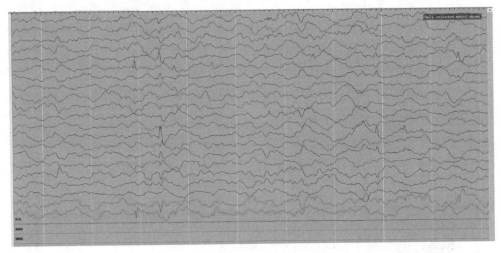

图 2.25　脑电图

采集 EEG 不需要将电极植入大脑，只需要将电极安放于干净的头皮上即可。但是由于采集的脑电信号较微弱，一般研究者会通过放大器将信号加强。

EEG 采集实验目的：获取采集脑电信号的脑电图数据。

EEG 采集实验设备：32 导/64 导电极帽、数据传输线、信号放大器、脑电数据处理软件、计算机等。

实验采集流程如下：

① 受试者坐于舒适的座椅中，要求室内照明光线较暗而不刺眼，要求受试者身体保持端坐、静止不动的姿势。EEG 记录通常在已屏蔽外部电磁场的房间内进行。将计算机放置在受试者的正前方。将脑电帽安装在受试者的头部，另一端连接到放大器。放大器另一端与计算机主机连接。计算机中安装脑电信号处理软件 SCAN，负责接收处理脑电信号。实验示意图如图 2.26 所示。

② 电极帽的电极是盘状熔结

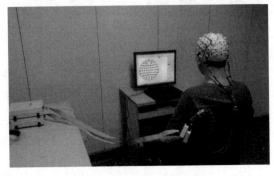

图 2.26　EEG 采集实验示意图

式乏极化电极，电极安放位置采用10-20国际标准导联系统。

③ 参考电极连接双侧乳突，直流放大增益为15000倍，电极阻抗＜5kΩ，带通滤波范围为0.1~40Hz，采样频率为100Hz。

④ 实验过程中，首先采集5min闭眼时的脑电数据，然后再采集5min睁眼时的脑电数据。

二、ERP脑电实验

ERP是event-related potentials的简称，也称为事件相关电位，即外在的一种特定的刺激，作用于感觉系统或脑的某一部分，在给予该刺激或撤销该刺激时，或当某种心理因素出现时，在脑区所产生的电位变化。它是一种特殊的脑诱发电位。

ERP脑电的实验目的：研究人的认知过程，设计某些刺激诱发大脑产生与刺激事件相关的脑电波，而这些刺激被赋予了特殊的心理意义。

ERP脑电的实验设备：脑电采集设备、脑电数据处理软件、脑电刺激呈现软件、计算机。

实验过程如图2.27所示。

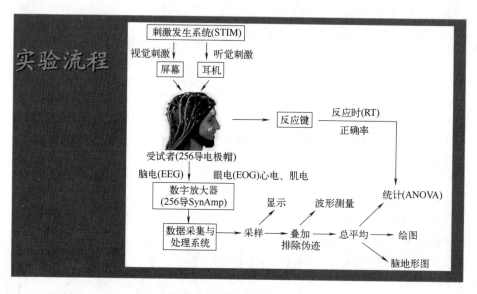

图2.27　ERP脑电实验

① 首先确保受试者的头发干净并完全吹干，然后为被试佩戴电极帽。佩戴电极帽要求先固定好Cz电极，再平铺电极帽。特别注意让耳朵露出来以放置乳突位置的电极。随后，贴上眼电电极以记录与视觉相关的信号干扰，然后在耳后放置参考电极，并放置垂直眼电电极以记录垂直方向的眼动。固定电极帽，在GND和REF两个电极上注入导电膏，完成后，就可以把帽子连在放大器上。

② 打开 SCAN 软件，进入采集界面，导入设置文件，在阻抗界面可以查看每个电极点的电阻情况。

③ 关掉阻抗界面，开始采集数据。在采集信号数据之前，先进行基线校正。然后开始记录数据，并告知受试者开始了。

④ 打开刺激呈现软件，在受试者面前呈现刺激，等刺激呈现结束才能停止信号采集。

⑤ 最后按顺序关闭控制盒、电源，摘下电极帽。

在实验过程中，受试者应尽量减少身体的移动和眨眼。

三、脑电图常用的诱发试验

脑电图记录过程中的诱发实验是提高脑电图阳性率的重要手段，其包括睁-闭眼实验、间断性闪光刺激实验、睡眠诱发实验等。诱发实验的操作方法对结果阳性率有重要影响，正确地判读诱发实验的结果对临床诊断有重要帮助。

1. 睁-闭眼试验（open-close eyes test）

睁-闭眼试验是一种常见的脑电信号采集实验，用于获取受试者在睁眼和闭眼状态下的脑电信号。实验的主要目的是探索和研究不同状态下的脑电信号。一般当我们需要了解脑电信号的特征、动态变化以及与认知和情绪的关系时会进行睁-闭眼试验。

睁-闭眼试验的一般步骤：

① 实验准备：确保实验环境安静，没有干扰。受试者坐在舒适的位置上，头部保持稳定。

② 电极放置：根据国际 10-20 系统，将脑电极粘贴到受试者的头皮上。通常使用至少两个电极，分别放置在额叶和顶叶的位置，以记录脑电信号。

③ 实验指导：受试者被告知实验的目的和过程。受试者被要求在指令下进行眼睛的睁开和闭合。

④ 眼睛睁开：受试者在指令下将眼睛完全睁开，保持注视一个固定的点或者一个特定的视觉刺激。这个状态通常持续几秒。

⑤ 眼睛闭合：受试者在指令下将眼睛完全闭合，保持放松。这个状态通常持续几秒。

⑥ 重复实验：重复步骤④和步骤⑤多次，以获取足够的数据。

使用脑电图机或脑电信号采集设备记录受试者在睁眼和闭眼状态下的脑电信号。通过对脑电信号的分析（频谱分析或时域分析），可以比较睁眼和闭眼状态下的脑电活动差异，为后续的数据分析和研究提供基础。

2. 间断性闪光刺激实验

间断性闪光刺激实验是一种诱发实验。在间断性闪光刺激实验中，实验者通过呈现闪光刺激来刺激受试者的视觉系统，诱发受试者的生理反应和行为反应。例如，可以通过测量受试者的反应时间和准确性来评估他们对闪光刺激的注意力和反应能力，或通过脑电图（EEG）记录受试者的脑电活动来研究视觉皮层的反应模式和时间特性。实验的一般步骤：

① 实验器材准备：准备一个专门用于实验的黑暗房间。在黑暗房间中放置一个实验屏幕或投影仪，用于呈现闪光刺激。确保实验室环境的光线和噪声都被最小化，以避免干扰实验结果。

② 受试者准备：请受试者坐在实验室中心位置，确保其舒适度和稳定性。让受试者适应黑暗环境，以使其视觉系统处于基线状态。

③ 刺激参数设置：根据实验设计，设置闪光刺激的参数，包括闪光刺激的频率、持续时间、强度等。这些参数可以根据具体研究的目的和假设进行调整。

④ 实验过程：在实验屏幕或投影仪上呈现闪光刺激，按照预定的刺激参数进行闪光。闪光通常是以间断的方式呈现，即一段时间内有闪光，然后一段时间内没有闪光。这种间断的刺激模式可以激发视觉系统的特定反应和神经活动。

⑤ 数据记录：使用合适的设备（如脑电图、眼动仪等）记录受试者的生理反应和行为反应。这些数据可以用于分析和解释视觉系统的特性和功能。

⑥ 数据分析：对记录的数据进行统计分析，以确定闪光刺激对受试者的视觉系统产生的影响。这可能包括反应时间、神经活动模式、眼动模式等方面的分析。

3. 睡眠诱发实验

睡眠诱发实验是一种常见的实验方法，它通过特定的刺激或条件来诱发受试者进入睡眠状态。一般研究睡眠结构和睡眠周期、研究睡眠质量和睡眠障碍、研究睡眠对认知和情绪的影响以及研究睡眠与健康的关系等都会开展睡眠诱发实验。在癫痫诊断中，由于浅睡期纺锤波的同步化机制可激活发作期间癫痫样放电，而深睡期丘脑皮层细胞的同步化慢波活动可能减少癫痫样放电，因此，睡眠脑电图描记已经成为癫痫诊断必不可少的手段。

睡眠诱发实验步骤如下：

① 选取受试者：选择符合研究要求的受试者，例如年龄、性别、健康状态等。

② 实验前准备：在实验前，受试者需要完成一些准备工作，例如签署知情同意书、填写问卷调查、进行身体检查等。

③ 实验环境设置：睡眠诱发实验的室内环境应安静，光线不宜过强。睡眠可以通过自然或药物诱发。若通过自然诱发睡眠，受试者应该前一天晚睡，当天早起、不睡午觉。若进行药物诱发，可用10％水合氯醛合剂、巴比妥钠、苯海拉明等进行口服，不能口服者可灌肠给药。

④ 传感器安装：在实验开始前，实验者会将多种生理传感器安装在受试者身上，例如脑电图（EEG）电极、眼动电极和肌电电极等。这些传感器可以记录受

试者的生理指标，如脑电活动、眼动和肌肉活动。

⑤ 实验过程：在实验开始后，受试者被要求躺在床上，尽量保持放松和安静。实验先记录清醒状态的脑电图，并进行闪光刺激、睁闭眼、过度换气等诱发试验，然后让受试者自然入睡。记录入睡后 30min 内的脑电信号并做描记，着重描记单导，以确定病灶部位。睡眠脑电图描记完后可通过刺激唤醒受试者，观察其觉醒反应。一般同步进行包括眼动图、心电图、颏肌肌电图及呼吸曲线在内的多导描记，这样便于睡眠分期分析。

⑥ 实验结束：当实验达到预定的时间或受试者醒来时，实验结束。实验者会协助受试者拆除传感器，并进行后续的数据分析和解读。

四、疲劳驾驶实验

驾驶疲劳是驾驶人在长时间连续行车后，产生生理机能和心理机能的失调，客观上表现出驾驶技能下降。导致驾驶疲劳的原因有驾驶人睡眠质量差或睡眠不足、长时间驾驶车辆等。由于脑电信号可以直接测量大脑神经活动状态，因而它被认为是最有前途的大脑疲劳检测方法。通过比较驾驶员清醒和疲劳状态的脑电信号的不同，分析出脑电疲劳特征，可以建立基于分类算法的疲劳检测模型。这样通过疲劳检测模型可以实时检测出驾驶员是否处于疲劳状态。为了采集驾驶员清醒和疲劳状态下的脑电信号，我们设计了疲劳驾驶实验。疲劳驾驶实验的实验如图 2.28 所示。

图 2.28　疲劳驾驶实验

驾驶员坐在一个相对宽敞封闭的房间中。房间中的窗帘和灯光都是关闭的。驾驶员头上佩戴脑电采集帽，坐在驾驶座椅上操作驾驶模拟器进行驾驶，采集的脑电信号被传输到计算机的 SCAN 4.3 软件中，经过预处理保存为脑电信号中的 30 导数据。其中脑电设备采样频率为 1000Hz。

为了使驾驶人更快地进入疲劳状态，模拟驾驶环境选择高速公路。在高速公路上，环境单调、枯燥，车速要求大于 60km/h。受试者先驾驶 20min，取这 20min 的最后 5min 的数据标记为 Normal（清醒）组，然后受试者单调驾驶，在驾驶过程中每隔一段时间使用疲劳量表检测受试者是否疲劳，当 Chalder 疲劳量表和 Li 的主观疲劳量表检测为疲劳状态后，受试者再驾驶 5min，将这最后 5min 的数据标记为 Fatigue（疲劳）组。

五、TDCS 脑刺激实验

经颅直流电刺激（Transcranial Direct Current Stimulation，TDCS）是一种非侵入性的脑刺激技术。它通过在头皮上放置电极，将微弱的直流电流传递到大脑皮层，以改变神经元的兴奋性和抑制性，从而影响神经传导和信息处理。TDCS 实验的用途很多。比如，通过 TDCS 的电流刺激，可以研究大脑对外界刺激做出的可适应性变化；TDCS 被用于评估其对认知、学习、记忆、运动控制等功能的改善效果，可以研究 TDCS 对这些功能的潜在增强效果；TDCS 被应用于一些神经/精神疾病的治疗研究，如抑郁症、帕金森病、脑卒中后遗症等，可以研究 TDCS 对这些疾病的治疗效果和机制等。总之，TDCS 脑刺激实验可以帮助研究者更好地了解大脑的功能、可塑性和治疗潜力，以及探索脑区的功能和作用机制。

TDCS 刺激原理如图 2.29 所示。

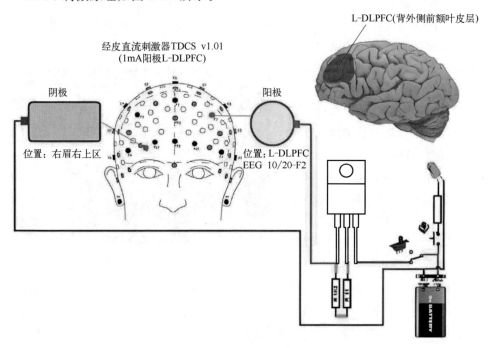

图 2.29　TDCS 技术作用原理

TDCS 设备包括阴极、阳极两个表皮电极和一个设置刺激类型的控制盒以及一个电池。电池提供微弱极化直流电，电流由控制盒设置刺激类型后输出，通过阴极、阳极作用于大脑皮层。阳极刺激负责增强刺激部位神经元的兴奋性，阴极刺激则负责降低刺激部位神经元的兴奋性。

TDCS 技术和传统电刺激技术不同，它不会引发神经元细胞的自发放电现象，也不会产生肌肉抽搐等离散效应。TDCS 技术只能激活处于活动状态的神经元，不会导致处于休眠状态的神经元放电。在安全性方面，美国国立卫生研究院（National Institutesof Health，NIH）认为，在使用合适的电极和导电膏的条件下，电流密度$<25.46A/m^2$，持续时间$<20min$，均为安全范围。根据这个标准，目前各种 TDCS 设备，电流强度为 0.5～2mA，单次使用时间一般为 15～20min。因此，TDCS 是一种比较安全的经颅刺激方式。另外，通过临床试验发现：在停止刺激时，缓慢减小电流后去掉电极能有效避免偶尔出现的轻微刺痛。

TDCS 脑刺激实验如图 2.30 所示。

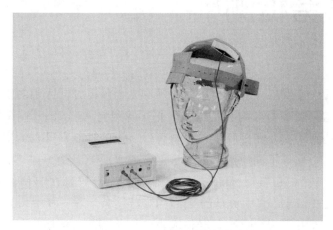

图 2.30 TDCS 脑刺激实验

① 对受试者说明实验的基本情况，并填写知情同意书。

② 安置电极：根据确定的刺激位置对受试者头部定位，然后在该位置固定电极片，通常包括一个阳极和一个阴极。阳极放置在目标脑区（如前额叶），阴极放置在相对应的对侧（如颞叶）。头颅较小的，选择医用弹性绷带或一般固定带固定电极；头颅适中的，可选用弹力帽。建议目标脑区为前额叶时用弹性绷带或者一般固定带来固定电极相对较好。

③ 传递电流：电极的另一端插入 TDCS 电刺激设备。打开 TDCS 电刺激开关，根据确定的参数设置刺激电流，通过电源将微弱的直流电流传递到大脑皮层，开始刺激。通常持续 20～30min。

④ 实验任务：在电流传递期间，让受试者完成一系列的认知任务或行为任务，以评估 TDCS 对认知、情绪、行为等方面的影响。

⑤ 数据分析：对实验数据进行统计分析，评估 TDCS 对实验结果的影响。

⑥ 刺激结束：刺激结束后先关闭设备电源，再去除受试者电极头带，为受试者清洗头皮上残留的电介质。

需要注意的是，TDCS 实验需要严格控制电流强度和持续时间，以避免对受试者造成不必要的伤害。同时，TDCS 实验结果也需要谨慎解释，避免过度解读和误导。

第三章

驾驶疲劳检测

随着经济的快速发展，人民的生活水平也在稳步上升，人们对于汽车的需求也在逐步提高，越来越多的人购买了汽车。据国家统计局统计，2016 年我国私人汽车的购买量就达到了 1.633 亿辆。但机动车保有量的不断攀升也给交通运输带来了隐患，由疲劳、酒驾等不同原因造成的道路交通事故数量越来越多。《中国统计年鉴》数据显示，从 2013 年至 2022 年，交通事故发生数量在起伏波动中上升，从 19.8 万攀升至 25.6 万，其中最高的 2021 年达到 27.3 万。其中，大部分是机动车事故。每年大约 6 万多人因此丧生。受伤人数约在 20 万～28 万人之间。每年因交通事故造成的直接财产损失则在 10.4 亿～14.5 亿元之间。全国道路交通事故统计数据如图 3.1 所示。

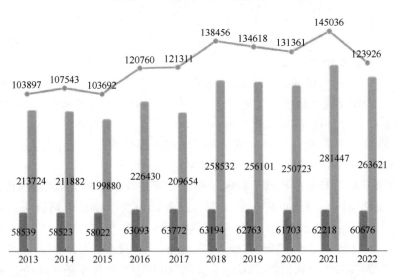

图 3.1 2013—2022 年全国道路交通事故统计数据

在全球人类死伤事故中，交通事故的伤亡是人类死伤的主要原因之一。据世界卫生组织发布的《2023年道路安全全球现状报告》显示，自2010年以来，道路交通死亡人数每年下降了5%，降低至每年约119万人。这表明虽然有所下降，但全球每年仍有大量的人因交通事故死亡。

在引起交通事故的众多因素中，疲劳驾驶是重要因素之一。据报道，在我国因疲劳驾驶造成的交通事故约占交通事故总数的20%，占特大交通事故总数的40%；在高速公路由驾驶人负主要责任的事故中，疲劳驾驶诱因最为突出，导致事故的死亡人数占总人数的15.1%。从数据可以看出疲劳驾驶引发的后果非常严重。疲劳驾驶在其他国家也普遍存在。2008年，加拿大交通研究基金会调查了750名驾驶员在近一年内的驾驶经历，结果表明约60%的驾驶员均发生过疲劳驾驶行为。2009年，美国的一项调查显示，至少28%的驾驶员有过疲劳驾驶的经历。2023年2月25日，美国国家公路交通安全管理局（NHTSA）发布消息称：每年有大量的机动车事故和死亡事件是由疲劳驾驶造成的。驾驶人员疲劳驾驶时，表现出反应迟钝、注意力不集中且有瞌睡的感觉，难以集中精神驾驶，从而客观上导致驾驶机能下降，引起交通事故。因此，实时检测驾驶员疲劳状态并在出现疲劳迹象的时候及时提醒驾驶员是非常有必要的，且有重要的现实意义。

目前，疲劳驾驶检测的方法主要分主观检测和客观检测。主观检测又可分为自测和他评。自测是指通过问卷填写等方式，让被测人主观评价自身疲劳状态。常用的主观感觉测评量表主要有瑞典生理学家Borg编制的主观疲劳评估表（rating of perceived exertion scale，RPE）、斯坦福嗜睡量表（Stanford sleepiness scale，SSS）、Epworth嗜睡量表（the Epworth sleeping scale，ESS）、睡眠习惯调查表等。自测法操作简单，成本低廉，易被被测人接受。但是自测法受到被测人年龄、驾龄等影响，存在较大个体差异，准确度较低。他评法是指先对驾驶员的驾驶过程进行面部录屏，然后采用离线方式，由评分人员或评审小组观看录制视频给驾驶员状态打分，最后对所有分数进行综合分析。他评法具有一定的参考价值，但评价结果受评价人员专业度和疲劳判定准则的影响，也具有一定的主观性。

客观检测是指通过采集的驾驶员驾驶过程中的相关数据来判断驾驶员是否处于疲劳驾驶状态。目前客观检测技术主要分为三类：一是基于驾驶行为特征的驾驶疲劳检测，包括车道偏离、车辆行驶速度、方向盘压力、转向转速等；二是基于驾驶员生理特征的驾驶疲劳检测，包括脉搏、眼电、肌电、心电和脑电等；三是基于驾驶员面部特征的驾驶疲劳检测，包括人眼、头部位置、嘴部状态等。客观检测技术相关研究在过去十余年不断发展并得到广泛应用。

第一节　基于驾驶行为特征的驾驶疲劳检测

驾驶行为特征主要包括驾驶员对方向盘、加速踏板、制动踏板、离合等的操作行为以及车辆行驶的速度、加速度、车道横向位置和车身横摆角等车辆运行状态两方面特征。因此，基于驾驶行为特征的驾驶疲劳检测可分为基于驾驶员的操作行为的检测和基于车辆运行状态的检测。

当车辆的行驶速度、加速度、车道横向位置和车身横摆角等车辆运行状态出现问题时，为保证车辆安全行驶，驾驶员就需要对车辆进行调整。这就要求驾驶员对车辆的行驶状态进行实时判断。但当驾驶人出现疲劳时，他对周围环境的感知能力、对行驶状态的判断能力以及对车辆的操控能力都会有所下降。这可能会导致驾驶员对车辆运行状态变化的不敏感，或者感知到车辆出现危险，但不能立刻采取相应的应对措施等。因此，当车辆状态出现较大偏差，但驾驶员仍然没有采取措施，则很大程度说明驾驶员已经处于疲劳状态。他此时已经无法对车辆状态进行任何处理了。同样，当疲劳时，驾驶员可能会长时间不对方向盘、制动踏板等进行操作。因此，可以通过检测车辆行驶状态，检测驾驶员对方向盘、加速踏板等的操作行为来判断驾驶员是否正处于驾驶疲劳状态。

为了探索车辆行驶状态中的哪些参数可能和驾驶员疲劳状态存在较强的相关性，研究者进行了大量研究，例如车辆横向位置、方向盘握力、方向盘转角等。早期的研究试图从加速踏板角度、方向盘转角等车辆控制变量和车速、车辆横向位置、横摆角速度等车辆状态变量中挖掘出与驾驶员疲劳状态强相关的指标。通过研究发现，方向盘转角、方向盘角速度、车辆横向位置、横向加速度和横摆角变量与驾驶员疲劳水平相关性最强。并且由于方向盘转向、加速、制动、车速等数据采集较为简单、稳定可靠，因此，这些参数常常作为疲劳检测的主要疲劳特征。

一、基于驾驶员的操作行为的检测方法

该检测方法中常采用的行为变量包括：方向盘转角（SA）、方向盘角速度（SW）。

1. 方向盘转角数据分析

根据行驶环境和道路状态，驾驶员需要不断调整方向盘以保证车辆在不偏离车道的情况下向既定方向行驶。但当驾驶员出现疲劳后，他可能就会频繁地把汽车开离车道。而此时驾驶员控制方向盘的稳定能力也会减弱，导致对车辆方向的把控力变差。因此，可以通过检测方向盘的变化情况来判断驾驶员的疲劳状态。

方向盘转角幅值的大小和转角快慢可以反映出驾驶员对车辆操作的稳定性。图 3.2 所示为不同疲劳状态下转角幅值随时间变化的波动曲线。

从图 3.2 中，对比不同驾驶状态的方向盘转角变化可以看出，随着驾驶员疲劳

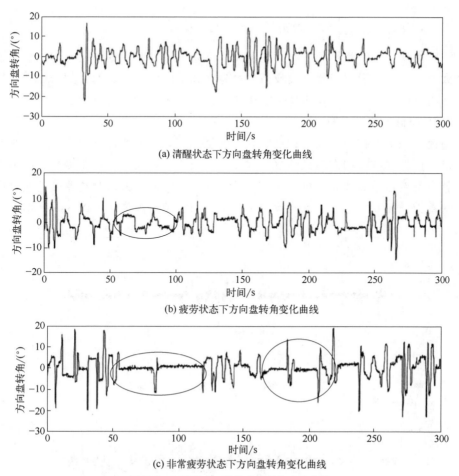

图 3.2　不同状态下的方向盘转角变化曲线

程度的加深，频繁出现驾驶员的方向盘转角长时间保持不变的现象，而当驾驶员通过方向盘修正汽车驾驶方向时，又出现方向盘转角大幅度波动的现象。据研究者发现，当驾驶员在直线道路上开始疲劳驾驶，方向盘的平均振幅、方向盘转角介于 6°～10° 的频率和方向盘角度的标准差都会随着驾驶员疲劳的加深呈现上升趋势。因此，方向盘转角的绝对均值（SAM）和标准差（SASTD）常被作为表征疲劳驾驶的特征参数。SAM 的计算公式为

$$\mathrm{SAM} = \frac{1}{N} \sum_{i=1}^{N} |SA_i| \tag{3.1}$$

式中，N 表示样本中采样点数；SA_i 表示方向盘转角。

方向盘转角标准差（SASTD）的计算公式为

$$\mathrm{SASTD} = \sqrt{\frac{1}{N-1} \sum_{i=1}^{N} (SA_i - SA_m)^2} \tag{3.2}$$

式中，$SA_m = \frac{1}{N}\sum_{i=1}^{N} SA_i$ 为实际转角的均值。

研究发现：方向盘转角的绝对均值和标准差随着驾驶员驾驶疲劳的加深呈现逐步增大的趋势。这说明当驾驶员疲劳程度越来越深时，驾驶员就会频繁出现大幅度转动方向盘的现象，这也表明疲劳的逐步加深减弱了驾驶员对方向盘的控制能力。

2. 方向盘角速度分析

角速度是指当物体做圆周运动时，物体绕圆心运动的快慢。因此，方向盘角速度可以表征驾驶员转动方向盘的缓急程度。方向盘角速度太大，车辆行驶的横向平稳性就会变差，说明驾驶员对车辆的把控力就差。因此，方向盘角速度的变化也可以反映驾驶员的疲劳水平。不同疲劳水平下方向盘角速度波动如图 3.3 所示。

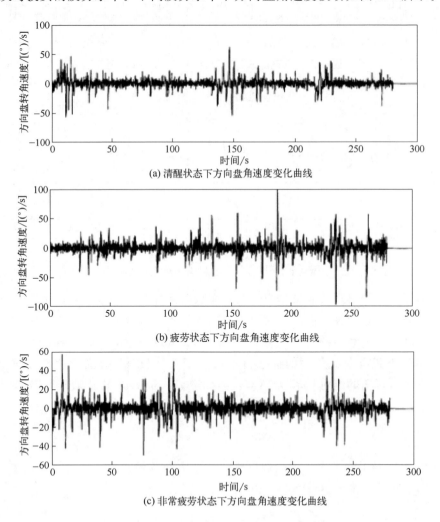

图 3.3 不同疲劳状态下的方向角速度变化曲线

从图 3.3 中可以看出，随着驾驶员疲劳程度的加深，驾驶员调整方向盘的次数在减少，但大幅度调整方向盘的次数却在增多；方向盘角速度增加，且变化幅度加大。这也说明驾驶员操作汽车的平稳性正在逐渐变弱。

二、基于车辆运行状态的检测方法

基于车辆运行状态信息的检测方法采用的行为变量主要包括车辆行驶的速度和加速度。

1. 车速变化分析

车速是反映驾驶员驾驶状况的一个重要指标。驾驶员在良好的精神状态下，会对车速进行频繁调整，对于车速有较强的控制能力。当出现疲劳时，驾驶员就很少进行频繁换挡的操作，车速就比较平稳。因此，车速的变化幅度在一定程度上也能反映驾驶员的疲劳状态。其中，车速标准差可以反映驾驶员的车速控制能力，标准差越小，车速越平稳。因此，车速均值和车速标准差可以作为表征驾驶员驾驶状态的指标。

研究发现：驾驶初期，为了保持清醒，驾驶员会有意增加一些驾驶行为。所以随着驾驶时间的增加，车速均值呈现先升高后降低，总体呈上升趋势。当驾驶员出现疲劳后，驾驶员换挡、踩加速踏板等驾驶行为就会减少，车速则会长时间保持不变。当疲劳进一步加深后，驾驶员对车速的控制能力将会减弱，车速将逐渐升高，常常出现超速驾驶现象。

2. 加速度分析

加速度指单位时间内车速变化的程度，而加速度的大小和变化的快慢直接影响车速变化的缓急，因此，加速度也可表征车速变化程度，同时加速度也可以作为反映驾驶员对车辆的控制能力的指标。驾驶员处于清醒状态时，加减速的绝对值较大，说明驾驶员有意调节车速，对车辆的控制能力强。随着其疲劳程度的增加，加速度绝对值变小，对车辆的控制能力减弱，虽频率增加，但是多数是一段时间的持续加速或持续减速，导致车速变化较大，车速平稳性减弱。因此，车辆加速度的变化规律在一定程度上能反映驾驶员的疲劳状态。

图 3.4 显示了驾驶员不同驾驶状态水平下的加速度时序变化曲线。

从图 3.4 中可以看出，随着疲劳程度的增加，加速度变化幅度逐渐变小，变化频率变高，持续加减速时间延长。加速度的绝对均值和标准差反映了加速度的波动规律。因此，可以将其作为疲劳判别指标。研究发现：随着驾驶时间的增加，加速度绝对均值和标准差总体呈下降趋势，由此看出，随着疲劳程度的加深，驾驶员的车速调节能力减弱。

目前，很多研究者开展了基于驾驶行为的疲劳检测方法的研究。张希波等提取了方向盘最大零速百分比和最大角度标准差作为疲劳判别指标。Friedrichs F

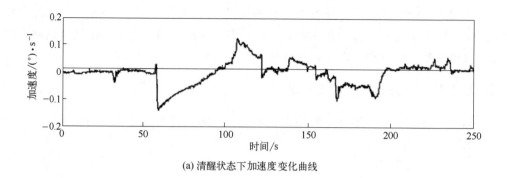

(a) 清醒状态下加速度变化曲线

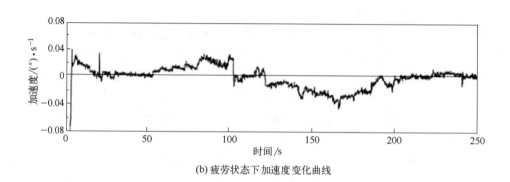

(b) 疲劳状态下加速度变化曲线

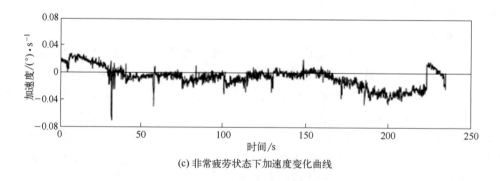

(c) 非常疲劳状态下加速度变化曲线

图 3.4　不同状态下的加速度变化曲线

等人则从方向盘转角和车辆横向位置中提取了 11 个疲劳判别指标。Takepi 则提取方向盘转角信号特征对驾驶员疲劳状态进行评价。基于驾驶行为的检测方法的优点主要在于算法简单、实时性强、检测只需少量设备，且设备不会对驾驶员造成干扰等，但该方法容易受到车型、路况以及天气等多变的外在因素影响，抗干扰性差、适应性差。最关键的是驾驶行为特征并不能真正反映驾驶员疲劳的状态变化，因此，基于驾驶行为进行疲劳检测的检测方法的检测准确度不是很高，一般为 80% 左右。

第二节 基于面部特征的驾驶疲劳检测

研究发现：处于疲劳状态的驾驶员会产生打哈欠、持续睁眼时间缩短、眨眼频率变高以及头部下垂等特征。因此，可以用驾驶员面部表情以及头部的运动信号作为驾驶疲劳的疲劳特征。眼睛闭合时间、注视时间、打哈欠、驾驶姿势和点头频率都是常用的驾驶疲劳特征指标。基于面部特征的疲劳驾驶检测方法一般是利用车载摄像头实时拍摄驾驶员的行车视频，对视频流进行循环读取帧图片；然后对这些图像进行预处理；接着进行人脸检测，提取面部特征（可以是眼部特征、嘴部特征或头部位置特征），并融合多个面部特征来识别驾驶员的疲劳状态，如图 3.5 所示。

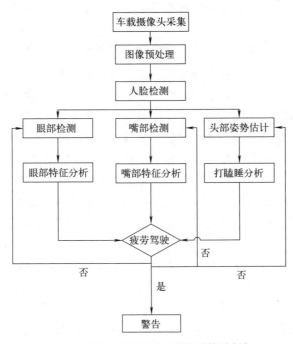

图 3.5 基于面部特征的疲劳驾驶检测方法

一、图像预处理

首先从视频流中读取图像。但在对图像进行特征提取前，需要对图像进行预处理，比如突出图像中的某些区域、使脸部受光均匀、减少图像噪声干扰等。图像的预处理流程包括：图像灰度化、图像增强、滤波处理和脸部的光照补偿。

1. 图像灰度化

图像灰度化是将彩色图像转换为灰度图像的过程。在灰度图像中，每个像素的灰度值代表了该像素的亮度或强度，而不再包含颜色信息。图像灰度化的目的是简化图像的复杂度，减少颜色信息对图像处理和分析的干扰。它常用于计算机视觉、图像处理和模式识别等领域。常见的图像灰度化方法有最大值法、平均值法和加权平均法三种。其中，最大值法、平均值法处理方式比较简单，而加权平均法则考虑到人眼对绿色的敏感最高，对蓝色敏感最低的特性，将 RGB 三个分量分别乘以不同的权重，然后将乘积相加作为灰度值。灰度值的具体计算公式如下：

$$f(x,y)=0.299R(x,y)+0.578G(x,y)+0.114B(x,y) \quad (3.3)$$

2. 图像增强

图像增强的作用主要是突出图像中感兴趣区，衰减不需要的特征，主要有直接灰度变换、直方图灰度变换、直方图均衡化三种方法。直接灰度变换是直接将图像的灰度级（亮度）值进行变换的操作，它可以增强图像的对比度、调整图像的亮度、拉伸灰度级范围、均衡化灰度分布等。它的一般表示形式为：

$$g(x,y)=T(f(x,y)) \quad (3.4)$$

直方图灰度变换的基本思想是将原始图像的灰度直方图映射到一个新的灰度级别范围内，从而改变图像的亮度和对比度。常见的直方图灰度变换有线性变换和非线性变换两种。线性变换是指将原始图像的灰度值通过一个线性函数进行变换，如将图像的灰度值乘以一个常数或加上一个常数。这种变换可以改变图像的亮度和对比度，但是不能改变图像的形状和细节。非线性变换是指将原始图像的灰度值通过一个非线性函数进行变换，如对数变换、幂次变换、伽马变换等。这种变换可以更加精细地调整图像的亮度和对比度，并且可以改变图像的形状和细节。直方图均衡化通过对图像的灰度直方图进行变换，将原始图像的灰度级别重新分布到更广泛的范围内。这样可以使得图像中的亮度差异更加明显，细节更加清晰。

3. 滤波处理

图像在数字转换和传输时会受到噪声干扰。噪声干扰会影响到后续的图像特征提取。因此，特征提取前需要对图像进行消噪处理，一般会对图像进行滤波处理。进行滤波处理时，一般会选择一个低通（或高通等）滤波器，将所选滤波器与图像进行卷积操作，得到一个新的图像。由于卷积操作会改变图像大小，因此，会采用填充、截断等方法对边缘像素进行处理。然后根据需要对卷积后的图像进行阈值处理、归一化等处理。这样滤波处理就实现了平滑图像、去噪的效果。

4. 脸部的光照补偿

如果驾驶员在驾驶过程中，脸部受光不均匀，则会影响到后期的图像识别。因此需要对图像进行光照补偿。GrayWorld 色彩均衡算法和基于参考白的算法是常见的光线补偿方法。GrayWorld 色彩均衡算法主要是调整原始图像三个颜色分量的平均值，使其与原始图像的平均灰度值近似。基于参考白的算法则是通过将图像像素点的亮度值排在 5% 的像素点设为"参考白"像素点，然后根据比例对 R、G、B 三个色彩分量进行线性调整，最终得到光照补偿的图像。

二、人脸检测

人脸检测首先要判断图像中是否含有人脸，如果有，则确定人脸位置和空间分布。人脸检测的对象除了人脸部分，还包括眼睛、鼻子、眉毛、额头。它们的特征是进行人脸检测的依据。因此我们必须选择合适的模型特征进行人脸检测。一般人脸检测主要分为基于肤色模型、基于模板匹配和基于统计理论三种检测方法。

1. 基于肤色模型的检测

人脸的肤色是相对比较稳定的，与其他多数物体的颜色具有明显的区分度。因此，肤色可以作为人脸检测的指标。基于肤色可以明显地区分人脸与非人脸区域。并且人头部产生运动和人脸表情发生任何变化都不会影响到肤色，因此肤色特征是人脸检测中最常用的一种特征。但如果受试者佩戴了墨镜、口罩或脸部受光不均，就会出现漏检情况，影响检测精度，检测效果会变差。肤色特征主要由肤色模型描述，常用的肤色模型有直方图模型、高斯模型和混合高斯模型。

2. 基于模板匹配的检测

基于模板匹配的人脸检测是一种常用的人脸检测方法，它基于已知的人脸模板，通过在图像中滑动模板，寻找与模板相似度较高的图像区域来实现人脸的检测。它的操作流程为先选取合适的人脸模板，然后将模板在待检测图像中按照一定的步长进行滑动，计算模板与当前图像区域的相似度。常用的相似度计算方法包括均方差、相关系数、归一化互相关等。根据相似度的阈值，判断当前图像区域是否为人脸，如果是，则标记该区域为人脸区域，否则继续滑动模板。

人脸模板分为固定模板和变形模板两种。固定模板通常是从一些已知的人脸图像中提取得到的，可以是整个人脸图像或者是人脸的某个特定部分。变形模板是对固定模板进行变形来适应不同的姿态、表情等变化。这些模板通常需要使用人脸关键点检测算法来获取人脸的关键点信息，然后根据关键点信息对模板进行变形。固定模板匹配方法简单且计算效率高，但对于姿态、表情等变化较大的人脸图像可能效果不佳。固定模板匹配方法可能无法准确检测到人脸，此时可以考虑使用变形模板匹配方法。因此，对于姿态、表情变化较大的人脸图像，变形模板匹配方法可能更适合。但变形模板匹配法的计算复杂度较高，需要进行关键点检测和模板变形等额外的计算操作。因此，在实际应用中需要根据具体的需求和场景选择合适的检测方法。

3. 基于统计理论的检测

基于统计理论的人脸检测方法是一种常用的人脸检测方法，其主要思想是通过统计模型来描述人脸和非人脸的特征分布，然后利用这些模型来进行人脸检测。基于统计理论的人脸检测方法主要步骤为：

① 特征提取。首先需要提取图像中的特征，常用的特征包括灰度值、颜色直

方图、梯度等。这些特征可以用来描述人脸和非人脸的外观特征。

② 特征建模。接下来建立人脸和非人脸的统计模型。常用的模型包括高斯模型、混合高斯模型、支持向量机等。这些模型可以用来描述人脸和非人脸特征的分布。

③ 模型训练。通过大量的正负样本数据，对建立的统计模型进行训练，使其能够准确地区分人脸和非人脸。

④ 检测。在检测阶段，将训练好的模型应用于待检测图像中，通过对图像中的特征进行匹配和分类，判断是否存在人脸。常用的方法包括滑动窗口法、级联分类器等。

基于统计理论的人脸检测方法具有较高的准确性和鲁棒性，可以应对一定程度的光照变化、姿态变化等。然而，由于人脸的外观特征具有较大的变化范围，这种方法在面对复杂的环境和多样化的人脸表情时可能会出现较高的误检率和漏检率。因此，在实际应用中，通常需要结合其他方法来提高检测的准确性和鲁棒性。

目前人脸检测采用的是相对成熟的基于 Haar-like 特征的 Adaboost 级联分类器算法。Haar-like 特征是一种常用的特征描述算子，Papageorgiou 等人将它应用于人脸检测中。后来 Viola 和 Jones 提出了 3 种类型 4 种形式的特征，即边缘特征、线性特征、中心特征和对角线特征，根据这些特征可以组合成特征模板。Adaboost 算法是一种经典的人脸检测方法，它的主要思想是通过级联分类器来逐步筛选出可能包含人脸的图像区域，从而实现高效的人脸检测。该算法主要步骤为：

① 特征提取。首先需要提取图像中的 Haar-like 特征。Haar-like 特征可以用来描述图像中不同区域的纹理和结构信息。

② Adaboost 训练。然后通过 Adaboost 算法来训练分类器。Adaboost 是一种集成学习算法，通过迭代训练多个弱分类器，将它们组合成一个强分类器。在每一轮迭代中，Adaboost 根据当前分类器的分类错误率调整样本权重，使得分类器更关注错误分类的样本。最终，Adaboost 将多个弱分类器的结果进行加权组合，得到一个强分类器。

③ 级联分类器构建。在训练过程中，为了提高检测速度，可以将多个强分类器构建成一个级联分类器。级联分类器由多个分类器组成，每个分类器都有一个阈值，只有通过当前分类器后，才会进入下一个分类器进行判断。通过级联分类器，可以在尽量减少错误检测的同时，提高检测速度。

④ 检测。在检测阶段，将待检测图像按照固定大小的窗口进行滑动，对每个窗口提取 Haar-like 特征，并通过级联分类器进行判断。如果通过所有分类器的判断，则认为该窗口中存在人脸。为了进一步提高检测效果，通常还会采用图像金字塔来处理不同尺度的人脸。

在 Adaboot 算法中，当样本被分类正确时，减少其分类的权重值；当样本被分类错误时，增加其分类的权重值。算法在每次的学习后调整样本空间的分布，进行"加权投票"。进行一定次数的迭代后，将修改后的新权值数据送给下层分类器进行训练，最终将每次训练得到的分类器融合起来，作为最后的决策分类器。采用 Adaboost 算法训练关于人脸特征的分类器，再构建级联分类器，最终确定人脸区域，如图 3.6 所示级联分类器示意图。

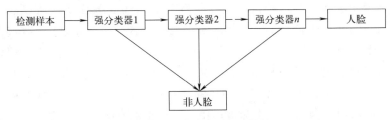

图 3.6　级联分类器示意图

从图 3.6 中可知，若要检测到样本图像中的人脸区域，需要依次经过多个强分类器筛选，其中只要有一个分类器检测样本图像中不存在人脸，则 Adaboost 算法的结果就认为该样本为非人脸。

基于 Haar-like 特征的 Adaboost 级联分类器算法具有较高的检测准确率和较快的检测速度，因此在实际中得到了广泛应用。然而，该算法对光照变化和姿态变化较为敏感，对于复杂的环境和多样化的人脸表情可能会出现较高的误检率和漏检率。因此，在实际应用中，通常需要结合其他方法来提高检测的准确性和鲁棒性。

三、面部特征的提取

1. 眼部状态检测

眼睛可以最直接地反映驾驶员的精神状态，因此，需要在人脸区域进行眼睛的定位识别。人眼定位的方法和人脸区域定位的方法是差不多的。一般常用的检测眼睛的方法有积分投影法、模板匹配法、Hough 变换法以及统计学习法。其中模板匹配法、统计学习法在人脸检测中已经解释，在此不作解释，主要介绍其他两种方法。

积分投影法是一种用于图像处理和分析的特征提取方法，主要用于物体检测和识别。该方法通过将图像投影到不同方向的直线上，得到一系列一维的积分投影函数，从而提取出图像中的纹理和形状信息。积分投影法具体步骤为：根据需要提取的特征，选择合适的投影方向；对原始图像进行积分操作，得到积分图像；将积分图像沿着投影方向进行投影，得到一维的积分投影函数；通过对投影函数进行分析，提取出图像中的纹理和形状信息。积分投影法具有计算简单、鲁棒性强、对噪声和图像变形具有一定的容忍度等优点。在人脸检测中，可以通过计算人脸区域的积分投影函数,来提取出人脸的纹理和形状信息,从而实现高效的人脸检测。但积分投影法对于不同方向的特征,提取能力有限;对于复杂场景和多样化的物体,表现效果有限。

Hough 变换是一种常用的图像处理和分析方法,它可以用于检测图像中的直线、圆或其他形状。它的基本思想是将图像中的每个点转换为参数空间中的曲线或曲面,通过参数空间中的曲线或曲面的交点来找到图像中的特定形状。眼睛状态的检测可以分为闭眼和睁眼两种情况。睁眼情况下,Hough 变换法可以准确检测到眼睛;但当眼睛处于闭合及半闭合状态时,眼皮会遮挡一部分瞳孔,使瞳孔的形状不规则,其形状特征也会发生变化,从而导致 Hough 变换无法正确检测到眼睛。Hough 变换法的优势是可以检测出图像中的特定形状,对于噪声和图像变形具有一定的容忍度。然而,Hough 变换的计算复杂度较高,对于复杂场景和多样化的形状表现效果有限。因此,在实际应用中,需要根据具体的场景和需求,结合其他方法来提高检测的准确性和鲁棒性。

每种检测人眼的方法各有优缺点,研究者可以根据自己的研究情况选择。定位到人眼位置后,可以计算眼部的疲劳特征。研究表明,驾驶员在不同的疲劳状态下,其眼睑开合程度、睁闭速度、注视时间、瞳孔大小都会呈现不同的特性。因此,眼睛闭合百分比(percentage of eyelid closure,PERCLOS)、眨眼频率、瞳孔大小、注视时间等参数都可以反映驾驶疲劳的程度。

(1)眼睛闭合百分比(PERCLOS)

眼睛闭合百分比是一种常用的疲劳测定方法之一,它通过测量人眼睛处于闭合状态的时间占总时间的比例来评估人的疲劳程度。眼睛闭合百分比通常使用红外线摄像机来测量。研究表明,当人处于疲劳状态时,眼睛闭合百分比会增加,也就是眼睛处于闭合状态的时间会变长。因此,通过测量眼睛闭合百分比,可以较为准确地评估人的疲劳程度。PERCLOS 的计算公式为:

$$\text{PERCLOS} = \frac{\text{眼睛闭合帧数}}{\text{检测时间段总帧数}} \times 100\% \qquad (3.5)$$

常用的 PERCLOS 标准包括 EM、P70 和 P80 三种。其中,EM 中眼睛闭合状态是指被眼睑遮挡住的瞳孔面积超过瞳孔总面积的 50%;P70 中眼睛闭合状态是指被眼睑遮挡住的瞳孔面积超过瞳孔总面积的 70%;P80 中眼睛闭合状态是指被眼睑遮挡住的瞳孔面积超过瞳孔总面积的 80%。其中,P80 标准能更好地体现疲劳状态。

使用 PERCLOS 参数判别驾驶员的疲劳状态,需要判断眼睛是睁开还是闭合状态。判断眼睛闭合的方法有很多,常用的包括上下眼睑的距离法、模板匹配法等。

① 上下眼睑的距离法。上下眼睑的距离法是一种常见的判断眼睛闭合的方法,

其基本原理是通过测量上下眼睑之间的距离来判断眼睛是否闭合。具体判断过程为：先选择一个固定的位置来测量上下眼睑的距离，通常选择眼睛中央或眼睛内眦（内角）处；使用直尺等测量工具放置在选择的测量位置上，并记录上下眼睑之间的距离；根据测量得到的上下眼睑距离，可以通过比较该距离与闭合状态下的标准值或个体的基准值来判断眼睛的闭合状态。一般来说，当上下眼睑的距离小于闭合状态下的标准值或个体的基准值时，可以判定为眼睛闭合。但上下眼睑的距离法并不是一种非常准确的方法，因为上下眼睑的距离可能会受到眼睛的形状、大小、位置、光线等多种因素的影响。

② 模板匹配法。模板匹配法是一种常用的计算机视觉技术，可以用来判断眼睛是否闭合。具体判断过程为：首先准备一组闭合眼睛的模板图像和一组睁开眼睛的模板图像；然后使用面部检测、眼睛检测等方法，从待测图像中提取出眼睛的区域；将提取出的眼睛区域与闭合和睁开的眼睛模板进行匹配，模板匹配算法会使用均方差、相关系数等，来计算待测眼睛区域与每个模板的相似度或匹配度；如果待测眼睛区域与闭合眼睛模板的匹配度高于与睁开眼睛模板的匹配度，则可以判断眼睛为闭合状态，反之则为睁眼状态。虽然模板匹配法计算速度快，特定场景下匹配精度较高，但模板匹配法也存在一定的局限性。例如，如果待测图像中的眼睛姿态、光照条件或遮挡物等与模板图像不一致，可能会导致匹配结果不准确。因此，在实际应用中，通常需要结合其他方法和技术来进行综合判断。

眼睛闭合百分比作为疲劳测定方法的优点是非侵入性、无需人员配合，且可以实时监测。但是它也存在一些缺点，比如会受到环境光线、眼睛疲劳程度不同等因素的影响，需要结合其他疲劳测定方法来提高准确性。

（2）眨眼频率

眨眼频率是指人眼在一定时间内眨眼的次数，通常以每分钟眨眼次数（Blinks Per Minute，BPM）来表示。正常人的眨眼频率通常为每分钟 15～20 次左右，但这个数字可能会因人而异。当人处于疲劳状态时，眨眼频率通常会降低，这是因为疲劳会导致眼部肌肉疲劳，从而影响眨眼的频率。因此，眨眼频率可以作为一个眼部疲劳程度的指标。在一定程度上，眨眼频率测定方法可以反映被测者的疲劳程度，具有一定的准确性，并且测量眨眼频率也非常简单易行且对被测试者无创伤性。但眨眼频率测定方法受到环境因素的影响较大、不同个体的眨眼频率存在较大的差异，并且一些眼部疾病也可能会影响被测者的眨眼频率，导致测量结果不准确。

（3）注视持续时间

注视持续时间是指一个人在特定任务或活动中保持目光集中在特定目标上的时间长度。它是衡量一个人注意力集中和持久性的指标。在注视持续时间测定中，被测者通常被要求注视一个固定的目标，例如屏幕上的文字或图像，然后记录下他们注视目标的时间长度。注视持续时间可以通过直接观察被测者的眼动或使用眼动追踪技术来测量。

在正常状态下，人的注视持续时间通常较长，能够持续集中注意力在特定目标上。这表示一个人在执行任务时能够保持较高的注意力水平和认知资源的投入，能够持续地处理信息和完成任务。正常状态下的注视持续时间可以根据任务的不同而有所变化，但通常会保持在较长的时间范围内。而在疲劳状态下，人们往往难以保持长时间的注视，注视会变得更加不稳定和分散。注视持续时间的缩短可以被视为疲劳的一个指标，它反映了注意力和认知功能的下降。研究表明注视持续时间均值随着疲劳程度的加重而增加。注视持续时间的均值和标准差在清醒和疲劳状态之间均存在显著差异，因此，注视持续时间的均值和标准差均能作为疲劳驾驶检测特征参数。

虽然注视持续时间可以直接反映认知疲劳且测定方法相对简单，但注视持续时间的测定方法受到光照、噪声、温度等环境因素的影响较大，不同个体的注视持续时间也存在较大的差异。

（4）瞳孔直径变异系数

瞳孔直径是指眼睛中瞳孔的大小，它受到自主神经系统的调节，可以反映出人体的生理状态和认知负荷。瞳孔直径的变异系数是指瞳孔直径的变异程度，即瞳孔直径在一段时间内的波动程度。在正常状态下，瞳孔直径的变异系数较低，瞳孔大小相对稳定。这表明人处于较为放松和集中注意力的状态，认知负荷较低。而在疲劳状态下，瞳孔直径的变异系数较高，瞳孔大小波动较大。这表明人的注意力和认知负荷受到了影响，处于较为疲劳的状态。通过测量瞳孔直径的变异系数，可以评估一个人的疲劳程度和注意力水平。较高的瞳孔直径变异系数可能意味着认知负荷过高或疲劳程度较大。瞳孔直径变异系数的计算公式为：

$$\text{CVPLD} = \frac{\text{PLD\_std}}{\text{PLD\_mean}} \times 100\% \tag{3.6}$$

式中，PLD_mean 表示指标提取时间窗内瞳孔直径的均值；PLD_std 表示指标提取时间窗内瞳孔直径的标准差。

瞳孔直径变异系数的测定方法是一种非侵入性的测量方法，实时监测瞳孔直径的变化能够及时反映被测者的注意力水平和疲劳程度。它作为一个生理指标，具有较高的客观性和可靠性。但瞳孔直径的变异容易受到环境光照、情绪状态等因素的影响，不同个体的瞳孔直径变异系数也存在较大的差异，并且瞳孔直径变异系数的测定设备要求较高。

2. 头部位置检测

驾驶疲劳时，尤其是困倦时，驾驶员会打盹，驾驶员的头部就会产生偏离，如图 3.7 所示。

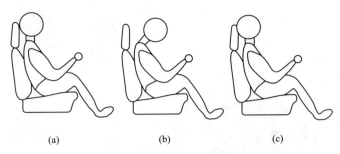

图 3.7　驾驶员头部位置侧视图

其中，(a) 图显示驾驶员正常驾驶汽车时，其头部与汽车座椅头枕之间存在较小距离；(b) 图显示驾驶员疲劳驾驶汽车时，其头部距离座椅头枕一般大于 15cm，这是一种最常见的疲劳开车睡姿；(c) 图显示驾驶员感觉有些疲劳，于是有意识地短暂休息，此时头部紧靠座椅头枕，距离为 0，虽然驾驶员可能闭上眼睛，但并没有完全睡着。此外频繁出现点头运动也是驾驶员疲劳驾驶时会经常出现的动作。因此，头部姿态的偏离时间、单位时间内点头的次数、头部的旋转角速度和旋转角加速度等可作为检测驾驶员是否疲劳的指标参数。

头部姿态估计算法大致可以分为基于特征点的方法和基于图像的方法两类。第一类方法通常需要先对头部的特征点进行检测，如眼睛、鼻子、嘴巴等，然后通过这些特征点的位置和运动来估计头部的姿态。这种方法的优点是精度较高，但需要对特征点进行准确的检测和跟踪，对计算资源的要求较高。第二类方法通常使用整张图像，通过对图像中的纹理、边缘等特征进行分析，来推断头部的姿态。这种方法的优点是计算量较小，不需要对特征点进行准确的检测和跟踪，但精度可能受到光照、遮挡等因素的影响。

头部姿态估计是从二维数字图像推断出三维空间中人的头部朝向的过程，即通过一幅面部图像来获得头部的姿态角，也就是一组三维姿态偏转角参数——俯仰角、偏航角和滚转角。3D 空间中头的旋转可以由俯仰角、偏航角和滚转角三个欧拉角来表示，如图 3.8 所示，分别为 pitch（围绕 X 轴旋转）、yaw（围绕 Y 轴旋转）和 roll（围绕 Z 轴旋转），也就是抬头、摇头和转头。

头部姿态估计算法的步骤为：

① 2D 人脸特征点检测。

② 3D 人脸模型匹配。

③ 求解 3D 点和对应 2D 点的转化。3D 点和对应 2D 点的转化涉及世界坐标系、相机坐标系和图像坐标系的转化，如图 3.9 所示。

为了将 3D 点和对应 2D 点进行转化，需要从世界坐标系转换到相机坐标系，然后从相机坐标系映射到图像中心坐标系。图中相机坐标系中的点为三维图像点，

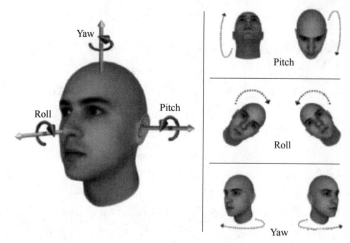

图 3.8 头部欧拉角示意图

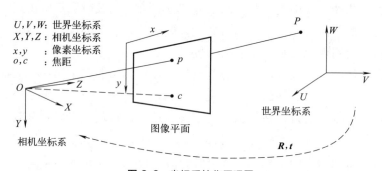

图 3.9 坐标系转化原理图

用 $O(X, Y, Z)$ 表示；图像平面中的点为二维图像，用 $p(x, y)$ 表示；世界坐标系中的点用 $P(U, V, W)$ 表示；图像中心坐标系中的点用 $c(u, v)$ 表示。R 表示旋转矩阵，用于描述相机坐标系相对于世界坐标系的旋转，t 表示平移向量。完整的转换过程通常包括以下几个步骤：

a. 从世界坐标系到相机坐标系：使用一个变换矩阵（包括旋转矩阵 R 和平移向量 t）将世界坐标系中的点 $P(U, V, W)$ 转换为相机坐标系中的点 $O(X, Y, Z)$。

$$\begin{bmatrix} X \\ Y \\ Z \end{bmatrix} = R \begin{bmatrix} U \\ V \\ W \end{bmatrix} + t = \begin{bmatrix} R & t \\ 0^T & 1 \end{bmatrix} \begin{bmatrix} U \\ V \\ W \\ 1 \end{bmatrix} \tag{3.7}$$

b. 相机坐标系到图像中心坐标系：使用相机的内部参数（包括焦距和主点坐标）将相机坐标系中的点 $O(X, Y, Z)$ 投影到图像平面上，得到图像中心坐标系中的点 $c(u, v)$。

$$\begin{bmatrix} u \\ v \\ 1 \end{bmatrix} = k \begin{bmatrix} X \\ Y \\ Z \\ 1 \end{bmatrix} \tag{3.8}$$

其中，k 是相机的内部参数矩阵，通常包含焦距（f_x，f_y）和主点坐标（c_x，c_y）。

$$k = \begin{bmatrix} f_x & 0 & c_x \\ 0 & f_y & c_y \\ 0 & 0 & 1 \end{bmatrix} \tag{3.9}$$

因此，

$$\begin{bmatrix} u \\ v \\ 1 \end{bmatrix} = \begin{bmatrix} f_x & 0 & c_x \\ 0 & f_y & c_y \\ 0 & 0 & 1 \end{bmatrix} \begin{bmatrix} R & t \\ 0^T & 1 \end{bmatrix} \begin{bmatrix} U \\ V \\ W \\ 1 \end{bmatrix} \tag{3.10}$$

④ 根据旋转矩阵求解欧拉角。欧拉角是一组用于描述三维空间中物体相对于某个固定坐标系（通常是世界坐标系）的旋转的三个角度。这些角度描述了物体绕三个坐标轴的旋转，通常按照一定的顺序。最常见的顺序是绕 Z 轴（滚转角）、绕 X 轴（俯仰角）和绕 Y 轴（偏航角）。旋转矩阵 R 可以表示为：

$$R = \begin{bmatrix} r_{11} & r_{12} & r_{13} \\ r_{21} & r_{22} & r_{23} \\ r_{31} & r_{32} & r_{33} \end{bmatrix} \tag{3.11}$$

式中，r_{ij} 表示从源坐标系中的第 i 个基向量到目标坐标系中的第 j 个基向量的变换关系。欧拉角 ϕ（俯仰角）、θ（偏航角）和 ψ（翻滚角）可以通过以下公式计算：

$$\begin{aligned} \phi &= \arctan2(-r_{31}, \sqrt{r_{32}^2 + r_{33}^2}) \\ \theta &= \arctan(r_{33}/\sqrt{r_{31}^2 + r_{32}^2 + r_{33}^2}) \\ \psi &= \arctan2(-r_{23}, r_{13}) \end{aligned} \tag{3.12}$$

基于头部姿态来判断疲劳，主要是通过判断人们是否打瞌睡，而判断人们是否打瞌睡则是可以通过分析人们头部的俯仰角及滚转角的变化规律来实现。

研究结果表明：一般人体头部在 X 轴上的俯仰角变化范围为（$-60.40°$，$69.60°$），在 Y 轴上的偏航角变化范围为（$-79.80°$，$75.30°$），在 Z 轴上的滚转角变化范围为（$-40.90°$，$36.30°$）。在驾驶员清醒情况下，点头动作会引起俯仰角变化，明显的俯仰角变化所需时间通常仅为 1s 左右。然而，在疲劳状态下，点头动作所需的时间可能需要 3.5s。研究表明，当俯仰角变化达到 150°或俯仰角变化持续时间达到 3.5s 以上时，可以判定为疲劳状态。

头部位置检测可以实时监测头部的位置和姿态，能够及时反映被测者的注意力水平和疲劳程度。检测头部位置也不需要专业设备，操作简单。但同样头部位置检测的精度受到环境光照、遮挡等因素的影响，可能存在误差；不同个体的头部位置和姿态存在较大的差异；且头部位置检测需要大量的数据支持，才能建立准确的疲劳模型。因此，常常综合头部位置检测和其他检测指标的结果来判定疲劳。

3. 嘴部状态检测

嘴部状态检测是一种基于计算机视觉技术的疲劳测定方法，通过分析嘴部的状态来判断人的疲劳程度。当人疲劳时，最明显的反应是会频繁地打哈欠，嘴巴张合频率、嘴唇的张合程度、嘴角的上扬程度会出现变化。因此，通过监测驾驶员打哈欠的频率可以评估其是否疲劳。

为了检测驾驶员是否打哈欠，我们需要对嘴巴进行定位。嘴巴定位的常用方法有：基于脸部特征的嘴巴定位、基于 Fisher 准则的嘴巴定位和基于色彩转换的嘴巴定位等。

（1）基于 Fisher 准则的嘴巴定位

基于 Fisher 准则的嘴巴定位是一种通过使用 Fisher 准则选择最佳特征子集来定位人脸图像中嘴巴位置的方法。该方法的主要步骤包括训练分类器、选择最佳特征子集和使用分类器进行嘴巴定位。具体定位步骤为：首先准备一个包含标记好的嘴巴和非嘴巴样本的训练数据集，使用支持向量机等机器学习算法来训练一个分类器，该分类器能够将嘴巴区域和非嘴巴区域进行区分；然后使用 Fisher 准则来选择最佳特征子集，以提高分类器的性能；最后，使用所选的最佳特征子集来训练分类器，并使用该分类器对新的人脸图像进行嘴巴定位。分类器将根据所选的特征子集对图像进行分类，将嘴巴区域与非嘴巴区域区分开来。

基于 Fisher 准则的嘴巴定位方法可以提高嘴巴定位的准确性和鲁棒性。通过选择最佳特征子集，可以提取出与嘴巴相关的特征，从而增强分类器的性能。这种方法在人脸图像处理和计算机视觉领域具有广泛应用。

（2）基于脸部特征的嘴巴定位

基于脸部特征的嘴巴定位是一种通过分析人脸图像中的脸部特征来定位嘴巴位置的方法。这种方法通常基于人脸的几何结构和特征点定位。首先，需要使用人脸检测算法（如 Viola-Jones 算法）来检测和定位人脸区域。然后，使用特征点定位算法（如 Active Shape Models、Active Appearance Models 等）来定位人脸图像中的关键点，如眼睛、鼻子、嘴巴等。一旦关键点被定位，可以利用它们之间的相对位置和几何结构来推断嘴巴的位置。例如，嘴巴通常位于两个眼睛的下方，嘴巴的宽度可以根据眼睛的宽度进行估计。此外，还可以使用机器学习方法来训练分类器，该分类器能够根据脸部特征来判断嘴巴的位置。训练数据集通常包含标记好的嘴巴位置和非嘴巴位置的图像样本。通过训练分类器，可以对新的人脸图像进行嘴巴定位。

基于脸部特征的嘴巴定位方法可以在人脸识别、表情识别、口型识别等领域中发挥重要作用。它可以提供关于人脸的更多信息，从而增强设备执行人脸相关任务的性能和准确性。基于脸部特征的嘴巴定位方法具有非侵入性和相对简单等优点，但它对图像质量和人脸姿态存在敏感性。

（3）基于色彩转换的嘴巴定位

基于色彩转换的嘴巴定位方法是一种利用图像颜色信息来推断嘴巴位置的技术。它通过分析图像中嘴巴区域与其他区域的颜色差异来进行定位。具体定位过程为：首先，将图像从 RGB 颜色空间转换到其他颜色空间（比如 HSV 等）；然后根据嘴巴的颜色特征，使用阈值或其他图像分割技术提取出嘴巴区域；最后根据嘴巴区域的位置和形状，使用几何结构或特征点定位算法来推断嘴巴的准确位置。

基于色彩转换的嘴巴定位方法的优点是简单且易于实现。它不需要复杂的算法或模型，只需利用图像的颜色信息即可进行嘴巴定位。另外，该方法对于光照变化和图像质量的鲁棒性较好。然而，该方法也存在一些限制。首先，嘴巴的颜色特征可能会受到其他因素的影响，如唇膏、光照条件等，从而导致定位不准确。其次，对于不同人群的嘴巴颜色差异较大的情况，该方法可能不适用。

定位到驾驶员的嘴巴后，可以通过判断嘴巴的闭合程度来判断驾驶员是否疲劳。在不同情况下，嘴巴的闭合程度是不同的。在正常状态下，嘴巴是闭合的；而人在说话、微笑的时候，嘴巴是处于半张开状态；而人如果打哈欠的话，嘴巴是完全张开的状态，如图 3.10 所示。

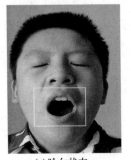 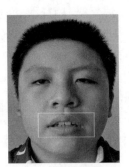 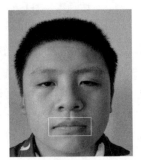

(a)哈欠状态　　　　(b)正常张开状态　　　　(c)闭合状态

图 3.10　嘴部在不同情况下的闭合程度

嘴巴的三种不同状态主要表现在嘴巴的高度和宽度之比（即高宽比）不同。研究发现，嘴巴在全张和闭合时的高宽比存在明显差异。当嘴巴打哈欠时，嘴巴处于全张状态，它的高宽比甚至是嘴处于闭合状态时的 3 倍。因此，嘴巴的高宽比可以作为嘴巴闭合程度的有效判断指标，判断驾驶员是否处于打哈欠状态。嘴巴的宽度和高度的计算可以通过嘴巴外接矩形的方式或积分投影法来获取。具体而言，可以通过计算嘴巴外接矩形的宽度和高度来得到嘴巴的宽度和高度信息，或者对嘴巴在垂直和水平方向上的投影进行计算，从而得到嘴巴的宽度和高度。这些方法可以有效地获取嘴巴的尺寸信息，为后续的闭合程度判断提供依据。

基于面部特征的驾驶疲劳检测方法成本低、不须接触、检测方便，疲劳检测率较高，能达到90%左右；但缺点是受光照变化、面部表情、复杂背景等因素的影响较大。一般情况下，为了有效提高疲劳检测率，研究者更倾向于将眼部、嘴部特征或头部位置特征融合起来对驾驶员的疲劳状态进行检测。

第三节　基于生理信号特征的驾驶疲劳检测

驾驶员进入驾驶疲劳状态后，身体的很多生理指标会发生微小变化。实时监测这些生理信号，根据它们变化的特征能有效判定驾驶员是否处于疲劳状态。目前，常用于疲劳状态监测的生理指标主要包括脑电（EEG）、眼电（EOG）、心电（ECG）和肌电（EMG）等生理信号。其中，EEG可以直接测量大脑神经活动状态，因而被认为是最有前途的大脑疲劳检测方法，也是研究疲劳状态神经机制的重要工具，被誉为疲劳检测的"金标准"。

一、脑电信号检测

脑电信号是指人类大脑中产生的电信号。它是一种非侵入性的生物电信号，其频率范围从0.1Hz到100Hz不等。脑电信号可以分为不同的频率带，包括δ波（0.5~4Hz）、θ波（4~8Hz）、α波（8~13Hz）、β波（13~30Hz）和γ波（30~100Hz）。这些频率带的活动在不同的脑区和不同的认知状态下表现出不同的特征。

① δ波（Delta波）：主要出现在深度睡眠和昏迷状态下，与大脑的恢复和修复过程有关。

② θ波（Theta波）：主要出现在放松和催眠状态下，也与记忆、学习和情绪调节有关。

③ α波（Alpha波）：主要出现在闭眼、放松和专注的状态下，与大脑的抑制性活动和注意力调节有关。

④ β波（Beta波）：主要出现在警觉、注意力集中和认知活动中，与大脑的兴奋性活动有关。

⑤ γ波（Gamma波）：主要出现在感知、注意力、记忆和意识等高级认知活动中，与大脑的信息处理和协调有关。

脑电信号频带的分布随时间而变化，因此这五个频带在脑电信号中通常被用作疲劳检测的特征。

通过脑电信号进行疲劳驾驶检测的处理流程如图 3.11 所示。

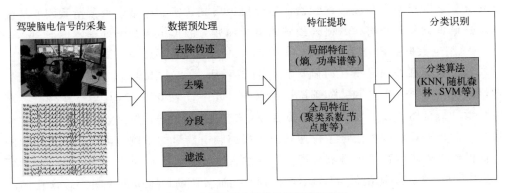

图 3.11　基于脑电信号的疲劳检测流程

1. 脑电信号的采集

脑电信号的采集通常需要使用一种称为电极阵列的设备。这些电极通常是金属或碳纤维制成的小圆盘，直径约为 1cm，可以通过粘贴或夹在头皮上固定。在电极阵列中，电极通常按照国际 10-20 系统的标准位置（如图 3.12 所示）布置在头皮上。这个系统使用头部的标志性点来定位电极的位置，以确保数据的可重复性和可比性。在采集脑电信号之前，需要将电极阵列连接到一个放大器或记录仪上。放大器通常用于放大脑电信号，以便更容易地测量和记录。记录仪通常用于存储和处理采集的数据。

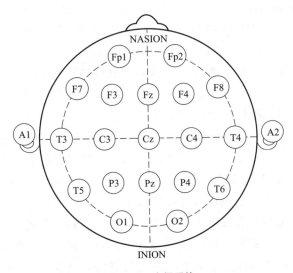

图 3.12　电极系统

脑电信号采集时，可以选择侵入式或非侵入式的方法。但侵入式的方法风险极大，检测成本相对高昂，所以研究者常常使用非侵入式的方法对脑电信号进行采集,其中进行疲劳检测信号的采集也是选择非侵入式的方法。在驾驶疲劳实验中,驾驶员头戴电极帽坐在模拟驾驶器上进行模拟驾驶,实验中结合疲劳量表问卷情况判定受试者的疲劳状态,并将采集到的清醒和疲劳数据传入脑电处理软件 SCAN。

2. 脑电数据的预处理

脑电数据预处理是指在对脑电信号进行分析之前,对原始数据进行一系列处理,以去除噪声、伪迹和其他干扰。在驾驶过程中,采集脑电信号容易受到外界环境和驾驶员身体活动等因素的影响,从而导致采集到的信号中混杂了一些干扰信号。因此,需要对脑电信号进行预处理,提高脑电信号的质量和可靠性,为后续的分析提供更准确的数据。脑电数据预处理的常见步骤:

① 信号滤波:使用数字滤波器去除脑电信号中的低频和高频噪声。常见的滤波器包括高通滤波器和低通滤波器。

② 去眼电伪迹:眼电伪迹是由于眼球运动而产生的电信号,会干扰脑电信号的分析。使用独立成分分析(ICA)方法可以将眼电伪迹从脑电信号中分离出来。

③ 去肌电干扰:肌电干扰是由于肌肉运动而产生的电信号,会干扰脑电信号的分析。使用滤波器和 ICA 方法可以将肌电干扰从脑电信号中分离出来。

④ 去头皮表面噪声:头皮表面的电信号可能来自电极的不良接触、电极之间的干扰和环境电磁干扰等。使用 ICA 方法可以将这些噪声信号从脑电信号中分离出来。

⑤ 信号重采样:将原始数据的采样率调整为更适合分析的采样率,可以减少计算量和存储空间的需求。

⑥ 剔除无效数据:去除因电极脱落、运动或其他原因导致的无效数据。

⑦ 重新参考:根据需要选择合适的参考点,可以是头皮上、耳朵上的电极或者所有电极的平均值。将原始脑电信号通过线性变换迁移到新参考点。更新后的信号用于进一步分析。

3. 脑电信号的特征提取

特征提取是从 EEG 信号中提取具有代表性的特征,构成特征空间,使提取后的特征更明显、更易于分类。提取的特征可以分为局部特征和全局特征。局部特征包括功率谱特征、时域特征和熵特征等;而全局特征包括节点度和聚类系数等。在脑电信号分类识别中,特征提取起着关键作用。特征的不同将直接影响最终实验结果的质量,因此特征提取算法的选择就非常重要。目前,常用的脑电信号特征提取方法包括时域分析法、频域分析法、时频分析法等。它们可以提取脑电信号的时域特征、频域特征、时频域特征、熵和复杂度特征等,提取脑电信号中的关键信息,用于脑电数据的分类、识别和分析。我们可以根据研究的目的和问题,选择适当的特征提取方法来获得适当的脑电特征。

提取脑电特征的基本步骤为:首先根据研究目的和问题,选择适当的特征提取方法，提取脑电信号的时域特征等特征，然后对提取的特征进行筛选，去除冗余和无用的特征，保留最有意义的特征；最后对选择出来的特征进行归一化，以便不同特征之间进行比较和分析。

4. 脑电信号的分类

脑电信号的分类是指根据不同的特征和模式将脑电信号分为不同的类别。对脑电信号进行分类的主要步骤为：

① 首先根据分类任务的要求，选择最相关和有区分度的特征；

② 然后将数据集划分为训练集和测试集，通常使用交叉验证方法；

③ 选择适当的分类模型，常见的分类模型包括支持向量机（SVM）、逻辑回归、决策树、随机森林、深度学习模型等；

④ 使用训练集对分类模型进行训练，并使用测试集对模型进行评估；

⑤ 根据评估结果，对模型进行调优，例如调整模型参数、增加或减少特征等，以提高分类性能。

使用训练好的分类模型就可以对新的脑电信号进行分类了。

目前基于脑电信号特征的疲劳检测模型的准确率能达到 98% 以上，检测效果非常好，但脑电信号容易受到来自环境、肌肉运动等的干扰，导致信号质量下降，影响疲劳检测的准确性。此外，不同个体的脑电信号具有较大的差异性，因此建立通用的疲劳检测模型可能存在一定的困难。

二、心电信号检测

人体可以类比为一个三维空间的容积导体，其中心脏扮演着电源的角色，周围的组织和液体具有一定的导电性。通常情况下，心肌细胞膜内外分别存在带有负电荷的阴离子和带有正电荷的阳离子，它们的数量相等，没有电位差。当细胞受到刺激时，阳离子会在短时间内进入细胞膜内，导致电位的变化。所有心肌细胞的电位变化将传导到体表并引起反应，导致体表上不同点之间形成电位差。这种由心动周期引起的生物电变化被称为心电。心电图则是通过测量和记录每个心动周期产生的电活动变化并将其显示为图形的一种技术。心电图由一系列重复出现的波、段和间期组成。心电图的组成成分如图 3.13 所示。由于体表电信号通常集中在几十毫伏的低频段，因此，心电信号由一系列幅值较小的波和间隔构成。它是一种非常微弱的生物电信号，具有以下三个特点：

① 微弱性：心电信号幅值通常在 0.05~5mA，非常微弱，因此，在检测心电信号时不仅需要使用设备将心电信号放大，还需要采取滤波及抗干扰措施滤掉其他干扰信号。

② 低频性：心电信号频域范围较低，主要集中在 0.05~20Hz 之间。

③ 波动性：信号采集过程中，受试者（驾驶员）与外界的交互活动，以及内

部各个器官的活动和个体因素（呼吸、健康状况）等都会对心电信号产生影响，导致信号发生相应的波动。

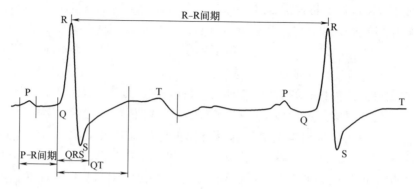

图 3.13　心电图

心电信号包括心率 HR（heart rate）和心率变异性 HRV（hart rate variability）两个指标。这两个指标对于判断疲劳驾驶十分重要。其中心率的国际定义是指正常人在安静状态下每分钟心脏搏动的次数，一般情况下心率为 60～100 次/分钟算正常。心率可以客观地反映个体身体的变化情况。心率变异性是指连续心动周期（R-R 间期）的微小变化或连续瞬时心率的微小涨落。通过测量连续正常 R-R 间期变化的变异性，可以反映心率的变化程度和规律，并用于判断其对心血管活动的影响。心率变异性是调节正常心血管系统稳态的重要机制，反映了心脏交感神经和迷走神经活动的张力和均衡性。

心电信号可以采用多通道生理仪进行采集，如图 3.14 所示的美国 BIOPAC 公司的 MP150 多导生理记录仪。

图 3.14　美国 BIOPIC 公司的 MP150 多导生理记录仪

MP150 多导生理仪可以接入普通个人计算机，计算机中只要装入 ACK 软件就可以对 MP150 采集的生理信号进行平滑、叠加、微分等各种操作，生理信号存入计算机，无需连续纸记录仪，选购有线或无线遥测设备就可以在 50～80m 范围内进行生理信号测量。该生理仪可以搭配各类放大器，通过各类放大器就可以实现心电、脑电、肌电等多种生理信号的测量。比如此处安装 ECC100C 心电放大器，则可以用来记录人、动物或离体心脏的心电信号。放大器输出可以选择 ECG 模式和 R 波探测模式。

通过心电信号进行疲劳驾驶检测的实验数据采集场景如图 3.15 所示。

模拟驾驶实验平台由硬件和软件两部分组成，硬件包括生理数据采集系统、驾驶操纵平台、视频采集装置和视景显示系统。

① 生理数据采集系统：采用美国 BIOPAC 公司的 MP150 多导生理仪采集实验者的心电信号。

② 驾驶操纵平台：包括方向盘、踏板、排挡、支架等部件，操作平台的加速和制动踏板的线性阻力效果较好，能给受试者带来较为真实的驾驶体验感受。

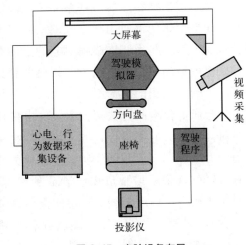

图 3.15 实验设备布局

③ 视景显示设备：包括 HP 工作站、投影仪、幕布等，可在幕布上显示工作站中的图像，为受试者提供较为逼真的视觉感受。

软件主要包括 Acqknowledge4.0、驾驶模拟软件等。Acqknowledge4.0 功能强大，提供了多个计算功能，可进行信号平滑、叠加、傅里叶变换等多项信号处理。处理结果可以由 EXCEL、MATLAB 等软件读取，方便后期的统计分析处理。驾驶模拟软件则允许用户根据实验需求自行添加不同的驾驶任务、设置相应的驾驶场景。

实验中，可以综合主观疲劳（KSS 量表）和客观行为指标（简单反应时间、速度偏差、方向盘转角、车道偏移标准差、有效检测率）判断受试者在模拟驾驶过程中是否已经产生驾驶疲劳。

心电信号数据采集后需要对心电数据进行去噪处理，然后通过算法（差分阈值法、模板匹配法、小波变换法和神经网络法等）提取表征疲劳驾驶的 HR 和 HRV 特征指标数据，最后通过分类器进行疲劳识别。

基于心电信号的疲劳检测模型可以在一定程度上实现对疲劳的检测，但具体的检测率会受到个体差异、信号噪声等多个因素的影响。因此，基于心电信号的疲劳检测模型通常需要与其他生理指标、行为数据等相结合，以提高疲劳检测的准确性和可靠性。

三、肌电信号检测

在人体这个复杂系统中，感受器在收到外界刺激后，大脑皮层的中枢神经会发出肌肉收缩或舒张指令，此时运动神经元的细胞体产生刺激，通过运动神经元轴突传播到肌肉纤维上，肌肉纤维是运动神经元的效应器，其拥有兴奋、收缩和舒张的特征。每个运动神经元能够联系多条肌肉纤维,当遇到神经冲动刺激时产生肌肉纤维的动作电位,使得肌肉纤维收缩从而产生肌肉力,该动作电位就是肌电(EMG)信号。肌电信号是由肌肉收缩引起的生物电变化,它在人体软组织内传播形成电流场。肌电电极之间会产生电位差,肌电测试仪记录并转换处理这些电位差的变化,则可以得到肌电图的波形图。

测量肌电信号的方法有插入式针电极测量和皮肤表面电极测量。针电极测量方式对肌肉有较大的损伤性,通常用于动物实验。而皮肤表面电极测量方便、安全无损伤,可以应用于人和动物实验,已成为研究中的主要测试手段。通过皮肤表面电极测量,可以获取驾驶员皮肤表面的肌电生理信号,即表面肌电信号(sEMG)。sEMG 能在一定程度上能够反映肌肉活动情况和功能状态。

表面肌电信号(sEMG)是通过电极引导和放大,从皮肤表面直接测量生物电信号。虽然个体差异性、肌肉部位的选择、肌电电极位置、信号采集设备的选择会对表面肌电信号参数产生影响,但是研究发现表面肌电信号随着人体疲劳程度的加深表现出一定的规律性。常用的研究表面肌电信号特征参数的方法主要有时域分析法与频域分析法。

时域分析是建立表面肌电信号(sEMG)与时间的函数,从而反映其幅值在时间维度上的规律。时域分析方法主要有过零点数、均方根值、积分值、方差分析、自回归模型法等。频域分析是利用傅里叶变换将时域信号转换成频域信号,一般使用快速傅里叶变换(FFT)对信号进行频谱或者功率谱处理与分析,得到表面肌电信号的频谱图或功率谱图,最后对其频谱图或功率谱图进行分析。信号的功率谱密度(PSD)是信号不同频率成分上功率分布的一种表示方法:在计算肌电信号功率谱时,可将总功率归一,从而实现对不同信号谱值的比较。在表面肌电信号的采集与研究中,频域分析方法具有很强的实用性。现阶段表面肌电信号在频域分析中的常用指标主要是中值频率(MDF)和平均功率频率(MPF)。这两个指标是通过功率谱计算得到的,其计算公式如下:

$$\mathrm{MPF} = \int_0 f P(f) \mathrm{d}f \Big/ \int_0 P(f) \mathrm{d}f$$

$$\mathrm{MDF} = \int P(f) \mathrm{d}f = \frac{1}{2} \int_0 P(f) \mathrm{d}f \tag{3.13}$$

式中,f 为表面肌电信号的频率;$P(f)$ 为该频率下的功率谱密度函数。

在疲劳驾驶的过程中,表面肌电信号的采集可以通过美国 BIOPAC 公司生产的生理多导仪来进行。生理多导仪具备表面肌电、心电、脑电等主要的人体生理信号检测功能,该实验利用无线数据传输的通信方式将生理信号数据采集端与数据接收端连接起来。在实验中,一般选择在驾驶过程中发力明显的肌肉的肌电信号进行采集,因此,可以选择在冈下肌(INFRA)、肱三头肌长头(TRIlong)、背阔肌

(LATS)、三角肌前部（DELT1）、三角肌中部（DELT2）这5块肌肉上粘贴电极片。模拟实验效果图如图3.16所示。

图 3.16　基于肌电信号的疲劳驾驶模拟实验的数据采集

采集到的数据通过Acqknowledge 4.0软件进行数据预处理，然后通过时域（频域）分析，提取疲劳特征，输入分类器，进行疲劳检测。

基于肌电信号的疲劳检测模型的检测准确率较高，但肌电信号同样也容易受到来自环境、肌肉运动等的干扰，导致信号质量下降，影响疲劳检测的准确性。

驾驶员的生理信号特征与疲劳的相关性较高，因此，基于驾驶员生理特征的检测方法检测精度都较高。通常研究者为了提高疲劳检测精度，会将多个生理特征融合起来进行疲劳检测，准确率可以达到95%。但是采集生理信号时需要驾驶员穿戴相关的采集设备，这将会影响驾驶过程的舒适度。此外，生理信号过于敏感，个体差异性较大，因而稳定性较差。

第四节　基于信息融合的驾驶疲劳检测

一、信息融合的概述

为了提高疲劳检测精度，研究者们提出融合两种及两种以上疲劳特征指标来进行疲劳检测。这种方法就是基于信息融合的检测方法。近年来，随着信息融合技术的快速发展，很多研究者已经尝试将多种疲劳特征参量进行融合，构建基于信息融合技术的疲劳驾驶检测方法，这有效地克服了基于单特征参量的判别系统存在的缺陷，有效提高了判别系统的准确性和有效性。例如Yang等提取眼部特征、脑电特征和心电特征，采用动态贝叶斯网络将其进行融合，实现了疲劳驾驶检测。张磊等人融合人体视觉特征，将嘴部张闭程度、眼睛纵横比两个特征进行融合用于疲劳驾驶检测。马召宾融合眼部特征及头部姿态来实时检测驾驶疲劳。王仲民等人利用D-S理论对驾驶过程中的生理特征进行决策级别的融合。

信息融合技术是指将来自不同传感器、不同数据源的信息进行整合、分析和处理，以提高信息的准确性、完整性和可靠性的技术。它通过整合多种信息源的信息，消除单一信息源的局限性，从而提高决策的精度和可靠性。信息融合技术最早是运用在军事领域，用于军事跟踪。经过几十年的发展，经历多次研究热潮，伴随信息技术的飞速进步，信息融合技术得以不断完善，其应用已经不仅仅局限于军事领域，业已扩展到其他多个领域。基于多特征融合的疲劳驾驶检测便是其中之一。

信息融合与单一源信息处理有很大的不同。在单一源信息处理中，只使用来自单一数据源的信息进行分析和处理。例如，只使用单一传感器的数据进行分析，或只使用某个特定的数据源进行决策。而在信息融合中，则将来自不同传感器、不同数据源的信息进行整合、分析和处理，它通过将多个同类或异类信息源的信息进行综合处理，充分利用多源信息，根据某种准则将空间和时间上冗余或互补的信息组合起来，得到关于目标对象的一致性解释或描述信息。这样可以消除单一信息源的局限性，提高信息的准确性、完整性和可靠性。当单一源获取信息的系统由于受到外界干扰产生信息失真、信息传输延迟或者本身系统的传感器出现问题时，都会使系统产生较大的误差，甚至导致得出错误的判断。而基于多源信息融合的系统，由于不同来源的信息存在一定的冗余性，所以即使某一信息来源出现问题，也可以从其他来源的信息中得出正确判断，从而确保了系统的稳定性及较高的容错能力。如疲劳检测系统中，由于光线原因无法准确获取驾驶员的眼动特征，这时可以通过车辆的方向盘转角、加速踏板压力、安全车距等多种参数加以分析，从而判断驾驶员的疲劳状态，提高了疲劳检测系统的容错能力。此外，信息融合可以通过多种方式进行，包括数据融合、特征融合和决策融合等。通过不同层次的融合可以提高决策的精度和可靠性。

二、信息融合的层级

信息具有三个抽象层次，分别为数据、特征和决策。因此，根据信息的三个层次，信息融合的层级可以划分为数据层信息融合、特征层信息融合和决策层信息融合三个层次的融合。

1. 数据层信息融合

数据层信息融合是指将所有同质传感器的观测数据进行融合，接着从融合数据中提取特征向量，并进行判断识别。若要将信息在数据层进行融合，要求采集的数据是同质的传感器采集的，否则只能在特征层或决策层进行数据融合。图3.17展示了数据层信息融合的示意图。

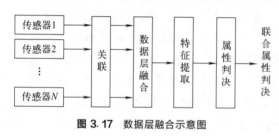

图 3.17 数据层融合示意图

如图 3.17 所示，当多个传感器采集到数据后，需要将各传感器数据进行关联。如果多个传感器在同一时间点采集到数据，这些数据可以使用相同的时间戳进行关联。通常多个传感器可以使用相同的时间戳（位置信息、物理特征、数据模式和数据处理等）来进行关联。关联数据后进行数据融合。数据融合可以通过多种方式进行，包括加权平均法、逻辑融合法、模型融合法等。加权平均法是一种常用的数据融合方法，它根据不同数据源的可靠性和权重，对数据进行加权平均，得到融合后的数据。逻辑融合法是将不同数据源的信息进行逻辑运算，以得到融合后的信息。模型融合法是通过建立数学模型，将不同数据源的信息进行整合和处理，以得到融合后的模型。对融合后的数据进行特征提取，根据数据特征进行决策。

数据层信息融合属于最低层次的融合，它是在各种传感器的原始测量数据未经处理之前对数据进行综合和分析。数据层的信息融合能够尽可能多地保留原始数据，提供最完整详细的信息。但由于需要处理大量的传感器数据，所以其处理时间长、处理代价高。并且，传感器原始信息的不确定性、不完全性和不稳定性，导致数据层信息融合需要具备较高的纠错能力来应对这些问题。

2. 特征层信息融合

特征层信息融合是指将来自不同特征源的特征进行整合和处理以便得到更全面、准确和有用的特征。它的目标是提高特征的表达能力和区分度，增强后续数据分析和模型训练的效果。特征层信息融合的结构如图 3.18 所示。

如图 3.18 所示，特征层信息融合的具体步骤为：

① 特征提取：从不同的数据源中提取特征。这些数据源可以是不同传感器、不同数据集、不同模态等。特征提取的方法可以是基于统计学、频域分析、时域分析、图像处理等。

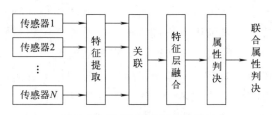

图 3.18 特征层信息融合结构图

② 特征选择：从提取到的特征中选择最相关和最有用的特征。特征选择的目标是减少特征的维度，并且保留最重要的信息。常用的特征选择方法包括过滤法、包装法和嵌入法等。

③ 特征转换：将不同数据源的特征进行转换，使其具有一致的表示形式。常用的特征转换方法包括标准化、归一化、主成分分析（PCA）等。

④ 特征融合：将转换后的特征进行整合和融合。特征融合的方法可以是简单的加权平均，也可以是更复杂的模型融合，如集成学习、深度学习等。

⑤ 特征评估：评估融合后的特征的质量和效果。可以使用各种评估指标，如信息增益、准确率、召回率等。

其中将不同特征进行关联包括特征选择和特征转换两步。

特征层信息融合是一种处理特征向量的融合方法,它具有较少的原始数据处理量,可以提高系统的处理速度和实时性,通信带宽的要求较低。此外,提取的特征与决策分析相关,因此融合结果为决策分析提供了最大的特征信息。

特征融合最早主要应用于生物特征识别领域。2004年,瑞士IDIAP研究所和格里菲斯大学的研究人员Sanderson和Pailwal根据信息融合发生在分类器的前或后,将信息融合分为先映射融合和后映射融合。其中数据层信息融合和特征层信息融合属于先映射融合,决策层信息融合属于后映射融合。早期受限于计算机的处理能力,数据层信息融合和特征层信息融合非常难实现。因此,以前的信息融合研究主要集中在决策层信息融合。随着后来特征融合算法大量出现以及计算机处理能力大幅提高,关于数据层信息融合和特征层信息融合的研究才逐渐开始。目前特征融合算法主要包括三类:第一类是基于贝叶斯理论的算法,它是以统计推断和估计理论为基础,主要解决联合概率密度的求解问题;第二类是基于稀疏表示理论的算法,它通过与最优化理论结合,将特征融合问题转化为优化问题,通过求解联合稀疏表示来实现融合目标;第三类是基于深度学习理论的算法,它在深度卷积神经网络中加入特征融合从而改进网络模型。

(1) 基于贝叶斯理论的特征融合算法

基于贝叶斯理论的特征融合算法利用贝叶斯理论的概率推理,将不同特征的概率信息进行融合,从而得到更准确的结果。该算法先从原始数据中提取出多个特征,在这里需要假设不同特征之间是相互独立的;然后根据训练数据集,计算每个特征的先验概率;接着根据贝叶斯理论,将不同特征的概率信息进行融合,得到每个类别的后验概率;最后根据后验概率,进行分类决策,选择后验概率最大的类别作为分类结果。基于贝叶斯理论的特征融合算法可以有效地利用多个特征的信息,提高分类的准确性。然而,该算法的假设条件较为严格,要求特征之间是相互独立的,而在实际应用中,很难满足这个条件。

因此,研究者针对特征层信息融合提出了基于线性特征依赖模型的特征融合算法(linear feature dependency modeling,LFDM)。相对于分类器级的融合算法,LFDM不需要依赖独立性假设,因此在实际应用中的适用范围更广。然而,LFDM仍然需要在先验概率和后验概率近似相等的假设成立的条件下才能使用。LFDM不受特征维度的影响,相对于分类器级的融合算法,特征级融合算法能够直接利用样本的特征数据,对多种特征进行融合处理,可以解决分类问题中类内方差较小而类间方差较大的问题,从而提高模型的分类准确率。但是,该算法将特征量的每个维度都看作一个分类器,致使运算时间长,复杂度较高,有待改进。

(2) 基于稀疏表示理论的特征融合算法

基于稀疏表示理论的特征融合算法是一种利用稀疏表示来融合多个特征的方法。该算法的主要思想是将原始特征表示为多个基向量的线性组合,通过最小化稀疏表示的误差来融合特征信息。该算法先从原始数据中提取出多个特征；然后通过训练数据集，学习一个字典，字典中的每个基向量表示一个特征；对于每个样本，使用字典中的基向量来表示该样本的特征，通过最小化稀疏表示的误差来得到稀疏表示系数；接着将每个特征的稀疏表示系数相加，得到一个融合后的稀疏表示；最后根据融合后的稀疏表示，进行分类决策，可以使用阈值或概率模型来确定分类结果。

基于稀疏表示理论的特征融合算法能够有效地利用多个特征的信息，提高分类的准确性。该算法的优点是能够自动学习特征的表示方式，而不需要人工设计特征。然而，该算法的计算复杂度较高，需要进行字典学习和稀疏表示的计算，因此在实际应用中需要考虑计算资源的限制。此外，该算法对于特征之间的相关性较为敏感，如果特征之间存在较强的相关性，可能会影响算法的性能。因此，在实际应用中，需要根据具体情况选择合适的特征融合算法，以提高分类的准确性。

（3）基于深度学习理论的特征融合算法

基于深度学习理论的特征融合算法是一种利用深度神经网络来融合多个特征的方法。该算法的主要思想是通过多层神经网络来学习特征的表示，并将多个特征的表示进行融合，以提高分类的准确性。该算法先从原始数据中提取出多个特征；然后利用深度神经网络来学习每个特征的表示，可以使用卷积神经网络（CNN）来学习图像特征的表示，或者使用循环神经网络（RNN）来学习序列数据的表示；接着将多个特征的表示进行融合，可以使用多种方法，如串联、并联、加权求和等；最后根据融合后的特征表示，进行分类决策，可以使用softmax分类器或其他分类模型。

基于深度学习理论的特征融合算法能够自动学习特征的表示，不需要人工设计特征，因此具有较强的泛化能力。此外，深度神经网络可以处理大规模的数据，并且能够学习到特征之间的非线性关系，因此在某些情况下，该算法可以取得较好的分类结果。然而，深度学习算法的计算复杂度较高，需要大量的计算资源和训练数据，因此在实际应用中需要考虑计算资源和数据的限制。此外，深度学习算法的训练过程较为复杂，需要合适的网络结构和参数设置，以及合适的训练策略，否则可能会导致过拟合或欠拟合的问题。因此，在实际应用中，需要根据具体情况选择合适的特征融合算法，以提高分类的准确性。

深度学习理论是一种在人工神经网络基础上发展起来的机器学习理论，它构建深度神经网络模型时，将更多的隐层单元引入多层神经网络中。深度卷积神经网络模型是该理论中的重要模型。基于深度学习理论的特征融合算法在深度神经网络模型引入特征融合的过程中，首先将多个特征输入模型进行训练，然后选择两个隐藏层进行特征融合。这种方法可以实现端到端的机器学习，将特征提取和分类器训练整合在一起。特征层信息融合在提取原始观测数据时，可能会压缩和提取部分可用信息，从而导致系统精确度下降的问题。常见的特征层信息融合算法包括遗传算法和搜索树算法等。

3. 决策层信息融合

决策层信息融合是一种高级的融合方式。此方式是在每个传感器独立完成监测数据的特征提取和识别任务后，将它们的分类结果进行整合。决策层信息融合结构图如图 3.19 所示。

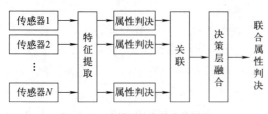

图 3.19　决策层信息融合结构图

如图 3.19 所示，首先多个不同传感器独立获得原始观测信息后依次进行数据预处理、特征提取和识别；然后由决策层信息融合算法（贝叶斯法和投票表决法等）将各传感器的识别结果进行融合，得出观测目标的最终判断结果。目前，已有研究者对决策层信息融合算法进行了研究。例如李相阳提出了一种综合的疲劳检测系统，该系统利用视觉检测模块（利用人脸特征）、多点压力检测模块（利用身体姿态特征）和脉搏信号检测模块（利用脉搏信号特征）的各自检测结果按照取权值平均的方法综合判断疲劳情况。

决策层信息融合方法具有很高的灵活性，可以灵活地筛选各传感器的识别结果。该方法甚至在一个或几个传感器出现错误时，由于融合了多个传感器的初步结论，系统仍然有可能获得正确的结果，有效提高了系统的容错能力。此外，决策层信息融合方法的通信量小，抗干扰能力强。它对传感器的依赖程度较低，可以整合多个来源和不同类型的传感器，增强了系统的整合能力。此外，其融合中心的处理代价较低。然而，决策层信息融合方法需要对原始传感器信息进行预处理，以获得各自的判定结果，因此预处理的代价较高。常用的决策层信息融合算法包括投票表决法和贝叶斯法等。

4. 三种融合层次的比较

数据层融合是在对传感器原始信息进行最小处理的基础上进行的最底层融合。它要求融合的传感器信息源具有精确到一个像素的配准精度，并能提供其他两种层次融合所不具备的细节信息。然而，数据层融合也存在一些局限性：

① 由于处理大量传感器信息，数据层融合的处理代价较高；

② 传感器信息的稳定性较差，尤其在目标检测和分类时，需要较高的纠错处理能力；

③ 数据层融合要求传感器信息具有像素级的配准关系，因此要求传感器是同质的；

④ 由于通信量较大，数据层融合的抗干扰能力较差。

相比之下，决策层融合具有相反的优缺点。它可以使用异质传感器，虽然预处理的代价较高,但融合中心的处理代价较小,并且系统的通信量小,抗干扰能力强。其融合中心的性能受到各传感器预处理性能的影响,而传感器预处理一般简单,性能相对较低,所以其融合中心的性能稍差于数据层融合。特征层融合是数据层融合和决策层融合的折中方式,兼具两者的优点和缺点。各种层次融合的优缺点在表 3.1 中详细说明。

表 3.1 各层次融合的优缺点

分类	数据层融合	特征层融合	决策层融合
通信量	最大	中等	最小
信息损失	最小	中等	最大
容错性	最差	中等	最好
抗干扰性	最差	中等	最好
对传感器依赖性	最大	中等	最小
融合方法	最难	中等	最易
预处理	最小	中等	最大
分类性能	最好	中等	最差

信息融合层次结构是根据信息的抽象程度划分的,除了按照数据、特征和决策这三个抽象层次来划分,还可以采用输入输出作为分类标准,将信息融合类型扩展为数据入-数据出融合、数据入-特征出融合、特征入-特征出融合、特征入-决策出融合和决策入-决策出融合这五个层次。

在确定一个系统采用哪个层次上的数据融合方法时,需要考虑系统的具体要求,不存在适用于所有情况或应用的普遍结构。对于特定的多传感器融合系统工程应用,在考虑到底采用哪个层次的数据融合方法时,需要综合考虑多个因素,比如传感器性能、通信带宽、准确率要求、预算等,以确定最优的融合层次。当然,我们也可以在同一个系统中,同时在多种不同的融合层次上进行融合。实际的融合系统就是这三种融合的组合。融合的级别越高,处理速度越快,但也会导致信息的压缩损失越大。

第四章

基于脑电信号的驾驶疲劳检测实验

第一节　实验范式设计

根据不同的用途，驾驶疲劳实验分为三种：实验室环境下的数据采集、虚拟驾驶环境下的数据采集和实车环境下的数据采集。

一、实验室环境下的数据采集

实验室环境下的数据采集是利用江西科技学院信息技术研究所的脑机接口实验室，该实验室由一个准备室和两个隔音室组成，准备室主要用于完成实验的一些准备和收尾工作。受试者是在隔音室中完成驾驶疲劳脑电信号数据采集的，该隔音室隔音效果很好（小于25dB），受试者在里面做实验时完全不会受到外界噪声的干扰。

在该实验环境下，脑电信号采集设备我们采用的是 NeuroScan 公司生产的 40 导便携式脑电仪精确脑电信号采集设备 NuAmps。NuAmps 是轻便的 40 导 DC 放大器，它一般与 SCAN 软件配套使用。NuAmps 通过电缆与计算机通用串行口连接。其参数如下：

- 尺寸（长×宽×高）：7.8in×5.9in×1.6in 或 198mm×151mm×40mm；
- 质量：1.4lb（约 635g）；
- 模拟输入：40 导单极；
- 采样频率：125Hz/导、250Hz/导、500Hz/导、1000Hz/导；
- 40 导同时采集；
- A/D 分辨率：22bits；

- 输入范围：±130mV；
- 输入阻抗：≥80MΩ；
- 输入噪声（input noise）：0.7μV RMS；
- 共模抑制比（CMRR）：在50Hz或60Hz的频率下等于100dB；
- 带宽（bandwidth）：该系统能够处理从直流开始直到262Hz AC的所有频率成分的信号，而这个上限是由采样频率决定的；
- USB接口，支持热插拔；
- 电极：Ag/AgCl合金、Ag/AgCl、碳电极
- 数字化（TTL）输入/输出：14TTL输入，2TTL输出；
- 16位LCD背景光显示，显示放大器状态或阻抗；
- 使用USB（5V）供应电源。

NuAmps不需要特殊电源供电，它通过一根USB线供电和传输数据，如图4.1所示。放大器的一端和电极帽相连，而另一端，通过一根电缆与计算机通用串行口（USB）相连，将数据传入计算机。该设备使用方式如下：首先在计算机中安装SCAN软件，然后接上NuAmps放大器，Windows操作系统会自动安装放大器驱动；电极帽采集的脑电数据经过NuAmps放大器放大后，传入Windows操作系统的SCAN软件。

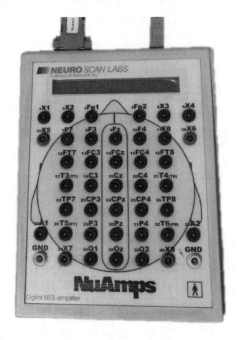

图4.1 NuAmps放大器

图4.2 莱仕达雷驰Ⅱ代（PXN-V3Ⅱ）游戏方向盘

PC端模拟驾驶设备采用的是莱仕达雷驰Ⅱ代（PXN-V3Ⅱ）游戏方向盘，如图4.2所示，其参数如下：
- 产品型号：莱仕达雷驰Ⅱ代（PXN-V3Ⅱ）；
- 连接方式：有线连接（线长约2m）；
- 工作电源：DC 5V；
- 工作电流：常态下小于10mA，振动状态下小于170mA；
- 产品尺寸：约260mm×320mm×245mm；
- 本体质量：约1500g；
- 使用温度：10～40℃；
- 使用湿度：20%～80%。

PC端模拟驾驶软件采用的是《三维导师2》（3D Instructor 2）。《三维导师2》（3D Instructor 2）是一款逼真的城市道路汽车驾驶模拟软件，有丰富的城市交通环境和天气系统。软件中有多种不同类型的车辆可供选择，包括小轿车、卡车、巴士等。此外，软件中还有各种复杂的道路和交通标志、信号灯、行人、其他车辆等因素会影响用户的驾驶。该软件还提供了多种天气和时间条件，包括白天、夜晚、雨天、雪天等。这些因素将直接影响用户的驾驶能力。为了帮助新手学习和提高驾驶技能，软件还提供了一个培训模式。在该模式下，可以学习道路规则、安全驾驶技术以及如何避免事故和违章行为。该软件还提供了自由驾驶模式，用户可以在各类城市道路中自由行驶。

实验室环境下脑电采集实验中，受试者均为年龄在18～24岁的在校大学生，并且受试者在实验前没有献血、饮酒、熬夜等其他影响数据准确性的行为。受试者在实验开始前都会进行熟悉驾驶的培训，熟悉后会进行短时间的训练任务，在熟练掌握该套设备的操作后，还会熟悉实验的程序以及实验中的注意事项。

受试者熟悉实验后，会给受试者佩戴NeuroScan公司生产的NuAmps配套的40导联电极帽，并对该电极帽中的电极注入导电膏，在注射完毕后，将电极帽连接NuAmps放大器，并通过PC端的SCAN 4.3来检测阻抗，调整各电极的导联状况，直至符合脑电采集标准，开始采集实验。受试者在实验室环境下，通过PXN-V3Ⅱ游戏方向盘来操控《三维导师》汽车驾驶模拟软件中的小轿车，并且在驾驶脑电采集前，让受试者坐在舒适的椅子上，保持平稳安静，并且放松身体，目的是让受试者不受其他情绪影响。待受试者真正地平静下来后，正式开始模拟驾驶实验。

根据脑电信号的特点，采用1000Hz采样频率，以左侧乳突作为参考，采用0.01～500Hz带通滤波，采用DC采集模式连续采集60min的受试者模拟驾驶的脑电信号数据。

二、虚拟驾驶环境下的数据采集

虚拟驾驶环境下的数据采集是利用江西科技学院协同创新中心的汽车安全与故障诊断办公室的虚拟驾驶平台进行的脑电信号采集。

该虚拟驾驶环境的脑电采集设备，我们采用的是 Enobio。Enobio 是一套可穿戴的无线脑电系统，可以记录脑电信号数据及分析脑电信号，见图 4.3。该系统使用的是 NE 提供的电极帽，可进行 32 通道的高密度测试。Enobio 主机中内置三轴加速度传感器，记录 EEG 时同步记录加速度数据。Enobio 的数据可以无线实时传输至 PC 端软件。Enobio 的配套软件界面直观易用，具有 24bit 的高分辨率，500SPS 的采样率，可实现设置、记录和可视化分析功能。该系统的特点是：

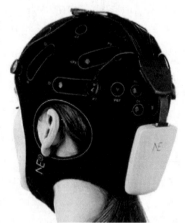

图 4.3　可穿戴的无线脑电系统

• 24bit 无线传输，可还原原始 EEG 信号的信噪比和高动态范围的完美结合，如实记录所有直流信号并去除伪迹。

• 带宽为 0～125Hz；通过采样率 100SPS 的三轴加速度传感器同步记录头部运动并去伪；兼容 Starstim（tCS/tES）和 TMS；获得 EEG 信号。

• 便携性和适应性可以在任何地方进行测试，无线、轻巧、舒适和可重复充电的性能可以满足移动采集的需求；NE 提供多种尺寸的电极帽；使用 NIC 软件可以对数据进行管理和可视化，包括频谱和频谱图、过滤、数据发送、电极与头皮的接触和导电情况。

• 使用 MatNIC 软件工具，可以实时在 Matlab 软件中处理数据。高级工具功能支持 TCP/IP 实时数据通信。

• 使用 MatNIC 在 Matlab 中进行远程控制，通过网络传输数据以满足第三方应用和开发外部 TTL Trigger 接收器。支持 ERP 实验，Touchproof 适配器兼容"touchproof"电极。Testboard 用于演示和调试，NIC Ofline 用于数据分析，Neurosurfer 软件用于 neurofeedback 应用。

• 检测 EEG（脑电）、EOG（眼电）和 EMG（表面肌电）信号。

• 无线传输脑电系统。

• 数据管理和可视化变得更简单。

• 允许干电极和湿电极。

• 二次开发工具。

• 输出全部原始数据。

• 全套 API 支持。

• 基于时间和频率的可视化。通过 2D 波形图展示脑电信号随时间的变化，通过 2D/3D 的频谱图展示信号在不同频率下的分布情况。

Enobio 可以兼容工作的软件：

• NIC（Neuroelectrics Instrument Controller）软件可以控制我们所有型号的 Enobio 脑电系统。NIC 支持实时的脑电（EEG）数据处理（快速检查、原始数据、数据过滤、频谱特性等），可以在 Windows 和 MacOS 两个平台环境下运行；数据回放和分析可以用 NIC Ofline 软件。

• NUBE 支持将数据上传至云端；MatNIC 软件支持与 Matlab 软件实时通信并进行远程控制；Neurosurfer 可以运行 neurofeedback 应用。

• 兼容 EEGLAB。

该虚拟驾驶环境的虚拟驾驶模拟器采用的是北京中育联合教学设备有限公司的 ZY-3P 型三屏汽车驾驶模拟器（单人座椅），配有 3 台宽屏液晶显示器，见图 4.4。全角度视角、画面清楚、真实感强，功能强大，带有主被动式训练功能。整体画面宽大逼真，突破了原来在十字路口向左转的视线盲区，在驾驶过程中能清楚地看到左右两侧交通状况，训练时更加方便自如，从而清楚地观察车辆与路面的位置关系。

图 4.4 ZY-3P 型三屏汽车驾驶模拟器

ZY-3P 型三屏汽车驾驶模拟器硬件参数：

• 电脑配置：

主机电源：P350W；

主板：H61；

CPU：intel 双核；

内存容量：金士顿 4GB；

硬盘：希捷 500GB；

独立显卡：1GB；

显示器：32in❶ 液晶，三屏组合。

- 座舱外壳材质：驾驶座舱采用玻璃钢外壳。
- 五大操作件及仪表台：采用真车实物配件，转向机构采用真车方向机总成构建，在操作中，当发动机的转速和旋转方向达到设定条件时，系统会自动将其调整回预设的安全状态；挡位外罩采用桑塔纳真车中央通道，具有真车的质感。
- 变速器：采用仿实车变速箱挡位。
- 离合器：采用实车压盘，实现半联动力感，离合器结合、分离、半联动状态感觉明显，分级输出。
- 驾驶座舱：由转向器、加速踏板、离合器、制动踏板、驻车制动等操纵机件及座椅等真车实物配件组成。
- 传感器信号为模拟量或数字量，输出变化时声音、图像同步变化，滞后小于50ms，有力度变化。
- 转向器：转向器转向范围不小于 0°～1060°，反应灵敏，能够自动回正。
- 加速、制动信号分级输出，不少于 5 级，或无级输出。
- 汽车座椅：专业汽车座椅，前后可调。

ZY-3P 型三屏汽车驾驶模拟器软件功能：

- 小车场地（科目二）5 项模拟场景；大车场地（科目二）16 项模拟场景；道路驾驶技能考试（科目三）模拟场景。
- 软件主界面：软件启动后，可以以 120°全新广角显示模拟驾驶画面。驾驶画面的下方可以显示加速、刹车、转向、离合器深浅进度。各项指示灯、挡位位置、训练成绩和训练线路图均有显示。
- 驾驶模拟车型：小汽车、小货车、大货车等八大类，覆盖多达五十多款车型。
- 视景图像技术指标：视景全部由计算机实时生成三维图像，32 位真彩色，24 帧/秒，多自由度数学模型，实现汽车转向、制动和加速的逼真模拟。
- 道路场景：炫目道路、泥泞道路、石子路面、涉水道路、山区道路、乡村道路、城市道路、高速公路、危险场景等。

---

❶ 1in＝25.4mm

- 系统评分：每次驾驶结束，系统自动评分。

ZY-3P 型三屏汽车驾驶模拟器技术参数如下：

- 功率消耗：＜250W；
- 信噪比：≥50dB；
- 抖晃率：≤0.2%；
- 三屏双人座外形规格：1580mm×1545mm×155mm×820mm；
- 质量：140kg。

三、实车环境下的数据采集

实车环境下的数据采集是利用 2 导联脑电信号采集设备采集驾驶员的脑电信号，脑电信号采集设备如图 4.5 所示。它内含两块自制的脑电信号采集电路板，如图 4.6 所示。

可穿戴脑电采集设备通过蓝牙串口接收数据包，设备每秒发送 513 个数据包。发送的数据包可由安装在手机中的脑电信号接收 App 接收。脑电信号接收 App 如图 4.7 所示。

图 4.5　2 导联脑电信号采集设备

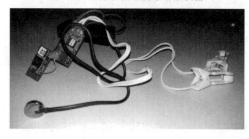

图 4.6　去除外包装的 2 导联脑电信号采集设备

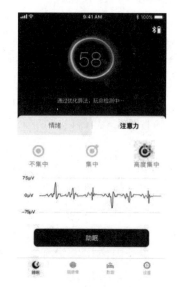

图 4.7　脑电信号接收 App

脑电信号采集在蓝天驾校瑶湖校区的训练场进行。驾驶员驾驶桑塔纳四座轿车，车速保持在 40km/h。

第二节 实验数据采集和评测

1. 实验受试者

实验室环境下的受试者一般为在校大学生和在校教师,其中以学生为主。得益于江西科技学院普及在校大学生的驾驶培训,我们的脑电信号采集实验有较大的实验人群。由于脑电信号采集也属于生物信息采集的一部分,因此本实验均提交并获得江西科技学院学术委员会同意。

2. 实验场景

我们的脑电实验场景主要有两处。其中场景1如图4.8所示。

场景1中,受试者坐在一间屏蔽室的椅子上。受试者通过操作方向盘操控计算机中的模拟驾驶软件。脑电信号是用NeuroScan 32导联采集设备进行采集。受试者戴着脑电采集设备(蓝色电极帽),设备的另一端则接到室外的计算机上。脑电采集设备采集的信号通过信号放大器放大后被传输到室外计算机的SCAN软件中,经过预处理保存为脑电信号中的30导数据。其中脑电设备采样频率为1000Hz。

场景2为虚拟驾驶,如图4.9所示,在一个相对宽敞封闭的房间中,驾驶员坐在虚拟驾驶舱中。此时,房间中的窗帘和灯光都是关闭的。

图4.8 驾驶模拟方向盘

图4.9 虚拟驾驶舱

驾驶员头戴无线脑电采集设备坐在驾驶座椅上操作驾驶模拟器进行驾驶。驾驶员的脑电信号通过无线脑电采集设备,然后通过蓝牙,传输到NIC软件的界面,如图4.10所示。

NIC软件支持实时的脑电(EEG)数据处理(快速检查、原始数据、数据过滤、频谱特性等),可以在Windows和MacOS两个平台环境下运行,数据回放和分析可以用NIC Offline软件。NIC OFFLINE软件界面如图4.11所示。

3. 疲劳评测

驾驶员在疲劳时,往往会有打哈欠、眼睑沉重、肌肉疲劳、困倦等表现。但是,人们的主观感觉通常不是疲劳的可靠指标。自主评估是否达到疲劳状态是困难

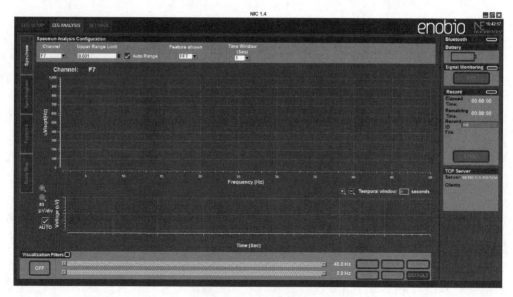

图 4.10 NIC 软件界面

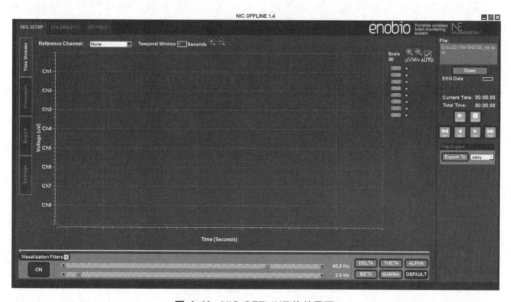

图 4.11 NIC OFFLINE 软件界面

的,因此很难明确界定疲劳和非疲劳状态。目前评价疲劳的方式主要分为主观评价和客观评价。主观评价借助疲劳量表,分别从自评和他评两方面来完成。疲劳量表通常有作业负荷量表(task load index,TLX)、疲劳自评量表(fatigue self-assessment scale,FSAS)和疲劳量表(fatigue scale,FS14)几种。每种量表各有侧重点,实际应用中,可以根据具体情况选择不同量表进行测量。

主观他评则是基于外部特征判断疲劳状态。但是，面部表情的丰富性和复杂性，以及表情的表达方式可能存在个体差异，使其准确性成为关注的焦点。因此，许多研究表明，虽然主观评价有一定参考价值，但在实际评估中，仅使用主观评价是不够的，也需要客观评价方法的支持。

客观评价主要可以分别从生理指标和心理指标两个方面进行。采用心理指标一般要通过心理运动测验和心理测验来采集受试者的数据。但这些测试由于测试条件较为严格，受试者可能会出现疲劳却未发现的情况，因此，采用心理指标主观性较强。而生理信号则具有较强的客观性。因为它们能够直接反映疲劳状况，人为操纵和伪造结果的可能性不大。因此，生理指标的结果更能真实地反映疲劳程度，也是更准确的疲劳衡量指标。

根据关于疲劳的研究成果，本书所用疲劳评测均采用调查问卷的方法进行确定。具体问卷内容参考了疲劳自评量表，见图 4.12。

问 卷 调 查

姓名：_____ 年龄：_____ 职业：_____

1. 是否感到四肢酸软、疲乏无力？ 是□ 否□
2. 是否感到注意力无法集中？ 是□ 否□
3. 是否感到情绪低落？ 是□ 否□
4. 是否对正在做的事情感到厌烦，不想再做下去？ 是□ 否□
5. 是否感到体力不支，总想躺下休息？ 是□ 否□
6. 是否感到脑子反应迟钝？ 是□ 否□
7. 是否感到想问题时思路不清晰？ 是□ 否□
8. 是否感到很累？ 是□ 否□
9. 是否感到视野模糊？ 是□ 否□
10. 是否感到眼睛酸重发沉？ 是□ 否□
11. 是否感到反应变慢？ 是□ 否□
12. 是否感到驾驶速度变换频繁？ 是□ 否□
13. 是否感到游离于道路中心线或者路肩？ 是□ 否□
14. 是否感到急躁易怒或者脾气古怪？ 是□ 否□
15. 是否感到记忆力差？ 是□ 否□
16. 是否感到紧张或者焦虑？ 是□ 否□
17. 是否感到情绪变化快？ 是□ 否□
18. 是否感到不快乐或者沮丧？ 是□ 否□
19. 是否感到腰痛？ 是□ 否□
20. 是否感到咽喉痛？ 是□ 否□
21. 是否感觉总想动？ 是□ 否□

图 4.12　疲劳驾驶问卷

当调查问卷中受试者勾选了超过 16 个"是",则认为其处于疲劳状态。

客观评价中,本书主要采用的生理信号,包括眼动信号和脑电信号。眼动信号中常采用的疲劳特征包括眼睛闭合百分比(PERCLOS)、眨眼频率、注视持续时间、瞳孔直径变异系数等。脑电信号中常采用的疲劳特征包括熵特征、功能性脑网络特征等。

第三节 实验数据的预处理

本书通过受试者在单调环境下驾驶诱发驾驶疲劳,从而进行脑电信号收集,将收集的脑电信号进行预处理,然后提取脑电信号的疲劳特征,采用一定的分类算法建立疲劳检测模型进行疲劳检测。具体流程如图 4.13 所示。

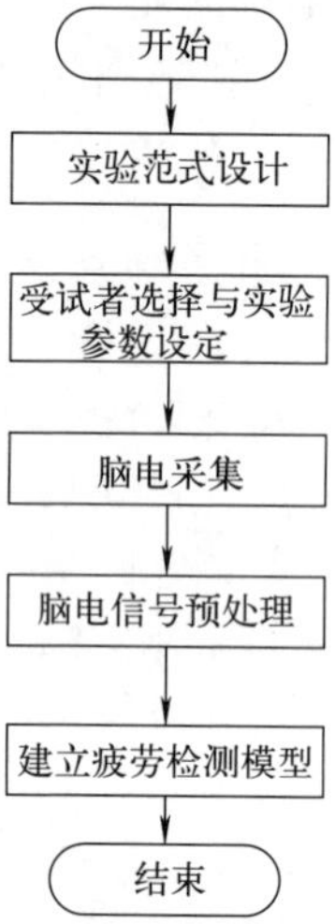

一、实验范式

本实验属于疲劳驾驶实验,在数据采集方面选取状态良好的高校学生,参照国内车辆持有男女比例对受试者进行男女比例筛选,确定男士多于女士。在实验前,对各位受试者进行装置使用培训以确保数据收集高效保证质量。

关于设备和场景的选择,选用北京中育联合教学设备有限公司生产的静态驾驶模拟器进行驾驶疲劳仿真实验,该设备结合计算机软件数据,虚拟如晴天、雾天、或雪山、高速公路、农村等不同的驾驶环境,还原最真实的驾驶环境。本次实验选择的驾驶环境为交通密度低的公路,较容易诱发单调驾驶。研究表明,单调的驾驶环境中大脑更容易陷入疲劳状态,静息与重度疲劳信号特征区分明显,且脑电信号更加稳定,更有利于下一次的数据记录。

图 4.13 实验流程图

关于受试者的选择,选择一定比例的男女学生参加实验。所有受试者被要求在实验前和实验过程中禁用任何类型的刺激,如酒精、药物或茶。实验前,受试者练习几分钟的驾驶任务,熟悉实验的程序和目的。此外,所有受试者根据本研究中的研究方案提供书面知情同意书。

在实验过程中,实验员为受试者讲解设备操作方法,然后根据受试者头部大小挑选好适应受试者的 32 导电极帽并给受试者佩戴好电极帽。在注射导电膏时,先注射接地电极位置,然后依照从前到后的电极顺序完成注射。最后让受试者在虚拟驾驶舱模拟的公路驾驶环境下进行驾驶。该虚拟驾驶设备为北京中育联合教学设备有限公司的 ZY-3P 型三屏汽车驾驶模拟器。由于 80% 以上的受试者具有车辆驾驶培训或者驾车经验,所以他们能够在较短的时间内熟悉虚拟驾驶的操作。这里要求受试者按照交通规则进行驾驶，行车速度保持在 40km/h 左右。

实验预备过程如图 4.14 所示。实验目的是获取驾驶疲劳者的正常和疲劳两种状态下的脑电数据。因此，实验员给受试者佩戴好 32 导电极帽在模拟驾驶器上进行模拟驾驶。

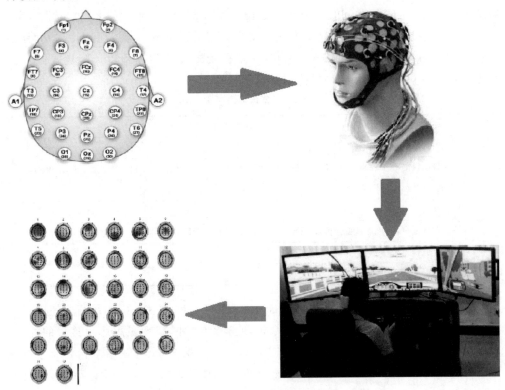

图 4.14 实验预备

二、受试者选择与实验参数设定

本研究按照国内持有车辆的男女比例进行男女比例筛选，选取了 10 名在校学生作为受试者，确保了男性受试者人数超过女性受试者。受试者的年龄范围在 18~25 岁之间，并确保他们在实验前有充足的休息，且没有进行献血、饮酒或熬夜等可能影响数据准确性的行为。实验使用了北京中育联合教学设备有限公司生产的 ZY-3P 型汽车驾驶模拟器进行驾驶疲劳模拟实验。同时，本研究已获得学校的批准，并与每位受试者签订了书面同意书，填写了主观疲劳调查表以辅助提高实验数据的准确性。脑电信号的幅度非常微弱，仅在 $1\sim200\mu V$ 之间，因此在数据收集和分析过程中容易受到来自身体其他部位的生理活动或脑电信号收集装置自身运行的干扰，从而降低数据的真实性。为确保数据的真实性，提高数据的质量和代表性，在正式开始实验前对受试者进行了数据收集装置的使用培训。

实验的总时长是 40～130min。首先是熟悉模拟软件，然后持续单调驾驶，直到驾驶员疲劳被确定并且实验终止。

当实验持续 10min 时，最后 5min 的脑电信号记录为正常状态。当连续驾驶持续 30～120 min（直到自我报告的疲劳问卷结果显示受试者处于驾驶疲劳状态），服从 Borg 疲劳量表和 Lee 的主观疲劳量表，最后 5min 的脑电信号被标记为疲劳。EOG 也被用来分析眨眼模式作为验证疲劳状态的客观部分。疲劳状态的划分是根据疲劳调查问卷斯坦福嗜睡量表来确定，根据受试者的瞌睡程度，一旦等级≥5，则可以定义受试者已处于疲劳状态，如表 4.1 所示。

表 4.1 斯坦福嗜睡量表

等级	瞌睡程度
1	感觉非常振奋，充满生机与活力
2	身体机能处于较高水平，不过不在峰值；可以集中注意力，很清醒，不过身体及思维都比较放松
3	能及时反应但不够灵敏
4	有些倦意、松懈
5	充满倦意，不再想保持清醒，非常松懈，开始打瞌睡，头晕眼花，不再与睡意做斗争
6	只想躺下来休息
7	睡眠初期，开始出现梦境

采用问卷调查，以确定疲劳状态的这种方法不仅已经在我们的研究中使用，而且在许多其他研究中使用。所有通道数据均参考 A1 和 A2 处的两个电连接的乳突，以国际 10-20 系统为基础，采用 32 通道电极帽（包括 30 个有效通道和 2 个参考通道），采样频率为 1000Hz，采集的脑电数据存储在计算机上进行离线分析。通过记录水平和垂直 EOG 来监视眼球运动和眨眼。

实验相关参数设计为：电极帽的采样频率为 1000Hz，滤波器的滤波范围为 0.15～1000Hz，50Hz 陷波，DC 采集模式。采集受试者正常状态和疲劳状态两种状态下的脑电信号。采集 EEG 信号后，采用 NeuroScan（澳大利亚 Compumedics 公司）配套的 SCAN 4.3 软件进行合并、去眼电、去伪迹，由 50Hz 陷波滤波器滤波，并使用 0.15～45Hz 带通滤波器对数据进行滤波处理。然后将脑电数据按 1s 作为分段周期进行分段处理，这样每个受试者都分别保存了 300 个正常状态样本数据和 300 个疲劳状态样本数据。

三、脑电采集

目前，疲劳驾驶检测常用的方法有主观检测技术和客观检测技术。由于在体质、精神状态等方面不同驾驶员之间存在一定差异性，主观监测技术的判断界限常常不明确且结果往往不尽如人意。客观检测法不会受到驾驶员主观意识的影响，所以精确度更高，可靠性更好。

实验中，我们采用 NeuroScan 公司的 40 导联采集设备采集受试者的脑电信号，采集设备的电极分布采用了 10-20 国际标准。

1. 电极帽准备

实验中选择 NeuroScan 的 Quik-Cap 37 导联电极帽，采用标准 EEG 电极定位系统，其电极安放位置如图 4.15 所示（其中 A1 为参考电极，A2 为接地电极）。

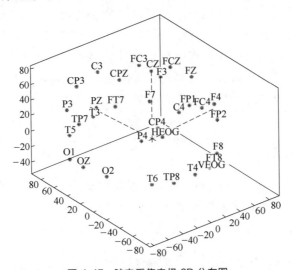

图 4.15 脑电采集电极 3D 分布图

标准的银/氯化银（Ag/AgCl）电极可将 DC 偏移最小化；高弹性的帽子对于各种头型和尺寸都能适应。

2. 佩戴电极帽

电极帽的佩戴工作首先需要按照受试者头部尺寸进行电极帽尺码选择，尺码包含：新生儿（34～40cm）、婴儿（42～48cm）、儿童或小号（48～54cm）、中号（54～62cm）、大号（62～68cm）。为了减少受试者在实验中的不适症状，我们尽可能选择与受试者头部尺寸相匹配的电极帽。这种高弹性的帽子具有兼容性，适用于各种头型和尺寸。电极被包裹在软橡胶内，固定在帽子上，使佩戴者更加舒适。同时，为了定位简便，电极的线缆位于帽子的外部，这样可以尽量避免电极短路。此外，电极清晰地标注在帽子上。帽子在下颌处收紧。在佩戴完成后，我们进行了相关的电极参数设置。

3. 注射导电膏

导电膏是一种类白色黏稠凝胶，对人体是无害的。在注射导电膏前，先根据受试者头围将适量导电膏倒入搅拌杯中，滴入适量的水，将其搅拌均匀。然后将稀释后的导电膏依次注入受试者佩戴在头上的电极帽的 32 个电极中（从接地电极开始)。HEOL 是水平左眼电极,贴在受试者左眼眼角往后一指宽左右的位置;HEOR 是水平右眼电极,贴在受试者右眼眼角往后一指宽左右的位置;VEOL 是垂直下眼电极,贴在受试者左眼眼眶下一指左右的位置;VEOU 是垂直上眼电极贴在受试者眉毛往上一指左右的位置。

4. 待阻抗稳定,记录数据

在注射完导电膏之后,让受试者于虚拟驾驶舱内用 1～3min 熟悉环境以及操作。实验员对受试者进行简要说明,使受试者初步练习遵守交通规则的驾驶操作,使受试者全程保持车辆行驶速度在 40km/h。而实验员则待在室外通过计算机上安装的 SCAN 4.3 软件观察电极帽电极与受试者头皮之间阻抗强度的变化情况,针对导电不良的电极进行导电膏补注射以及相应搅动,直到各电极导电良好,实验员指示受试者开始进行模拟驾驶实验,记录所需数据并记录实时时间、天气、受试者年龄等信息。

四、脑电信号预处理

脑电信号是用 NeuroScan 32 导联采集设备进行采集,脑电采集设备采集的信号通过信号放大器放大后被传输到室外电子计算机的脑电信号分析软件 SCAN 中,经过预处理保存为脑电信号中的 30 导数据。SCAN 软件的界面如图 4.16 所示。

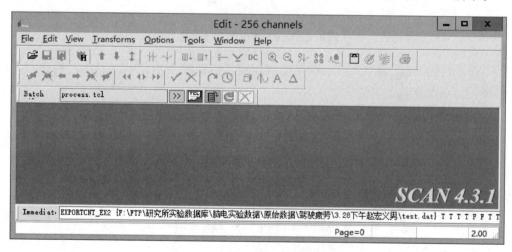

图 4.16　SCAN 软件的主界面

在 SCAN 软件中一般对脑电信号进行预处理。预处理过程如下:

① 打开原始文件(cnt 格式)。

② 软件默认的去除眼电的算法为双极导联模式,因此需要将单极导联合并为双极导联。单击软件主界面的菜单命令 Transforms→Linear Derivation,如图 4.17 所示,选择软件自带的设置文件 EOG.ldr,设置输出路径,单击 OK 按钮。

③ 单击菜单命令 Transforms→DC Offset Correction，进行 DC 校正，去除直流漂移，采用默认参数即可，如图 4.18 所示。

图 4.17　去除眼电　　　　　　　　图 4.18　DC 校正

④ 在 SCAN 软件主界面单击工具栏（Mark a block）命令，然后先后在波形漂移比较明显的波动起始和结束位置单击鼠标左键，选择快捷菜单中的"Reject Block"命令去掉漂移比较明显的脑电；去除眼电需要单击菜单命令 Transforms→Ocular Artifact Reduction Parameters，在如图 4.19 所示界面设置参数。依据眼电波形选择 Positive（正波）或 Negative（负波）。Threshold 值设为 10ms；Min 值选择 20 个做平均，Duration 设为 400ms；Review 选项取消勾选；Output 选择 LDR+CNT：ARTRED.CNT。不要忘记选择眼电类型（单击 Blink values 选项中的"Channel"按钮，选择所对应的导联），如图 4.19 所示。

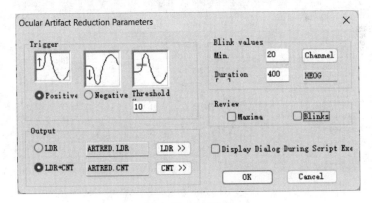

图 4.19　去掉眼电

⑤ 进行脑电分段。查看刺激的间隔，一般取 10%～20%，常见的值是－50，

—100；单击 Transform→Epoch file，弹出如 4.20 图所示界面。在 Interval 下输入基线 X 为 −100ms，X Maximum 为 500ms（注意两个值加起来不能超过下一个事件开始）。在 Output 对话框中输入输出文件名，例如 p3a.eeg。

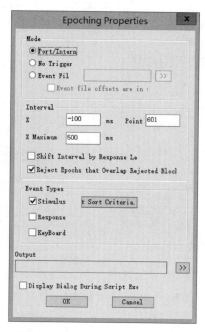

图 4.20　Epoching Properties 对话框

生成的 p3a.eeg 文件，效果如图 4.21 所示。

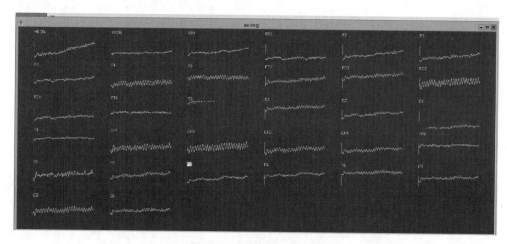

图 4.21　p3a.eeg 文件内容

⑥ 由于出现的波很多不在基线上，因此看不到这些波，需要进行基线矫正。单击菜单命令 Transform→Baseline Correction，显示如图 4.22 所示界面。在该界

面中选择 Pre Stim Inter,输出文件 p3a-b. eeg。

⑦ DC 采集的数据一定要做线性矫正。单击菜单命令 Transform→Linear Detrend,进入如图 4.23 所示界面,选择 Entire Sweep,对整个进行;输出文件 p3a-b-l. eeg。

图 4.22 基线矫正设置界面

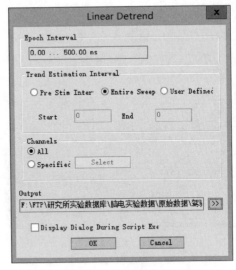

图 4.23 线性矫正界面

⑧ 根据需要再进一步进行基线矫正。单击菜单命令 Transform→Baseline Correction,输出文件 p3a-b-l. eeg-b。

⑨ 通过 Artifact Rejection 去除伪迹。单击菜单命令 Transform→Ariticfact Rejection,显示如图 4.24 所示界面。在界面中选择时域,根据接收数目(接收数占总数的 80% 以上)规定最大值、最小值[范围为 $\pm(50\sim100)$ 之间]。

单击"Select"按钮,在弹出的如图 4.25 所示的界面,双击"HEOG"和"VEOG",表示去除眼电导联。一般选择除眼电、心电、肌电等其他的所有导联,点击"OK"即可。

五、建立疲劳检测模型

1. 提取脑电信号的疲劳特征

为了通过脑电信号来识别驾驶员是否疲劳,我们从 EEG 信号中提取出具有代表性的特征构成特征空间,提取后的特征相比原信号特征更明显,更容易进行分类。提取的特征主要分为局部特征和全局特征。局部特征包括熵特征、功率谱特征、谱特征等;全局特征包括聚类系数、节点度等。目前很多研究人员对脑电信号的疲劳特征都有研究,如相关、AR、小波分析、STFT、ARMA、复杂度、ICA、HMM、粒子群等。笔者曾用熵特征、聚类系数等全局特征作为疲劳特征进行了研究。

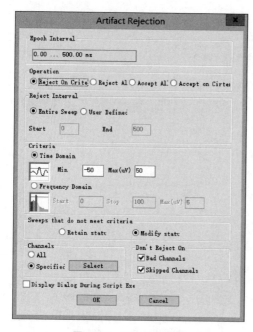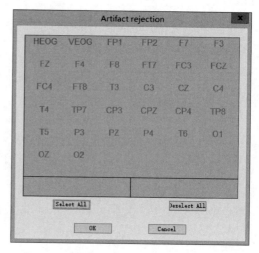

图 4.24 去除伪迹界面　　　　　　　图 4.25 选择导联界面

(1) 功率谱

脑电信号的功率谱熵,具体的计算过程如下:

① 通过傅里叶变换获取序列的离散傅里叶变换,把原始的脑电信号从时域转变到频域。

$$X_k = \sum_{N=0}^{N-1} x_n e^{-i2\pi k \frac{n}{N}} \quad k = 0, 1, \cdots, (N-1) \tag{4.1}$$

式中,X_0,X_1,…,X_{N-1} 为 N 个点的长序列。

② 获取功率谱密度 P_k:

$$P_k = \frac{1}{N} |X_k|^2 \tag{4.2}$$

③ 归一化后功率谱密度:

$$P_i = \frac{P_{ki}}{\sum_{i=1}^{N} P_{ki}} \tag{4.3}$$

(2) 样本熵

样本熵(sample entropy,SE)是一种用于衡量时间序列数据复杂性的非线性动态分析方法。它是由 Richman 和 Moorman 在 2000 年提出的,用于评估生物信号的复杂性和规律性。样本熵是近似熵(approximate entropy,ApEn)的一个变种，改进了近似熵的计算效率，并且减少了对数据长度的依赖。

设 x 为一个时间序列，N 为时间序列的长度，m 为嵌入维度，r 为容忍值（即两个时间序列之间被认为相似的最大距离），样本熵 SE 可以通过以下步骤计算：

① 构建时间序列的嵌入向量 $\{\boldsymbol{X}_i\}$，其中 $\boldsymbol{X}_i=\{x_i, x_{i+m}, \cdots, x_{i+(m-1)m}\}$，而 $i=1, 2, \cdots, N-m$。

② 对于每个 $\boldsymbol{X}_i$，计算其 r-邻域中的点的数量，即在 r 距离内与 $\boldsymbol{X}_i$ 相似的所有其他向量 $\boldsymbol{X}_j$ 的数量。记这个数量为 $B_m(r, i)$。

③ 计算所有 $B_m(r, i)$ 的平均值，得到 $B_m(r)$：

$$B_m(r)=\frac{1}{N-m}\sum_{i=1}^{N-m}B_m(r,i) \tag{4.4}$$

④ 重复步骤①和②，但是这次使用嵌入维度 $m+1$，计算 $B_{m+1}(r)$。

⑤ 计算样本熵 SE：

$$\mathrm{SE}=-\ln\left[\frac{B_{m+1}(r)}{B_m(r)}\right] \tag{4.5}$$

样本熵的值越小，表明时间序列的规律性越强；值越大，表明时间序列的复杂性和随机性越高。样本熵由于其对时间序列数据复杂性的敏感性，已成为 EEG 信号分析中一个非常有用的工具，尤其是在需要评估信号规律性和随机性的情境中。样本熵在生物医学信号分析中也非常常见，例如在心率变异性（HRV）分析中，用于评估心率时间序列的复杂性。此外，它也用于其他领域的时间序列分析，如地震信号分析、金融时间序列分析等。

(3) 模糊熵

模糊熵（fuzzy entropy，FE）是一种基于模糊数学理论的复杂度量度，用于评估时间序列数据的不确定性和复杂性。模糊熵是传统熵概念的扩展，它通过模糊集合和模糊逻辑来处理数据中的不确定性和模糊性。模糊熵的计算过程如下：

① 定义一个模糊集合 U：令 $U=\{x_1,x_2,\cdots,x_N\}$ 表示时间序列的集合。

② 相似度度量：对于时间序列中任意两个数据点 x_i 和 x_j，定义它们之间的相似性度量 $S(x_i, x_j)$。这个度量可以基于模糊距离来构建，比如使用模糊欧几里得距离。

③ 隶属函数：定义一个隶属函数 $\mu(x)$，它将相似性度量映射到 [0,1] 区间，表示数据点属于某个模糊集合的程度。

④ 计算相似性矩阵：构建一个 $N\times N$ 的相似性矩阵 C，其中 $C_{ij}=S(x_i,x_j)$。

⑤ 计算模糊熵：对于每个 x_i，计算其 m 维和 $(m+1)$ 维的隶属函数值的平均值，然后取它们差值的负自然对数。

一般模糊熵值越高，表明时间序列数据的复杂性越大、时间序列数据的不确定性或随机性越强。但模糊熵的计算和解释需要结合具体的应用场景和领域知识。比如，在故障检测和诊断中，模糊熵的大小可以帮助识别系统是否处于正常工作状态或是否存在异常。在模式识别和机器学习中，模糊熵可以用来评估分类或聚类算法的性能，高熵值可能表明分类效果不佳，需要进一步优化算法等。

（4）聚类系数

聚类系数是一种用于衡量聚类结果质量的指标，用于评估聚类算法的效果。聚类系数可以帮助我们确定聚类是否紧密、可靠以及是否能够准确地反映数据的内在结构。聚类系数通常基于以下两个方面进行计算：

① 簇内相似度：衡量同一个簇内样本的相似程度。常见的计算方法包括欧几里得距离、余弦相似度等。

② 簇间相似度：衡量不同簇之间样本的差异程度。常见的计算方法包括最短距离、最长距离、平均距离等。

根据簇内相似度和簇间相似度的计算结果，可以得到不同的聚类系数指标。常见的聚类系数包括轮廓系数（silhouette coefficient）、Dunn 指数。

在脑网络中节点 i 的聚类系数是指与节点 i 直接相连的所有邻居节点（不包括节点 i）之间的实际边数与这些邻居节点之间最大可能边数之间的比值。假设节点 i 的聚类系数记为 C_i，该节点的聚类系数的计算公式如下：

$$C_i = \frac{E_i}{D_i(D_i-1)/2} \tag{4.6}$$

式中，E_i 代表节点 i 与其余节点间目前存在的边数；$D_i(D_i-1)/2$ 代表节点间可能存在的最多边数。其整体脑网络的聚类系数 C 为所有 C_i 之和。它的计算公式为：

$$C = \frac{1}{n} \sum_{i=G} C_i \tag{4.7}$$

聚类系数可以反映脑网络节点之间网络连接的稀疏程度。

（5）全局效率

脑网络中的全局效率是一种用于衡量脑网络信息传输效率的指标。全局效率是指在脑网络中，从一个节点到其他所有节点的平均最短路径的倒数。全局效率的计算可以帮助我们了解脑网络中信息传递的整体效率和快速性。在脑网络中，全局效率的高低与脑网络的结构和功能密切相关。具有高全局效率的脑网络通常具有较短的平均最短路径，信息传递更加迅速、高效。相反，具有低全局效率的脑网络通常具有较长的平均最短路径，信息传递较为缓慢和低效。

在驾驶疲劳状态检测研究中，可以利用脑网络的全局效率特征参数来评估驾驶员大脑的反应能力和响应效率，从而有效地检测驾驶疲劳。该特征参数容错性较强，即当脑网络中存在不连通的节点时，该特征参数也不会受到影响，因此，该特征参数是检测驾驶疲劳的有效参数之一。全局效率的计算公式为：

$$E = \frac{1}{N(N-1)} \sum_{i \neq j} \frac{1}{L_{ij}} \tag{4.8}$$

式中，L_{ij}表示节点间的最短路径长度。

2. 选择分类算法建立模型

当脑电信号的疲劳特征提取完成后，通常下一步就是选择适当的分类算法对信号特征集进行分类来实现疲劳检测。建立分类模型的主要步骤为：

① 模型选择：根据问题的性质和数据集的特点，选择合适的分类算法。常见的分类算法包括决策树、支持向量机、逻辑回归、朴素贝叶斯、K近邻等。

② 模型训练：使用训练数据集对选择的分类算法进行训练。训练过程中，模型会根据训练数据集中的样本特征和对应的标签进行学习和调整，以找到最佳的分类决策边界。

③ 模型评估：使用测试数据集对训练好的模型进行评估。

④ 模型调优：根据评估结果，对模型进行调优。调优的方法可以包括参数调整、特征选择、数据预处理等，以进一步提高模型的性能和泛化能力。

⑤ 模型应用：最后，使用训练好的分类模型对新的未知样本进行分类预测。

需要注意的是，建立分类模型的过程是一个迭代的过程。在实际应用中，可能需要多次调整和优化模型，以达到更好的分类效果。此外，在对模型进行评估时，可以用的评估指标包括准确率、精确率、召回率、F1值等。通过它们可以衡量模型的分类性能。

(1) 准确率

分类模型的准确率表示模型对于给定数据集中样本的正确分类比例。准确率的计算公式如下：

$$准确率 = (正确分类的样本数)/(总样本数) \tag{4.9}$$

在计算准确率时，首先需要将数据集划分为训练集和测试集。训练集用于训练模型，测试集用于评估模型的性能。然后，使用训练好的模型对测试集中的样本进行分类预测，并与真实标签进行比较，统计分类正确的样本数。准确率的值介于0和1之间，越接近1表示模型的分类性能越好。然而，仅仅使用准确率评估模型可能存在一些问题。准确率无法区分不同类别之间的分类错误，也无法反映模型对于不平衡数据集的处理能力。

(2) 精确率

精确率是衡量了模型在判断为正例的样本中，真正是正例的比例。精确率的计算公式如下：

$$精确率 = (真正例的样本数)/(判断为正例的样本数) \tag{4.10}$$

精确率的取值范围是0到1之间，越接近1表示模型的分类性能越好。一个高精确率意味着模型在判断为正例时,有较低的误判率。精确率关注的是模型判断为正例的样本中真正是正例的比例。因此,精确率对于假正例的情况更加敏感。在一些场景中,如垃圾邮件过滤,假正例(将正常邮件误判为垃圾邮件)的影响可能会更大,因此需要更高的精确率。精确率不考虑模型对于真实正例的漏判率。这意味着模型可以有较高的精确率,但可能会错过一些真实的正例。因此,精确率不能单独用于评估模型的性能,需要与其他指标如召回率一起综合考虑。

(3)召回率

召回率衡量了模型在所有真实正例中,正确判断为正例的比例。召回率的计算公式如下:

$$召回率 = (真正例的样本数) / (真实正例的样本数) \tag{4.11}$$

召回率的取值范围是0到1之间,越接近1表示模型的分类性能越好。一个高召回率意味着模型能够较好地捕捉到真实正例,减少漏判的情况。召回率关注的是模型对于真实正例的识别能力。因此,召回率对于假负例的情况更加敏感。在一些场景中,如疾病诊断,假负例(将真实患者误判为非患者)的影响可能会更大,因此需要更高的召回率。召回率不考虑模型对于负例的误判率。这意味着模型可以有较高的召回率,但可能会产生较多的误判。

(4)F1值

F1值是分类模型评估的一个综合指标,它综合考虑了模型的精确率和召回率,用于衡量模型的分类性能。F1值的计算公式如下:

$$F1 值 = 2 \times (精确率 \times 召回率) / (精确率 + 召回率) \tag{4.12}$$

F1值的取值范围是0到1之间,越接近1表示模型的分类性能越好。F1值综合了精确率和召回率,既考虑了模型的准确性,又考虑了模型对真实正例的捕捉能力。F1值综合考虑精确率和召回率用于衡量分类模型的性能。它能够平衡精确率和召回率之间的权衡关系,并对不平衡数据集更加敏感。

第五章

疲劳驾驶研究中的模式识别技术

第一节 基于局部脑电信号特征的驾驶疲劳研究分析

脑电信号（EEG）是大脑思维活动的外在表现，因此通过对 EEG 进行特征提取，可以建立相关特征和大脑思维活动的映射。如今对 EEG 的特征提取和分析涉及很多领域，随着研究成果的丰富，越来越多的 EEG 相关研究从实验室研究走向应用研究。其中驾驶疲劳的研究就是其中一个新的研究方向。

驾驶疲劳（driver fatigue）产生的原因主要有驾驶员的身心条件及驾驶技术和经验、驾驶持续时间、驾驶操作中的环境因素等。如果能够利用 EEG 实现实时检测疲劳状态，对于避免交通事故具有重要意义。

基于 EEG 的疲劳状态相关研究，较为成熟的成果是基于疲劳状态下的 EEG 频率变化特征和基于疲劳状态下 EEG 的事件相关电位变化。如前额皮层的 θ 波和 δ 波会明显增强，中央运动皮层的 θ 波会产生显著的事件相关同步（event-related synchronization，ERS）和事件相关去同步（event-related desynchronization，ERD）现象，顶叶皮层和枕叶皮层低频段增强而高频段减弱。随着疲劳状态的产生，相关的一些事件相关电位（event-related potential，ERP）的潜伏期或峰值会发生改变，不同波段 EEG 信号的活跃程度会发生改变，EEG 信号的功率谱分布会发生改变，在特定脑区选择性产生 ERS 和 ERD，EEG 信号空间分布会呈现出规律性的变化。

基于 EEG 的研究过程中，研究者对疲劳状态下的 EEG 进行了系统分析，运用了不同的特征提取算法，如功率谱、熵、小波变换、AR 模型、复杂度、ICA、HMM、粒子群等。将这些特征提取后，可以检测出驾驶疲劳状态。

这些研究结果说明驾驶疲劳状态和 EEG 信号是有关联的，可以通过某些特征提取来检测疲劳状态。但是存在两大类问题：一是不够稳定，由于 EEG 信号的低信噪比，受背景噪声和环境影响大，在同一受试者自身不同 EEG 信号之间或不同受试者之间差异较大；二是大多运用以上算法的研究，其检测效果依赖于检测模型的学习过程，需要足够量的学习样本，而且如果学习的样本量偏小或特征不明显，检测就会存在较大困难。

EEG 信号是大脑神经群组织自发性、节律性的放电反应，是可测的生理信号，具有非线性、非平稳、混沌的特性，因此对 EEG 信号的分析可以用不同的非线性参数去表征不同的神经活动状态。近几年，基于非线性动力学的方法，如近似熵、样本熵、模糊熵、粗糙熵、雷尼熵、谱熵、排列熵和小波熵等都被用作各种 EEG 研究的特征提取，比如在医学上应用熵进行癫痫的 EEG 特征研究、应用熵进行阿尔茨海默病的特征分析等研究以正常人 EEG 和患者 EEG 进行对比分析，计算其中的熵，利用不同的分类研究，给定了患者和正常人之间区别的熵值区间，实现了对病症研究的定量分析；在脑机接口上利用不同的熵的方法进行 EEG 特征作为输入信号实现 BCI 的研究；在生理特征分析上，利用熵的连续性优点实现相关生理特征的连续性输出，例如在情感监测上利用熵分析情绪上的 EEG 特征，在疲劳检测上利用熵的连续性定量分析驾驶员的疲劳状态。

在引入 EEG 研究过程中，现有研究成果显示，不同的熵特征分析方法有一定的不足，例如样本熵的局限性在于不同参数模型会出现不一致的现象，近似熵的局限性在于因相似性度量函数会出现非法输出值，而频率谱熵和小波熵的局限性在于计算的特征仅仅反映了频率上的信息特征，但是损失了 EEG 中的时域等方面的信息特征。由于这些熵方法存在缺陷，Chen 于 2007 年首次提出模糊熵的概念，用来描述一个模糊集的模糊性，基于样本熵的算法，改进并提出了在有限集上的模糊熵公理化定义，并且应用模糊熵算法实现了表肌电信号的特征提取。模糊熵与样本熵的物理意义相似，但是样本熵定义必须含有一个模板相匹配且它们仅对小数据集有效，模糊熵算法采用指数函数模糊化相似性度量公式，实现了模糊熵值随参数变化而平稳过渡，去除了基线漂移的影响，同时具备样本熵的优点，即短数据处理特性、相对一致性特点、抗干扰和抗噪声能力、可用于确定性信号和随机信号的混合信号处理。

因为模糊熵对随机信号和类随机信号处理上的优势，很多研究团队把模糊熵作为进行 EEG 特征提取的工具，例如唐其彪、刘慧等应用模糊熵进行脑电睡眠分期特征提取，笔者团队利用模糊熵进行的身份识别研究都是应用模糊熵进行的 EEG 特征分析。在驾驶疲劳检测上，模糊熵也有成功的应用，例如 Khushaba R N、Daphne R R 等研究团队都在直接的研究中，使用模糊熵作为特征提取方法。随着对模糊熵应用的深入研究，模糊近似熵、多尺度模糊熵（M-Fuzzy Entropy）、多变量多尺度模糊熵（MM-Fuzzy Entropy）、互模糊熵（x-Fuzzy entropy）等对模糊熵的扩展方法也被应用于特征分析。

局部性脑电信号是以电极为对象，以每个电极的信号进行特征分析。在局部性特征分析方面，江西科技学院驾驶疲劳研究团队主要采用的方法是模糊熵、样本熵、近似熵、小波分析和功率谱。

第二节　基于局部性脑电信号特征的疲劳检测模型及其相关应用

一、模糊熵方法

① 设 N 点采样序列为：$\{u(i); 1 \leqslant i \leqslant N\}$。

② 按序列顺序重构生成一组 m 维矢量：

$$X_i^m = \{u_{(i)}, u_{(i+1)} \cdots u_{(i+m-1)}\} - u_{0(i)} \quad i = 1 \cdots (N-m) \tag{5.1}$$

其中 $\{u_{(i)}, u_{(i+1)} \cdots u_{(i+m-1)}\}$ 代表着从第 i 个点开始的连续 m 个 u 的值，$u_{0(i)}$ 为其均值：

$$u_{0(i)} = \frac{1}{m} \sum_{j=0}^{m-1} u_{(i+j)} \tag{5.2}$$

③ 定义矢量 X_i^m 和 X_j^m 间的距离 $d_{i,j}^m$ 为两者对应元素中差值最大的一个：

$$d_{ij}^m = d[X_i^m, X_j^m] = \max_{k \in (0, m-1)} \{|u_{(i+k)} - u_{0(i)} - u_{(j+k)} - u_{0(j)}|\} \\ i, j = 1 \sim (N-m); j \neq i \tag{5.3}$$

通过模糊函数 $-(d_{ij}^m, n, r)$ 定义矢量 X_i^m 和 X_j^m 的相似度：

$$D_{ij}^m = -(d_{ij}^m, n, r) = \exp(-(d_{ij}^m)n/r) \tag{5.4}$$

其中模糊函数 $-(d_{ij}^m, n, r)$ 为指数函数，n 和 r 分别为指数函数边界的梯度和宽度。

④ 定义函数：

$$O^m(n, r) = \frac{1}{N-m} \sum_{i=1}^{N-m} \left[\frac{1}{N-m-1} \sum_{j=1, j \neq i}^{N-m} D_{ij}^m \right] \tag{5.5}$$

⑤ 类似地，重复步骤②～④，按序列顺序重构生成一组 $m+1$ 维矢量，定义函数：

$$O^{m+1}(n, r) = \frac{1}{N-m} \sum_{i=1}^{N-m} \left[\frac{1}{N-m-1} \sum_{j=1, j \neq i}^{N-m} D_{ij}^{m+1} \right] \tag{5.6}$$

⑥ 定义模糊熵为：

$$FuzzyEn(m, n, r) = \lim_{N \to \infty} \lfloor \mathrm{Ln} O^m(n, r) - \ln O^{m+1}(n-r) \rfloor \tag{5.7}$$

当 N 为有限值时，按上述步骤得出的是序列长度为 N 时模糊熵的估计值：

$$FuzzyEn(m,n,r,N) = \ln O^m(n,r) - \ln O^{m+1}(n-r) \tag{5.8}$$

二、样本熵

样本熵可以用 $SampEn(m,r,N)$ 来表示，其中 N 为数据长度，r 为相似容限，m 为嵌入维数。样本熵是一种与近似熵类似但精度更好的方法，能较好地进行数据观测，对复杂度的变化更加敏感，是对于近似熵算法的改进。

设原始数据为 $x_{(1)},x_{(2)},\cdots,x_{(N)}$ 共 N 点，样本熵算法如下：

① 按序号顺序组成一组 m 维矢量：

$$\boldsymbol{X}_{(i)} = [x_{(i)},x_{(i+1)},\cdots,x_{(i+m-1)}] \quad i=1,2,\cdots,N-m+1 \tag{5.9}$$

② 定义矢量 $\boldsymbol{X}_{(i)}$ 和 $\boldsymbol{X}_{(j)}$ 之间的距离：

$d[\boldsymbol{X}_{(i)},\boldsymbol{X}_{(j)}]$ 为两者对应元素差值中最大的一个，得：

$$d[\boldsymbol{X}_{(i)},\boldsymbol{X}_{(j)}] = \max|x_{(i+k)}-x_{(j+k)}| \quad k=0,1,\cdots,m-1 \tag{5.10}$$

③ 给定阈值 r，对每一个 i 值统计 $d[\boldsymbol{X}_{(i)},\boldsymbol{X}_{(j)}]$ 小于 r 的数目（称为模板匹配数），并计算该数目与距离总数 $N-m+1$ 的比值，记作 $B_i^m(r)$，即

$$B_i^m(r) = \frac{1}{N-m+1}[dx_{(i)},x_{(j)}\text{小于}r\text{的数目}] \quad j=1,2,\cdots,N-m+1 \tag{5.11}$$

④ 再将维数加 1，即对于 $m+1$ 维矢量，重复步骤①~③，得到 $B^{m+1}(r)$。理论上此序列的样本熵为：

$$SampEn(m,r) = \lim_{N \to \infty}\left[-\ln \frac{B^{m+1}(r)}{B^m(r)}\right] \tag{5.12}$$

当 N 为有限值时，式（5.12）表示为：

$$SampEn(m,r,N) = -\ln \frac{B^{m+1}(r)}{B^m(r)} \tag{5.13}$$

三、近似熵

近似熵是用一个非负数来表示一个时间序列的复杂性，越复杂的时间序列对应的近似熵值越大。

近似熵对于给定的 N 点时间序列 $\{u_{(i)}\}$，通过以下步骤实现（其中 m 是事先选定的模式维数，r 是事先选定的相似容限）。

① 按顺序将序列 $\{u_{(i)}\}$ 组成 m 维矢量 $\boldsymbol{X}_{(i)}$，即：

$$\boldsymbol{X}_{(i)} = [u_{(i)},u_{(i+1)},\cdots,u_{(i+m-1)}], i=1,2,\cdots,N-m+1 \tag{5.14}$$

② 计算每一个 i 值的矢量 $\boldsymbol{X}_{(i)}$ 与其余矢量 $\boldsymbol{X}_{(j)}$ 之间的距离：

$$d[\boldsymbol{X}_{(i)},\boldsymbol{X}_{(j)}] = \max_{k=0,\cdots,m-1}|u_{(i+k)}-u_{(j+k)}| \tag{5.15}$$

③ 对每一个 i 值统计 $d[X(i),X(j)]<r$（其中给定阈值 $r>0$）的数目及此数

目与总的矢量个数 $N-m+1$ 的比值，记作 $C_i^m(r)$，即

$$C_i^m(r) = \{d[\boldsymbol{X}(i), \boldsymbol{X}(j)] < r \text{ 的数目}\}/(N-m+1) \quad (5.16)$$

粗略地讲，在相似容限 r 的意义下，$C_i^m(r)$ 反映序列中 m 维模式相互近似的概率。

④ 先将 $C_i^m(r)$ 取对数，再求其对所有 i 的平均值，记作 $\varphi^m(r)$，即

$$\varphi^m(r) = \frac{1}{N-m+1} \sum_{i=1}^{N-m+1} \ln C_i^m(r) \quad (5.17)$$

⑤ 再对 $m+1$，重复①～④的过程，得到 $\varphi^{m+1}(r)$。

四、小波包分解

在小波变换中，Mallat 引入了多尺度分析的概念，可以由粗及细地逐步观察信号。定义母小波为 $\psi(t)$，则 $\psi(t)$ 的伸缩平移 $\{\varphi_{a,t}(t)\}$，称为小波函数，记为

$$\varphi_{a,t}(t) = \frac{1}{\sqrt{a}} \varphi\left(\frac{t-\tau}{a}\right) \quad (5.18)$$

$\varphi(t)$ 可以是复信号，也可以是实信号，母小波必须满足的"容许条件"是 $\int_{-\infty}^{+\infty} \varphi(t) \mathrm{d}t = 0$。小波变换是小波函数与分析信号做内积的结果：

$$WT_X(a,\tau) = \frac{1}{\sqrt{a}} \int_{-\infty}^{+\infty} x(t) \varphi^*\left(\frac{t-\tau}{a}\right) \mathrm{d}t \quad (5.19)$$

式中，$a > 0$，a 和 τ 分别是尺度参数和位移参数。

小波变换克服了短时傅里叶变换（STFT）窗函数固定尺度的缺陷，高频处采用短时窗以提高时间分辨率，低频处采用长时窗以提高频率分辨率。在小波分解中，随着分解层数的增加，小波逐渐向低频方向聚焦。而小波包分解是对小波变换的一种改进，对高频段信号也进行分解，能在所有的频率范围聚焦，因此比小波分解具有更好的滤波特性。对于一个离散信号，小波包分解由下式确定：

$$\begin{cases} M_{2,j}(n) = \sqrt{2} \sum_k g(k) M_j(2n-k) \\ M_{2j+1}(n) = \sqrt{2} \sum_k f(k) M_j(2n-k) \end{cases} \quad (5.20)$$

式中，j 是尺度参数，$j=1,2\cdots$；M_{2j} 和 M_{2j+1} 为小波包分解序列。对任一尺度 j，原信号分解为 $M_{2j}(n)$，$M_{2j+1}(n)$，…，$M_{2j+1-1}(n)$ 共 $2j$ 个等带宽的序列，每个频带内信号降为原始信号的 $1/2j$。

五、功率谱估计

目前脑电特征提取方法有功率谱估计法、小波变换、独立分量分析、共同空间

模式等，基本可以分为时域分析、频域分析、时频联合分析、时空联合分析四大类。功率谱估计法是典型的简单快速的频域分析方法之一。

现代信号分析中，对于常见的具有各态历经的平稳随机信号，无法用清楚的数学关系式来描述，但可以利用给定的 N 个样本数据估计 1 个平稳随机信号的功率谱密度，这种方法叫作功率谱估计（PSD）。脑电信号是一种随机性和非平稳性都非常强的信号，因此，利用功率谱估计对它进行频率分析，可以在频域内寻找关键信息。功率谱估计可以分为经典功率谱估计（非参数估计）和现代功率谱估计（参数估计）。

经典功率谱估计是在较长的数据中截取一段有限长的数据做分析，根据截取的样本估计出整体的功率谱。其中可以利用相关函数估计功率谱，也可以利用周期图法估计出功率谱。它的核心是傅里叶变换。

现代功率谱估计即参数估计方法，是通过观测数据估计参数模型，再按照求参数模型输出功率的方法估计信号功率谱。它主要是针对经典谱估计存在泄漏、分辨率低和方差性能不好等问题提出的。其中最常用的是 AR 模型。

周期图法是根据各态历经的随机过程功率谱的定义进行的谱估计。把随机序列 $x(n)$ 的 N 个观测数据视为能量有限的序列，直接计算 $x(n)$ 的离散傅里叶变换 $x(k)$，然后再取其幅值的平方，并除以 N，作为序列 $x(n)$ 真实功率谱的估计。具体公式如下：

$$s(k) = \frac{1}{N} |FFT[x(n)]|^2 \qquad (5.21)$$

在 MATLAB 仿真中可调用 Periodogram 函数实现周期图法的功率谱估计。

平滑平均周期图法即 Welch 法，是对周期图法的改进算法，一方面对数据分段采用非矩形窗；另一方面各段之间有重叠。即首先将 N 点数据分成 K 段，每段 M 个数据，分段数据先与窗函数 $W(n)$ 相乘，分别计算出每段的功率谱，最后叠加求和取平均值作为最终功率谱估计，具体公式如下：

$$S(w) = \frac{1}{K} \sum_{i=1}^{k} \frac{1}{MU} \left| \sum_{N=0}^{M-1} X^i(n) W(n) e^{-jwn} \right| \qquad (5.22)$$

式中，U 为窗口的平均能量。

$$U = \frac{1}{M} \sum_{N=0}^{M-1} W^2(N) \qquad (5.23)$$

图 5.1 以均值和方差的形式显示了随机选择的受试者的四个熵值。x 轴表示 EEG 标签，y 轴表示熵值。均值和方差均表明，不同电极的熵相异性不同，并且模糊熵具有较强的稳定性和明显的效果。此外，从图 5.1 中可以明显地看出，样本熵和近似熵具有相似的熵相异性，而谱熵具有较弱的熵相异性。这个结果表明对于相同的受试者，不同的特征提取方式，可能会影响特征提取的结果［熵函数设置为 Entropy_Approximate（A、m、r）、Entropy_Fuzzy（A、m、n、r）、Entropy_Sample（A、m、r）和 Entropy_Spectral（A），其中 A 为输入矩阵。根据脑电采

集频率，每个样本的采样频率为 1000，每个样本的长度为 1000，数据重构参数步长为 2。对于模糊熵指数梯度 n，我们设置了 $n=4$；对于谱熵，选择了 Pburg 算法进行功率谱估计，谱估计阶数为 7。样本熵、近似熵和模糊熵的 $r=2$]。

图 5.2 是多个样本之间模糊熵上的费雪（Fisher）距离的比较，显示了不同电极之间明显的两态样本特征差异。对 12 名受试者来自整个电极数据的两种类型状态的特征进行 t 检验，最大 p 值达到 6×10^{-5}。图 5.1 和图 5.3 的结果表明，在具有 Fisher 距离的条件下，基于模糊熵的两态特征有显著差异。同样地，对于每个受试者，如果对同一电极的数据的两种状态进行四种组合熵特征的计算，则在国际 10-20 系统中 27 个电极的 p 值是（0.18、0.34、0.68、0.30、0.77、0.60、0.76、0.33、0.22、0.21、0.57、0.19、0.77、0.49、0.53、0.26、0.24、0.16、0.45、0.48、0.34、0.14、0.11、0.11、0.60、0.32、0.34、0.68）$\times10^{-3}$，得到 T5、TP7、TP8 和 FP1 电极有显著差异。此外，图 5.3 还显示了正常状态与疲劳状态之间的组合熵的比较，后者根据降序选择了按 Fisher 距离排序的 30 个电极。

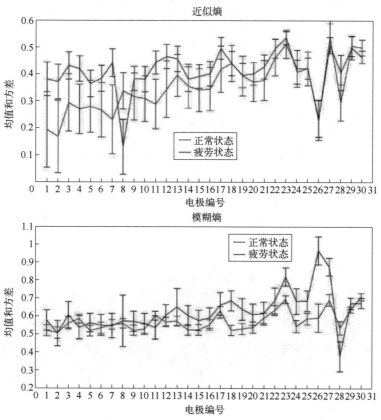

图 5.1

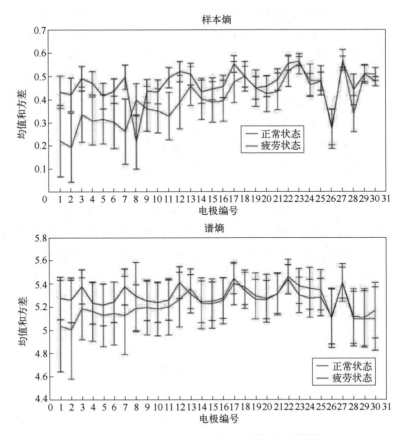

图 5.1 关于四种熵的两种状态下的均值和方差值

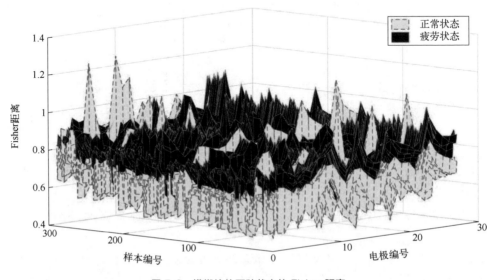

图 5.2 模糊熵的两种状态的 Fisher 距离

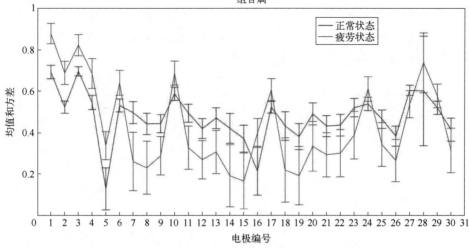

图 5.3 组合熵的两种态的均值和方差值

表 5.1 给出了融合四种熵所得到的分类性能，从中可以看出，利用具有 RBF 函数的 SVM 分类器，基于模糊熵的方法具有最大的分类精度。参数 Sn 表示分类器准确识别测试集中真实阳性样本比例的能力。类似地，参数 Sp 表示分类器准确地识别测试集中真实负样本比例的能力。在疲劳检测中 Sn 和 Sp 达到了最高，分别为 91.50% 和 92.50%。基于模糊的方法似乎比基于近似熵或者其他的方法，表现出更高的准确性、灵敏度和特异性。在熵的分类精度方面，模糊熵和样本熵在 RBF 核函数方面表现出稳定的性能，适用于脑电图信号的分类。Mathew 相关系数（MCC）评估数据集中不平衡正和负样本的分类准确性。MCC 参数值的最高值，模糊熵为 85.02%，样本熵为 78.66%，也表明，当使用 RBF 作为 SVM 的核函数时，样本熵和模糊熵的特征很明显。

表 5.1 分类结果

熵	精度(Acc)	灵敏度(Sp)	特定性(Sn)	MCC
谱熵	75.00	78.00	72.00	47.08
近似熵	87.25	84.05	87.50	73.57
样本熵	89.75	84.50	91.00	78.66
模糊熵	93.50	92.50	91.50	85.02
组合熵	98.75	97.50	96.00	93.51

表 5.2 显示了每个受试者在单熵和组合熵方面的分类精度。为了分析具有统计学意义的结果，计算了 T-test 检验的 p 值。使用 $p1$ 作为谱熵和组合熵的 T-test 检验值，$p2$ 作为近似熵和组合熵的 T-test 检验值，$p3$ 作为样本熵和组合熵的 T-test 检验值、$p4$ 作为模糊熵和组合熵的 T-test 检验值，获得了 $(p1, p2, p3, p4)=$

$(1.7, 90, 1.6, 20) \times 10^{-5}$，从中可以发现，作为特征的单个熵和作为特征的组合熵之间存在明显的差异。表 5.3 显示基于组合熵的平均成功率比使用单个熵的平均成功率更高。由于 T-test 检验的 p 值为 0.01，近似熵和样本熵对疲劳和正常状态的 EEG 信号的检测程度相似，这意味着差异很小。

表 5.2　分类结果

编号	谱熵	近似熵	样本熵	模糊熵	组合熵
1	84.2108	90.3983	94.8875	91.8033	98.3625
2	72.4208	90.4583	90.1075	94.4533	99.2325
3	73.9208	87.8983	91.1175	92.4733	98.8825
4	76.0708	85.9283	90.3975	92.4933	99.6925
5	67.9408	80.9783	87.7875	94.0633	99.3725
6	78.2808	83.2783	89.3975	93.2733	98.8725
7	62.9308	82.4783	85.4575	95.3433	97.5425
8	79.6808	91.6483	89.9775	95.4333	98.0625
9	77.2308	91.5383	90.7775	93.4333	99.6925
10	79.5308	90.4383	89.8175	92.3833	98.6825
11	76.0208	81.4883	87.5675	91.7333	97.7025
12	71.7608	90.4683	89.7075	95.1133	98.9025

当使用单熵进行分类时，模糊熵给出了最高的平均识别率，为 93.50%。近似熵和样本熵紧随其后，精度约为 88%，而谱熵的精度最低，为 75%。此外，作为表现最好的，模糊熵的三个参数平均值分别为 91.50%、92.50% 和 85.02%。其次是样本熵，其三参数平均值分别为 91.00%、84.50% 和 78.66%。这些结果表明，在驾驶员疲劳检测的情况下，模糊熵和样本熵是用于分类的更有效和稳定的 EEG 特征。

众所周知，特征距离和作为类别特征的差异显著性因电极而异，因此，对于 EEG 分析，有必要根据信号特征进行回溯，以找出对驾驶员疲劳最敏感的电极。为了证明每种类型的 300 个样本在不同电极中的差异显著性，使用特定电极的数据对两种类型进行 T-test 检验，T-test 检验的 p 值按降序列出。对于 n 名受试者，表 5.3 中显示了前四个电极，分别显示了受试者的熵平均值在正常状态和疲劳状态下的相关测试结果。表 5.3 中用"变化"标记的列表示疲劳状态与正常状态相比的变化。具体来说，↑表示疲劳状态下熵值的增加，而↓表示疲劳状态中熵值的减少。

众所周知，核函数会影响 SVM 分类器的分类性能。为了研究核函数对分类结果的不同影响，我们分别使用线性函数、多项式函数、径向基函数和 S 形函数作为核函数。如图 5.4 所示，对具有四个不同核函数的 12 个受试者的平均准确度进行了比较。其平均准确度分别为 98.5%、98.3%、98.7%和 97.1%，表明以径向基函数为核函数的分类性能得到了较好的结果。

表 5.3 不同电极上熵值的变化

编号	T5			TP7			TP8			FP1		
	正常	疲劳	变化	正常	疲劳	变化	正常	疲劳	变化	正常	疲劳	变化
1	0.507	0.655	0.148↑	0.63	0.62	0.010↓	0.353	0.579	0.226↑	0.19	0.674	0.484↑
2	0.694	0.819	0.125↑	0.519	0.683	0.164↑	0.633	0.672	0.039↑	0.518	0.568	0.050↑
3	0.737	0.682	0.055↓	0.811	0.696	0.115↓	0.751	0.625	0.126↓	0.712	0.632	0.080↓
4	0.845	0.507	0.338↓	0.946	0.551	0.395↓	0.582	0.588	0.006↑	0.68	0.778	0.098↑
5	0.46	0.559	0.099↑	0.454	0.53	0.076↑	0.438	0.551	0.113↑	0.541	0.578	0.037↑
6	0.653	0.499	0.154↓	0.643	0.485	0.158↓	0.543	0.38	0.163↓	0.695	0.430	0.265↓
7	0.762	0.731	0.031↓	0.607	0.552	0.055↓	0.71	0.674	0.036↓	0.697	0.597	0.100↓
8	0.597	0.624	0.027↑	0.592	0.41	0.182↓	0.672	0.645	0.027↓	0.679	0.626	0.053↓
9	0.327	0.288	0.039↓	0.477	0.291	0.186↓	0.247	0.366	0.119↑	0.323	0.304	0.019↓
10	0.765	0.774	0.009↑	0.774	0.782	0.008↑	0.755	0.766	0.011↑	0.799	0.776	0.023↓
11	0.467	0.366	0.101↓	0.583	0.474	0.109↓	0.561	0.547	0.014↓	0.442	0.475	0.033↑
12	0.95	0.845	0.105↓	0.843	0.752	0.0914	0.755	0.682	0.073↓	0.805	0.692	0.113↓

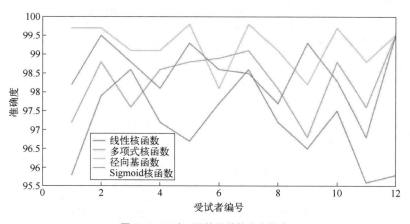

图 5.4 四种不同核函数的分类精度

人们普遍认为熵是用来衡量系统复杂性的指标。研究人员在利用脑熵进行研究方面取得了进展，这有助于我们更好地理解正常状态和疲劳状态之间的差异。表 5.4 列出了先前研究中采用的指标和相关分类性能。Zhang 使用近似熵，并使用多特征组合分析方法对 20 名受试者的各种生理信号进行组合，成功率高达 96.5%。Khushaba 雇用了 31 名受试人员参与研究，结合 EEG 和 EOG 进行分析，最终分类准确率为 95%。Zhao 使用样本熵来研究 EEG 信号。参考文献 [96-98] 的结果表明，使用各种生理特征和多种熵融合方法可以显著提高分类精度。然而，多特征会增加信号采集的难度，并导致难以对不同信号源的不同熵进行比较。本研究的结果表明，基于 EEG 信号，组合熵特征可以具有更好的性能，从而降低了信号采集的难度。总之，与其他现有的基于 EEG 的驾驶员疲劳分析方法相比，组合熵特征分析给出了更好的分类结果。

对于不同的分析目标，使用不同的熵可能会对分类精度产生不同的影响。在本研究中，我们选择了四种类型的熵来检测驾驶员疲劳。表 5.1 和表 5.4 表明，对于同一数据源，四种熵的分类参数显著不同。在我们的实验中，如果使用单个熵作为输入，则模糊熵具有最高的准确性，其次是样本熵和近似熵，而谱熵记录的性能最低。以下结果是令人满意的：使用模糊熵和样本熵作为特征，平均准确率分别为 93.50% 和 89.75%。

结果表明，使用基于模糊熵的分类，不同数据集的准确度不同。第 8 号数据集的准确度为 87.05%，第 2 号数据集平均准确度高达 96.75%。造成这种轻微差异的原因可能是第 2 号数据集是从 T5 电极采集的，而第 8 号数据集是从 FP2 电极采集的。对于整个数据集，基于模糊熵的分类大大提高了检测性能。考虑到数据采集的容易性，目前的结果表明，T5 电极数据与基于模糊熵分类的分析也具有非常高的检测性能，适用于驾驶疲劳检测的研究。

表 5.4　使用不同类型熵的驾驶员疲劳检测研究

研究小组	受试者数量	特征类型	分类器	熵类型	准确率
Zhang[96]	20	脑电图＋眼电图＋肌电图	神经网络	近似熵	96.50%
Khushaba[97]	31	脑电图＋眼电图	基于小波包的模糊互信息算法	模糊熵	95%
Zhao[98]	28	脑电图	ROC 曲线阈值	样本熵	95%
本文	12	脑电图	支持向量机	组合熵	98.75%

现有的驾驶疲劳分析结果表明，当驾驶员处于疲劳驾驶状态时，EEG 信号的频率特征发生了明显变化。

第三节　基于全局性脑电信号特征的疲劳检测

疲劳产生时，会伴随一系列的外部生理变化，比如眨眼频率加大、点头加剧、反应慢、注意力不集中等。研究者针对这些外部生理变化对疲劳进行检测，包括头部位置检测、眨眼频率检测、视线方向检测、嘴部状态检测、瞳孔大小检测等,其中运用最广的是 PERCLOS (percentage of eyelid closure over the pupil over time),定义为单位时间内眼睛闭合一定比例所占的时间,该指标也称为 Wiermille and Ellsworth 1994。

研究表明,疲劳状态会影响大脑皮层的各项功能,如认知、信息处理、运动控制、感觉整合、视觉接收、空间识别、选择性注意、规划决策等,涉及的大脑皮层较多,如前额皮层与注意、决策、认知有关,中央运动皮层与运动控制有关,顶叶皮层、枕叶皮层与感觉整合、视觉接收有关。研究者试图分析与这些功能相关的内部生理指标来检测疲劳,例如脑电(EEG)、心电(ECG)、肌电(EMG)、眼电(EOG)等,其中 EEG 被认为是疲劳检测方法中的"金标准",如果能够在基于 EEG 信号的疲劳检测方法方面有所突破,将对疲劳检测和警示具有重要意义。

在疲劳状态下,大脑不同脑区的不同波段 EEG 信号会发生变化,顶叶皮层和枕叶皮层的低频段信号增强而高频段信号减弱。研究人员使用了多种方法来分析这些变化,包括:功率谱分析,通过计算 EEG 信号在不同频率下的功率分布,识别出信号中的主要频率成分和能量分布变化;熵,包括香农熵和近似熵,衡量 EEG 信号的复杂度和不确定性,反映大脑活动的混沌程度;小波变换,通过多尺度分解 EEG 信号,提取不同频率段的特征,用于分析信号的局部和全局变化;短时傅里叶变换,将 EEG 信号分割成短时间段,然后对每个时间段进行傅里叶变换,分析信号的时间-频率特性;自回归模型,建立 EEG 信号的统计模型,通过预测和分析信号的时序特性来检测状态变化;复杂度分析,如样本熵和多尺度熵,评估 EEG 信号的复杂度和动态特性,以反映大脑功能状态的变化;独立成分分析,将 EEG 信号分解成独立成分,去除噪声和伪迹,提取有意义的神经活动信号;粒子群优化,这是一种基于群体智能的优化算法,用于优化 EEG 信号处理中的参数设置和特征提取过程。例如,Liu 等人应用 KPCA-HMM 和复杂参数对 EEG 信号进行分析,以检测驾驶疲劳,取得了 84% 的准确度。

运用以上算法进行检测,效果依赖于检测模型的学习过程,由于 EEG 信号的低信噪比,受背景噪声和环境影响大,而且在同一受试者自身不同 EEG 信号之间或不同受试者之间差异较大,因此如果学习的样本量偏小,分析的脑区较少,检测没有学习过的受试者就存在较大困难。通过对近年来相关文献进行分析,发现运用不同特征提取算法分析的结果不完全一致,有些甚至取得相反的结果:

① 6 项关于 δ 波与疲劳的相关性研究中,有 4 项研究结果显示疲劳时 δ 波是增强的,但有 1 项显示是减弱的,还有 1 项研究显示不变;

② 16 项关于 θ 波与疲劳的相关性研究中,有 14 项研究结果显示疲劳时 θ 波是增强的,另 2 项研究显示不变;

③ 17项关于β波与疲劳的相关性研究中，有15项研究结果显示疲劳时α波是增强的，但另有2项研究显示是减弱的；

④ 5项关于α波与疲劳的相关性研究中，有2项研究结果显示疲劳时β波是增强的，但有1项显示是减弱的，还有2项研究显示不变。

为了避免检测模型的学习过程，研究者寻找了一些参数指标来标识疲劳程度，例如慢波与快波成分的比例、α-主轴参数、(α+β)/β等。如Simon等人将EEG信号α-主轴参数作为驾驶疲劳检测指标。王玉化等人把β波和(α+β)/β这两项指标作为检测驾驶疲劳的指标。但是这些参数指标与疲劳程度并不呈线性关系，不太好量化对应关系。于是研究者尝试使用多种特征的融合分析来检测疲劳状态，例如付荣荣等人将驾驶员的EEG信号、EMG信号和呼吸信号三类生理信号的近似熵特征相融合作为疲劳检测的特征参数，检测准确率达到90%以上。王斐等人将EEG信号与车辆操纵特性提取的特征相融合来检测驾驶员的疲劳状态，检测准确率最高可达94.259%。合理应用多种模式的特征融合检测驾驶疲劳，可以显著提高检测准确度。但是这种多特征融合是在不同的生理信号或非生理信号下进行的，有没有可能在同一EEG信号的不同特征中进行融合？Correa等人研究发现，将EEG信号的不同算法提取的特征进行某种融合，相比单一特征，取得了较好的检测效果。多特征融合给驾驶疲劳检测指明了一条新的研究思路。研究者进一步发现，不同脑区的EEG信号用于驾驶疲劳检测是有明显差异的：Petrantonakis等人通过FP1、FP2、F3、F4电极EEG信号检测驾驶疲劳，发现存在明显差异；南姣芬等人还发现，不同脑区的EEG信号的希尔伯特边际谱差异明显，C4电极与O2电极在相同状态下的EEG特性存在较大的差异。神经生物学研究对疲劳产生的神经机理已积累了一些成果，发现右侧额叶和顶叶等重点脑区可能是警觉维持神经网络的重要组成部分，使脑维持在唤醒状态，发生疲劳的时候这些脑区可能会发生显著而普适的变化。Wang等人认为，如果要有效检测驾驶疲劳，首先要研究分析驾驶疲劳的神经机制，不能仅仅考虑局部特征，要从全局网络分析驾驶疲劳。他们运用功能性脑网络（functional brain network，FBN）对驾驶疲劳进行了分析。研究结果表明，长时间驾驶后，受试者的脑网络全局功能连接减弱，疲劳可能就是这种现象的表观体现。基于全局功能连接的系统输出可能产生疲劳的时间点分布与实际交通事故的时间点分布有较好的一致性。Kong等人的研究结果显示，将大脑的全局特征引入驾驶疲劳检测能取得较好的效果。早期的神经科学研究强调各脑区功能的定位，而现代的观点却倾向于运用复杂网络的方法，分析不同层次神经网络的结构和动力学行为。大脑本质上是一个动力学系统，其中任意两个区域之间的联系，都与建立于动力学理论基础之上的复杂功能性网络密切相关。

大量研究发现，即使简单的脑功能也无法由单个神经元或者单一脑区独立完成，需要神经环路内的神经元集群、功能团或者多个脑区交互作用来实现。由于大脑神经网络具有小世界、无标度等一系列特征，通过 FBN 揭示任务态脑资源分配和动力学变化将是一项非常有意义的研究课题，有助于神经科学和人工智能相结合的类脑人工智能研究。FBN 是指空间上相关或不相关脑区在时间上的相关关系。大脑 FBN 研究始于 2000 年 Stephan 等人的研究，结果发现猴脑网络拓扑结构具有"小世界"特性。Sporns 等人的研究结果表明，人脑皮层各区域间具有较高的聚类特性和较短的特征路径长度。Stam 等人基于 FBN 的研究发现大脑活动信号可能分频段表征不同的大脑功能状态。Bullmore 等人研究显示 FBN 在维持"小世界"网络结构的同时，也在自主调节神经系统之间的局部性连接以实现一些特殊功能需求。Zhang 等人发现精神分裂患者 FBN 拓扑特性发生异常相关性。蒋田仔作为首席科学家的"基于影像的脑网络研究及其临床应用"国家 973 项目，在 FBN 的计算理论和方法，以及其临床应用等方面展开研究。近几年，有关 FBN 的研究逐年增多，这些研究对大脑异常状态提供了许多有价值的信息，如阿尔茨海默病、癫痫、精神分裂症、多发性硬化症、帕金森病。这些研究为基于 EEG 信号的驾驶疲劳的分析和检测指引了一条新方向。

目前绝大多数 FBN 研究都是在静息状态，即受试者处于安静状态，不需要进行任何操作也没有外界特定刺激。静息状态 FBN 能够表征人脑功能状态和脑内信息处理机制，对于疾病相关脑功能网络特性改变的研究非常重要。但目前对任务状态脑网络的研究比较少，对基于 ERP 数据的 FBN 的研究更少。驾驶疲劳是一个动态过程，难以在静息状态下进行检测，将 FBN 运用到驾驶疲劳将是一项非常有意义的研究。

即使在最理想的情况下，由于人类大脑的特殊性，要求研发出能够准确、稳定且普适地从大脑中获取信息的检测方法都是相当困难的。本项目分析了当前的研究现状及不足，在实验室环境中建立虚拟驾驶环境模仿真实环境，并且模仿真实环境可能造成疲劳的各种可控因素，使受试者进入不同程度的疲劳状态，以揭示驾驶疲劳的神经机理为切入点，采用 FBN 和多特征融合这两条新思路，建立更为合理的疲劳模型。通过驾驶疲劳的神经机理分析，探索有关驾驶疲劳的功能团；通过 FBN 研究寻找驾驶疲劳相关的大脑整体网络拓扑结构变化规律；通过多特征融合希望获得较好的驾驶疲劳检测效果。

第四节 基于全局性脑电信号特征的疲劳检测模型及其应用

一、功能性脑网络计算方法

相关性和相位同步性是构造脑网络的两种方法，分别从时域和相位两种不同的角度构造脑网络。为了能全面分析在疲劳驾驶状态下，男女之间脑网络的区别，本研究选择 Pearson 相关系数、锁相值方法描述不同电极之间的同步性关系，以电极作为节点（本研究选择 30 个电极），以电极之间的同步性为边构造脑网络。

其中 Pearson 系数 P_{ij} 计算方法如下：

$$P_{ij} = \frac{\sum_{t=1}^{N}(x_i(t) - \overline{x}_i)(x_j(t) - \overline{x}_j)}{\sqrt{\sum_{t=1}^{N}(x_i(t) - \overline{x}_i)^2} \sqrt{\sum_{t=1}^{N}(x_j(t) - \overline{x}_j)^2}} \tag{5.24}$$

式中，t 是脑电信号样本中的时间分量；N 是一个采样周期长度，本研究 $N=1000$；x_i 和 x_j 分别表示第 i 个电极和第 j 个电极的该样本时间序列，对于每个样本的 30 个电极，最终得到 30×30 的对称矩阵。

任意两电极之间的锁相值 PLV 的计算方法如下：

$$PLV = \frac{1}{N} \left| \sum_{t=1}^{N} \exp(j(\varphi_1(t) - \varphi_2(t))) \right| \tag{5.25}$$

式中，$\varphi_1(t)$，$\varphi_2(t)$ 是时间序列 $x_i(t)$ 和 $x_j(t)$ 的瞬时相位，利用希尔伯特变换可以计算时域信号的相位变化。对于一个连续的时间序列 $x(t)$，希尔伯特变换可以通过如下公式得到：

$$\widetilde{x}_i(t) = \frac{1}{\pi} PV \int_{-\infty}^{\infty} \frac{\widetilde{x}_i(\tau)}{t - \tau} d\tau \tag{5.26}$$

式中，PV 表示柯西主值。那么相位变化可以通过如下公式计算：

$$\varphi_i(t) = \arctan \frac{\widetilde{x}_i(t)}{x_i(t)} \tag{5.27}$$

功能性脑网络特征计算方法，以脑网络为工具分析在疲劳驾驶下男女之间特征的差异性，主要选择功能性脑网络的聚集系数、全局效能、节点度特征变化等。

聚集系数是衡量功能性脑网络的全局特征，主要反映两个节点之间互为邻居的可行性。功能性脑网络聚集系数 C 的计算方法如下：

$$C = \frac{1}{N} \sum_{i=1}^{N} C_i = \frac{1}{N} \sum_{i=1}^{N} \frac{2E_i}{k_i(k_i - 1)} \tag{5.28}$$

式中，k_i 表示电极 i 的度；E_i 表示 i 的邻居节点之间存在的实际连接边数。

全局效能 e 是表征网络的传输能力，评估信息传递快慢的指标。其计算方法如下：

$$e = \frac{1}{N(N-1)} \sum_{i \neq j} (d_{ij})^{-1} \tag{5.29}$$

连接密度是脑网络的一个全局属性，可以描述网络的复杂性。连接密度 D 的计算方法为：

$$D = \frac{1}{N(N-1)} \sum_{i=1}^{N} k_i \quad (5.30)$$

式中，k_i 表示节点 i 的度。k_i 计算方法为：

$$k_i = \sum_{j=1}^{N} A_{ij} \quad (5.31)$$

二、功能性脑网络稀疏化方法

① 以上述方法，对每个受试者的每个样本计算功能基于 Pearson 系数的功能性脑网络（P-脑网络）和基于 PLV 系数的功能性脑网络（PLV-脑网络）；
② 以 0.02 为步长，阈值分别从 0 到 1 稀疏化两种脑网络；
③ 计算两种不同脑网络的聚集系数特征和度特征；
④ 以本研究的计算方法对受试者的常态和疲倦状态下的特征进行 T-test 检验；
⑤ 选择所有受试者可接受阈值空间交集，作为本研究的阈值空间。

根据上述步骤，利用上述方法对 22 个受试者（11 个男性和 11 个女性）进行特征差异性检验。为了计算不同阈值下的网络差异性，在进行检验之前，对脑网络进行二值化（当两电极之间有连接，则把权重值改为 1，否则定为 0）。

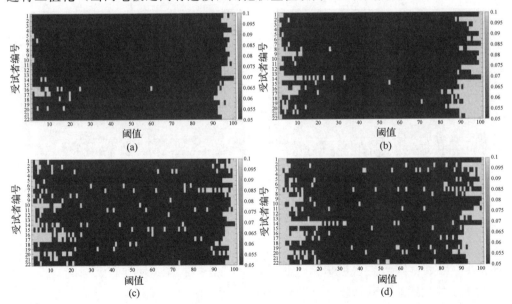

图 5.5 22 个受试者两种状态的平均聚集系数和平均度 T-test 检验

(a)—P-脑网络平均聚集系数检验结果；(b)—PLV-脑网络平均聚集系数检验结果；
(c)—P-脑网络平均度检验结果；(d)—PLV-脑网络平均度检验结果

(X 坐标对应阈值为 $X/100$，阈值选择如本研究所述 0~1，步长为 0.02，Y 是受试者标号)

图 5.5 结果显示阈值从 0 到 1 变化时，疲倦和常态的两种脑网络的两种特征的差异性都是从没有差异性到显著性差异，然后再变成无显著性差异。对比两种特征，聚集系数的特征差异性变化要比度的变化趋势更加明显，说明在驾驶员疲劳过程中，聚集系数的变化更加明显，综合图 5.5 中的阈值变化趋势，我们可以发现当阈值在 0～0.2 区间时，出现无显著性差异的受试者较多，当大于 0.2 后无显著性差异的样本变得稀少，特别是对于 P-脑网络和 PLV-脑网络的聚集系数特征，当阈值到达 0.84 以后出现无显著性差异的样本又逐渐变多。

在阈值空间 0.2～0.84 上对脑网络进行特征提取。在疲劳检测上，本研究选择聚集系数和度作为脑网络特征，男性和女性的最高平均识别率（把受试者 P-FBN 和 PLV-FBN 脑网络在相同特征下计算的准确率取均值，然后选择阈值空间最大值）结果和现有疲劳检测研究结果对比，结果显示男性疲劳检测识别率分别为 98.1% 和 98.6%，女性识别率分别为 93.1% 和 96.1%，若以聚集系数为特征，男性和女性平均识别率为 95.6%；若以度为特征，男性和女性平均识别率为 97.4%。

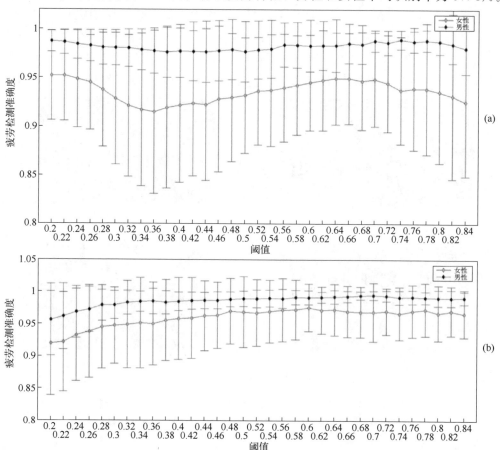

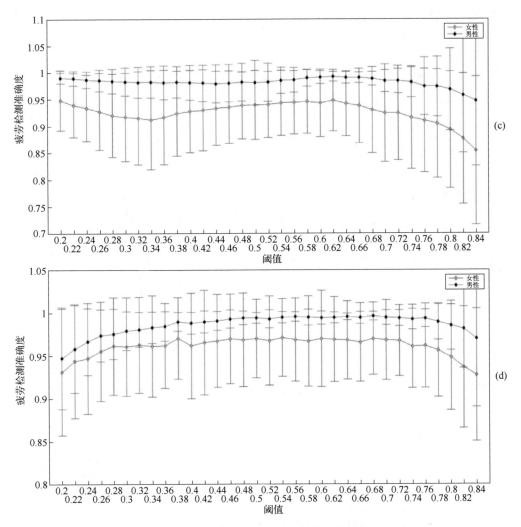

图 5.6 0.2~0.84 阈值下的疲劳检测准确率

(a)—P-脑网络的聚集系数为特征男性和女性疲倦状态识别结果；(b)—PLV-脑网络的聚集系数为特征男性和女性疲倦状态识别结果；(c)—P-脑网络的度为特征男性和女性疲倦状态识别结果；
(d)—PLV-脑网络的度为特征男性和女性疲倦状态识别结果

图 5.6 结果可以看出疲倦状态识别结果带有男女性别的差异性。图 5.7 显示了阈值空间里两种功能性脑网络在不同状态、不同特征的对比，从图 5.7 可以看出，随着阈值的增加，聚集系数特征和度特征均呈现下降趋势，这和现有文献成果相一致。

图 5.7 结果还表明，在驾驶环境下男性的聚集系数和度特征值均高于女性，这和 Yan 和钱的研究结果不同，在他们的研究成果中，男性的聚集系数和度特征均低于女性，这说明在驾驶环境下构造的功能性脑网络和普通驾驶环境下构造的功能

性脑网络对男女的影响不同。聚集系数和度均反映了大脑的活跃程度,男性的聚集系数和度均反映出在驾驶环境下,男性的大脑活跃程度在常态和疲倦状态下均要高于女性。

度和聚集系数均可反映大脑活跃程度,图 5.7 结果显示,常态和疲倦状态下,度特征的方差要大于聚集系数,且男女之间度的特征差异性要小于聚集系数。

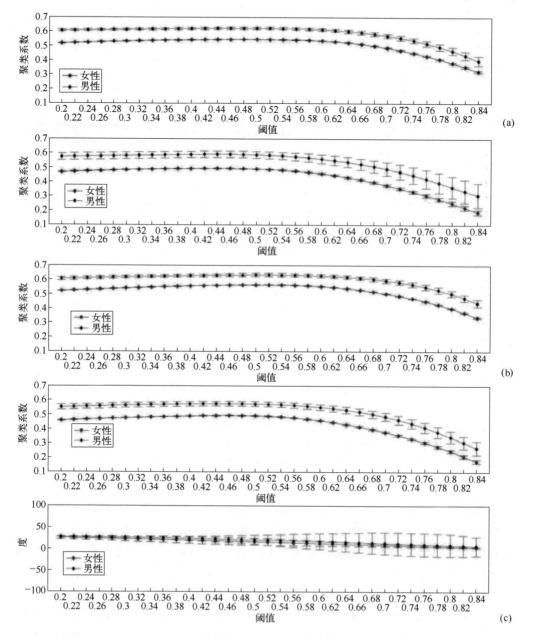

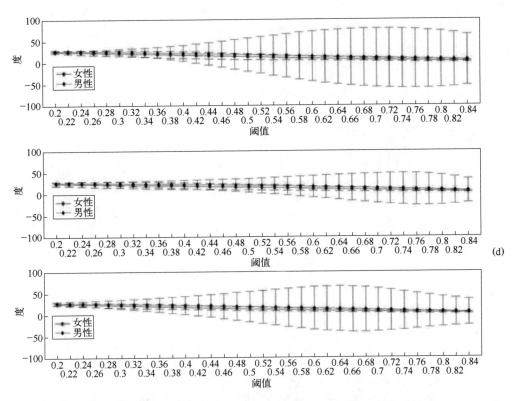

图 5.7 常态和静息状态下两种功能性脑网络男女聚集系数和度特征对比
(a)—常态下男女聚集系数对比;(b)—疲倦状态下男女聚集系数对比;
(c)—常态下男女度特征对比;(d)—疲倦状态下男女度特征对比

(图中 x 轴是阈值标签,y 轴是相应特征均值,每个子图的上半部分是 P-FBN 结果,下半部分是 PLV-FBN 结果)

对不同的脑网络、不同的状态下的男女脑网络特征进行比较,表 5.5 结果显示了图 5.7 男女之间不同阈值下特征差异性检验结果,结果显示不同状态、不同功能性脑网络的聚集系数和度均具有显著性差异(均大于 10^{-20}),这也进一步验证了男性和女性的疲劳检测结果差异性。

表 5.5 男女之间特征差异性

项目	常态				疲倦			
	P-FBN		PLV-FBN		P-FBN		PLV-FBN	
	聚集系数	度	聚集系数	度	聚集系数	度	聚集系数	度
p 值	5×10^{-44}	1×10^{-24}	6×10^{-44}	3×10^{-24}	4×10^{-29}	4×10^{-24}	8×10^{-35}	8×10^{-20}

为了更直观地描述男女之间功能性脑网络的差异性,本研究从 0.2~0.84 之间选择一个代表性的阈值来描述和分析男女之间功能性脑网络的差异性。选择代表性

阈值的原则为：

① 脑网络必须遵守"小世界"理论；

② 平均度数要高于 2lnN，其中 N＝30（电极数）；

③ 阈值选择要在全局效能下降拐点之上；

④ 在满足以上 3 条的基础上，选择阈值最大值。

图 5.8 显示了男性和女性的两种功能性脑网络在常态和疲倦状态下全局效能变化趋势。

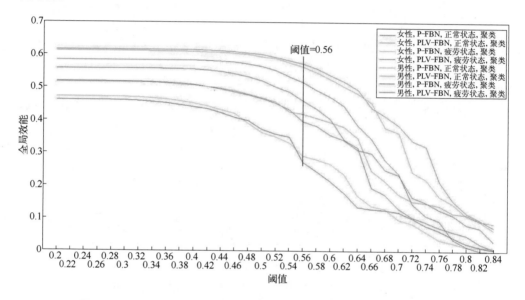

图 5.8　男性和女性的两种功能性脑网络在常态和疲倦状态下全局效能变化趋势

从图 5.8 结果可以看出，在阈值为 0.56 时满足上述条件。图 5.9 是阈值在等于 0.56 时候的功能性脑网络。表 5.6 显示了图 5.9 的网络密度和边值，结果显示常态的 P-FBN，男性网络密度比女性高 108％；常态的 PLV-FBN，男性脑网络密度比女性高 160％；疲倦的 P-FBN，男性网络密度要比女性高 91％；疲倦的 P-FBN，男性网络密度要比女性高 143％。因此图 5.9 和表 5.6 可以得出在阈值 0.56 下女性的脑网络连接密度要远远小于男性的结论。

由于男性脑网络密度要远远高于女性，因此比较男女之间网络差异性中的男性同步性值高于女性同步性值的电极对（即男性较女性高的电极对）就毫无意义。因此本研究只比较功能性脑网络中女性同步性值较男性高的电极对，从图 5.9 的第三列可以看出，在相同的脑网络，女性比男性高的电极对都集中在顶区。

对所有电极上的聚集系数求平均值，从表 5.6 结果可以看出，男性的聚集系数要明显高于女性。

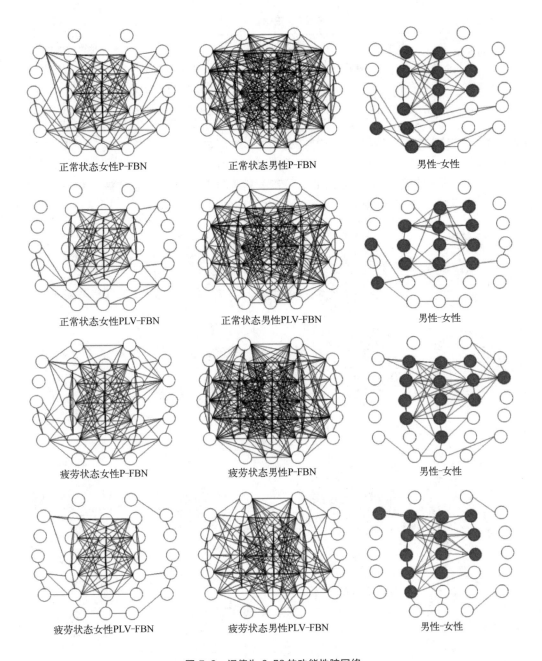

图 5.9 阈值为 0.56 的功能性脑网络

（图中第一列为女性脑网络，第二列是男性脑网络，第三列是男性小于女性的电极之间同步性值构成的差异性脑网络，第一行是常态的 P-FBN，第二行是常态的 PLV-FBN，第三行是疲倦状态的 P-FBN，第四行是疲倦状态的 PLV-FBN）

表 5.6　不同状态的特征

项目	常态 P-FBN		常态 PLV-FBN		疲倦 P-FBN		疲倦 PLV-FBN	
	女性	男性	女性	男性	女性	男性	女性	男性
密度	0.34	0.71	0.23	0.60	0.36	0.69	0.23	0.46
边	151	308	104	263	158	301	100	199
聚集系数	0.69	0.84	0.57	0.79	0.71	0.84	0.48	0.73

从电极平均上可以看出男性和女性的度特征和聚集系数特征具有一定的差异性，这种差异性扩散到不同电极上，可以分析男性和女性在常态和疲倦状态下的脑区变化的不同。图 5.10 显示了聚集系数在不同脑区的差异性。

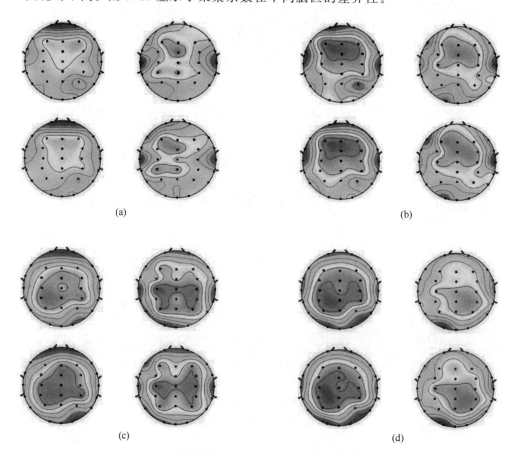

图 5.10　度和聚集性在不同电极上的特征分布

(a)—常态下男女聚集系数对比；(b)—疲倦状态下男女聚集系数对比；(c)—常态下男女度特征对比；
(d)—疲倦状态下男女度特征对比

(每个子图的左上为女性 P-FBN 特征，左下为女性 PLV-FBN 特征，右上为男性 P-FBN 特征，
右下为男性 PLV-FBN 特征)

神经生物学研究中，对疲劳产生的神经机理的研究结果表明右侧额叶和顶叶等重点脑区可能是警觉维持神经网络的重要组成部分，使脑维持在唤醒状态，发生疲劳的时候这些脑区可能会发生显著而普适的变化，这一结果在图 5.10 显示的聚集系数特征上表现尤为明显。对比图 5.10 的聚集系数特征分布，在两种功能性脑网络 P-FBN 和 PLV-FBN 下，当疲劳发生时，男性和女性的（F3、Fz、F4、FCz、FC4、Cz、CPz）部分聚集系数明显增强，而这些电极均属于前额区域和顶区，但是对比于其他脑区，聚集系数变化相差不大。

对比图 5.10 的度特征变化趋势，同样发现前额区域的度连接性增强，但是和聚集系数特征有所不同的是，颅后区域度特征的变化趋势比聚集系数变化趋势大。对比 Wascher 等人的研究成果，本研究成果正好相反。

出现这样结果的原因可能在于：①对比现有神经生物学机理成果，本研究两种状态均发生在前额和顶区，符合神经生物学研究的神经机理研究成果，证明了本研究的常态和疲倦状态变化的生理机制正确性。②利用本研究设计的实验模式，受试者经过 45min 枯燥的驾驶实验，虽然出现了疲劳状态，但是这种疲劳并非因睡眠不足而引发的 Droswy 状态，而是长期枯燥单调的驾驶引发的发躁状态，因此会造成前额脑区聚集系数增强结果。Wascher 等研究的疲劳状态是 Droswy 状态下的疲劳状态，因而会出现相反的状态。

对比图 5.10 两种功能性脑网络特征分布，表 5.7 列出了图 5.10 中特征值较大的电极。通过表 5.7 和图 5.10 可以发现，两种功能性脑网络的聚集系数和度特征，在不同电极的分布图上具有较大的相似性。

表 5.7 最大特征所在电极

项目	女	男
常态聚集系数	F3、Fz、F4、FCz、FC4、Cz、CPz	F3、Fz、FCz、Cz、CPz、FC3、C3、CP3、FC4
疲倦聚集系数	F3、FC3、C3、Fz、FCz、Cz、CPz、F4、FC4、C4	F3、FC3、C3、Fz、FCz、Cz、CPz、F4、FC4、C4
常态度	CP3、P3、FCz、Cz、CPz、F4、FC4、C4	CP3、P3、FCz、Cz、CPz、F4、FC4、C4
疲倦度	C3、Cz、C4、CPz、CP4、Pz、P4	C3、Cz、C4、CPz、CP4、Pz、P4

以疲劳和常态下的 P-FBN 和 PLV-FBN 功能性带权重的聚集系数为特征，以 SVM 为分类器计算男女性别的差异性，输入样本为 2750 个男性样本（标记为 1）和 2750 个女性样本（标记为 0），计算结果如图 5.11 所示。

图 5.11 是男性和女性的常态和疲倦状态下 P-FBN 和 PLV-FBN 两种功能性脑网络以聚集系数为特征的男女识别 ROC 图。ROC 图是以 Specificity 作为 x 轴，以 Sensitive 作为 y 轴。结果显示常态下的男女之间特征差异性较大，因此识别结果

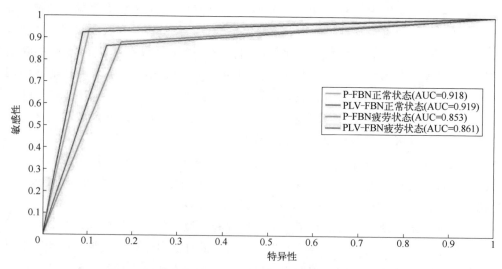

图 5.11 常态和疲倦状态的两种功能性脑网络的男女识别结果

较高,其中 P-FBN 和 P-FBN 的识别率均为 91.8%,疲倦状态的特征差异性较小,识别效果较低,分别是 85.3% 和 86.1%。

第五节 基于多特征和分类器融合的疲劳检测模型

为了减少由疲劳引发的交通事故,相关研究者通过各种方法对驾驶员疲劳进行检测研究。根据研究手段,疲劳驾驶研究可以分为三个方向:一是基于车辆行为的驾驶疲劳检测,其中包括车道偏离、车辆行驶速度、方向盘压力、转向转速等;二是基于驾驶行为的驾驶疲劳检测,包括眼动行为、面部行为和头部位置行为等;三是基于人体生理信号的驾驶疲劳检测,主要包括脉搏跳动、眼电、肌电、心电和脑电等。表 5.8 描述了近五年内部分疲劳驾驶相关研究成果。

表 5.8 疲劳驾驶研究现状

研究手段	研究团队	提取特征	特征提取方法	分类器	平均识别率
基于车辆行为的检测	刘军等人	方向盘角度标准差和静止百分比	建立两个特征的数学模型	线性判别分析算法	80.3%
	金立生等人	方向盘转角标准差、方向盘角速度标准差、方向盘转角变异系数、方向盘转角熵和零速百分比	方差分析	支持向量机	81.33%
	张希波等人	最大零速百分比和最大角度标准差	双时间窗	线性判别分析算法	82%

续表

研究手段	研究团队	提取特征	特征提取方法	分类器	平均识别率
基于驾驶行为的检测	赵雪鹏等人	眼睛张开度		卷积神经网络	93.10%
	邬敏杰等人	眼睛和嘴巴状态	自适应增强算法	统计单位时间内双参数与对应阈值的关系	95.3%
	白中浩等人	眼睛闭合率、哈欠频率、点头频率	自适应增强算法,主动形状模型	自适应神经模糊推理	93.3%
	周云鹏等人	面部多种疲劳参数	局部二值模式	模糊系统	80%以上
	牛清宁等人	眨眼频率、眼睛闭合率、注视方向和注视时间	最优时窗	支持向量机	83.84%
	刘志强等人	眼睛焦点位置,眼睛闭合率,眼睛横向摆动状态	最优时窗	支持向量机	83.92%
基于人体生理信号的检测	王琳等人	颈腰部生物力学和表面肌电信号	近似熵	主成分分析	91%
	Awais等人	心电图和脑电图	时频域	支持向量机	80%。
	Huo等人	脑电图、眼电图	回归模型	极端学习机	80.08%
	王仲民等人	心率、脉搏和呼吸信号	D-S理论	模糊神经网络	文中仅描述特征
	Zhang等人	脑电图、眼电图、肌电图	近似熵	神经网络	96.50%
	Khushaba	脑电图、眼电图	小波包转换	基于小波包的模糊互信息算法	95%
	Hu等人	脑电图	模糊熵	随机森林	96.6%
	Mu等人	脑电图	组合熵	支持向量机	98.75%
	YIN等人	脑电图	模糊熵	支持向量机	95.5%

通过学习现有研究成果,我们发现不同的研究方式都有自身的优势,也有不可避免的缺点。例如,利用车辆行为作为特征的优势在于实时性强,对驾驶员无干扰,缺点是对道路硬件要求较高,因为车辆行为特征并不能真正反映驾驶员疲劳的状态变化,疲劳识别准确率并不高,在80%上下(如表5.8所示);利用驾驶员行为作为特征的疲劳检测,克服了车辆行为中不能直接反映驾驶员疲劳状态变化的缺点,疲劳识别率达到90%左右,但缺点是受光照变化、面部表情、复杂背景等因素的影响较大;直接利用驾驶员生理特征作为疲劳检测依据,识别准确率最高,能

达到 98% 以上，但是由于生理信号过于敏感，个体差异性较大，因而稳定性较差。项目组曾以脑电信号为工具进行驾驶疲劳研究，如表 5.8 所示，在实验室环境下采集的脑电信号，识别率最高可达 98% 左右，但是移植到真实环境下，受到天气和驾驶员自身状态的影响，识别率很不稳定。

为了克服采用单一研究方式的缺点，很多研究者也在疲劳检测中综合了多种不同的信号特征。Awais 等人利用心电图和脑电图、Huo、Khushaba 等人利用脑电图和眼电图；王仲民等人利用心率、脉搏和呼吸；Zhang 等人利用脑电图、眼电图和肌电图。这些把不同特征融合的研究结果表明，不同的信号特征融合可以提高疲劳识别效果，在前期研究中，项目组把不同熵特征进行融合，结果显示该方式能明显提高疲劳检测的准确率。从现阶段研究成果上看，虽然已有很多团队开始研究多特征的融合，但是这些成果大多是同类特征之间的融合，其中以人体生理特征之间的融合最多。

从分析结果我们知道，不同类型的疲劳驾驶特征有自身的优势，如何能有效地兼顾稳定性和检测准确率呢？我们在研究过程中发现，疲劳驾驶特征带有明显个体差异性。我们发现男女受试者存在个体差异性，同时还发现，相同的信号特征针对不同的分类器也带有差异性，即使使用集成学习模型，对不同的受试者使用相同的信号特征也会影响分类的稳定性和准确性。

第六节 基于多分类器融合的疲劳检测模型

驾驶疲劳检测的过程中，由于识别系统中背景、类间变量、类内变量等因素的影响，同一个特征也会呈现不同的效果。为解决这一问题，研究者们研发了多种多样的局部或全局特征以适应不同的场景，而与其费力提取出可区分性能高的一种特征或者费力改善相关算法，融合技术反而具有更加瞩目的表现。研究发现，融合技术也的确取得了更好的效果。特征级融合、分数级融合、分类器级融合就是在这种思路下产生的，几者的区别就在于：特征级融合是在匹配之前进行，是将多种特征融合得到一个新的特征再计算其匹配分数；而分数级融合则发生在匹配之后，是将不同特征匹配后得到的一组分数值进行融合从而得到一个新的匹配分数值；分类器级融合则是在分类之后进行的。图 5.12 显示了三种融合策略的一般流程。

一、常用数据集划分和分类算法

1. 数据集划分方法

10 倍交叉验证（10-fold cross-validation）是一种常用的机器学习模型评估方法。在 10 倍交叉验证中，数据集被分成 10 个相等的子集，其中每个子集被轮流作为验证集，而其余的 9 个子集被作为训练集。模型会被训练 10 次，每次都选择一

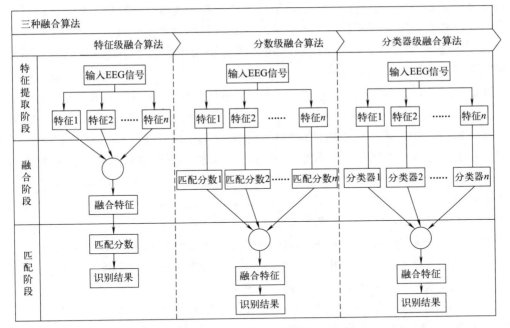

图 5.12 多种融合策略

个不同的子集作为验证集,并在其余 9 个子集上进行训练。最终的评估结果是 10 次评估结果的平均值,以此来减少因为随机性所带来的评估误差。10 倍交叉验证能够更准确地评估模型的性能,因为每个数据点都被用于训练和验证。它也可以帮助防止过拟合,因为模型在不同的数据集上被训练,而不是在同一个数据集上反复训练。

Jackknife 验证(也称为留一交叉验证)是一种常用的交叉验证方法,其基本思想是将数据集中的一个样本作为验证集,剩余的样本作为训练集,重复进行这个过程,直到所有样本都被用于验证为止,这样得到的结果可以被用来评估模型的性能。具体来说,Jackknife 验证的步骤如下:①对于数据集中的每一个样本,将该样本作为验证集,其他样本作为训练集;②使用训练集来训练模型,并在验证集上测试模型的性能;③重复步骤①和步骤②,直到所有样本都被用于验证为止;④计算所有验证集上得到的性能指标的平均值,作为模型的性能指标。

10 倍交叉验证和 Jackknife 验证都可以用于评估机器学习模型的性能,但在具体实现和效果上有所不同。10 倍交叉验证是将数据集分为 k 份,其中一份作为测试集,剩下的 $k-1$ 份作为训练集,然后使用这 k 份数据分别进行 k 次训练和测试,最终计算 k 次测试结果的平均值。这种方法的优点是可以避免过拟合,缺点是计算代价较高,需要进行 k 次训练和测试。而 Jackknife 验证是将数据集中的每个样本都作为测试集,其余样本作为训练集进行模型训练和测试,最终将每个测试集的测试结果进行平均。这种方法的优点是可以充分利用数据集中的每个样本，缺点是计算代价较高，因为需要进行 n 次训练和测试，其中 n 是样本数。

总体而言，10 倍交叉验证比 Jackknife 验证更常用，因为它在保证充分利用数据的同时，计算代价相对较低，并且对数据集划分方式的依赖较小。而 Jackknife 验证则更适合在数据集较小，且需要尽可能充分利用每个样本时使用。

Leave-One-Out 交叉验证（LOOCV）是一种特殊的交叉验证方法。它是在 K-fold 交叉验证中 K 等于样本数量时的一种情形。

在 LOOCV 中，我们将数据集中的每一个样本作为测试集，剩下的样本作为训练集进行模型的训练和评估。因此，对于一个大小为 n 的数据集，LOOCV 将会产生 n 个模型，每个模型都在一个不同的样本上进行测试。

具体来说，LOOCV 的实现步骤如下：
① 对于数据集中的每个样本，依次将其作为测试集，剩下的样本作为训练集。
② 在每个训练集上训练模型，并在对应的测试集上评估模型的性能。
③ 记录模型评估的性能指标，例如准确率、均方差等。
④ 将所有模型评估的性能指标取平均值，作为最终的评估结果。

相比于其他交叉验证方法，LOOCV 的优势在于利用了所有的数据进行训练和测试，可以最大程度地利用数据集中的信息。但是，由于需要训练 n 个模型，其计算量较大，需要消耗大量的计算资源。同时，如果数据集的规模比较大，LOOCV 可能会面临过拟合等问题。

在 Scikit-Learn 中，我们可以使用 Leave-One-Out 类来实现 LOOCV。该类的用法与其他交叉验证方法类似。Leave-One-Out 交叉验证（LOOCV）和 Jackknife 验证（JK）都是常用的无偏估计交叉验证方法，它们的主要不同点在于划分数据集的方式不同。

LOOCV 是一种特殊的 K-fold 交叉验证，即将数据集中的每个样本都单独作为测试集，其余样本作为训练集，共进行 n 次训练和测试，其中 n 为数据集中样本的数量。在 LOOCV 中，每次只有一个样本作为测试集，其他 $n-1$ 个样本作为训练集，因此 LOOCV 的训练次数较多，可减小样本划分的随机性，使结果更加可靠。

Jackknife 验证也是一种留一法，它是在样本数量较少时，不能将数据集等分为 K 份时使用的方法。其具体做法是将数据集中的 n 个样本分别剔除，得到 n 个 $n-1$ 大小的子集，每个子集中的 $n-1$ 个样本作为训练集，其中剔除的样本作为测试集，共进行 n 次训练和测试。与 LOOCV 不同的是，Jackknife 每次训练和测试都是在 $n-1$ 个样本上进行，因此 Jackknife 比 LOOCV 更加快速。另外，Jackknife 的训练次数为数据集中样本数量，比 LOOCV 少，但其样本划分的随机性较大。

LOOCV 和 JK 都是用于评估模型性能的交叉验证方法。与 K-fold 交叉验证方法相比，它们都具有更高的计算成本，但可以提供更准确的性能估计。在数据集较大的情况下，通常会选择 Leave-One-Out Cross-Validation（LOOCV），因为 Jackknife 在处理大型数据集时会变得非常耗时。LOOCV 通常比 Jackknife 更快，因为 LOOCV 在每次迭代中仅留下一个数据点，而 Jackknife 需要在每次迭代中保留一个子样本，这意味着需要进行更多的迭代。此外，LOOCV 还可以提供更准确的模型评估，因为它使用的样本更多。

然而，在某些情况下，Jackknife 可能更适合处理大型数据集。例如，当存在大量的离群值时，Jackknife 可以更准确地估计模型的稳定性，因为它可以利用更多的样本进行平均。此外，Jackknife 还可以更好地处理高维数据集，因为它不需要在每次迭代中保留整个样本，而只需要保留一个子样本。

2. 常用的分类算法

(1) K 近邻

K 近邻（KNN）是一种常见的机器学习算法，它可以用于分类和回归问题。

对于分类问题，算法的目标是预测输入数据所属的类别。对于回归问题，算法的目标是预测一个连续的输出变量。KNN 算法的基本思想是，通过找到与输入数据最相似的训练数据来进行预测。具体来说，在 KNN 算法中，首先需要准备训练数据集，这些数据集包含了已知类别或连续输出变量的数据。

当新的输入数据进来时，计算这个输入数据与训练数据中所有数据的距离。距离通常使用欧几里得距离或曼哈顿距离〔曼哈顿距离（Manhattan distance），也称为城市街区距离或 L1 距离，是指在一个平面上，两个点之间的距离以它们在坐标轴上的距离之和表示〕等测量方式。

计算完距离之后，选择 K 个距离最近的训练数据，这些训练数据的类别或值将被用来预测输入数据的类别或连续输出变量。对于分类问题，可以采用"投票"（voting）的方式来决定输入数据所属的类别。也就是说，K 个距离最近的训练数据点中，属于哪个类别的点最多，就把输入数据预测为哪个类别。对于回归问题，可将 K 个距离最近的训练数据点的值的平均值作为输入数据的预测值。

KNN 算法的优点是简单、易于实现，并且能够适用于多种问题。但它的缺点也比较明显，例如对于高维数据，计算距离的复杂度很高，而且在大型数据集上的计算代价也比较大；此外，当数据不平衡或存在噪声时，KNN 算法的效果可能会变差。

(2) 反向传播神经网络

反向传播神经网络（backpropagation neural network，BP 神经网络）是一种基于梯度下降算法的人工神经网络模型。它是一种前馈神经网络，即信息从输入层流向输出层，而不会出现环路。

BP 神经网络的基本结构包括输入层、中间层和输出层。其中，中间层又称为隐藏层，可以有多个隐藏层，每个隐藏层包含多个神经元。输入层接收外部输入信息，输出层提供网络的输出结果。每个神经元接受来自上一层神经元的输入，并通过激活函数将加权和转化为输出，该输出成为下一层神经元的输入。

BP 神经网络的训练过程包括前向传播和反向传播两个过程。

前向传播时，将输入数据输入到输入层，经过中间层的多次计算，得到输出层的输出结果。输出结果与实际输出进行比较，计算出误差。

反向传播时，将误差从输出层向前传播，根据误差计算各层神经元的误差信号，然后利用梯度下降算法来更新神经元之间的权重和偏置，使误差最小化。反向传播算法可以有效地解决神经网络的训练问题，使得神经网络可以通过多轮训练学习到输入输出映射关系，从而实现分类、预测等功能。

总之，BP 神经网络是一种基于梯度下降算法的前馈神经网络，通过前向传播计算输出，通过反向传播来更新神经元之间的权重和偏置，从而实现学习输入输出映射关系的过程。

（3）支持向量机

支持向量机（SVM）是一种常见的机器学习算法，通常用于分类和回归问题。其主要思想是在输入空间中找到一个最优的超平面（或线性决策边界），该超平面可以将不同类别的数据点有效地分离开来。

在 SVM 中，每个数据点在输入空间中被表示为一个向量，其类别由其所属的类别决定。SVM 的目标是找到一个超平面，该超平面可以最大化不同类别数据点与其之间的距离［称为"间隔"（margin）］，从而提高分类的准确性。

对于非线性可分的数据集，SVM 可以采用核函数的方式将数据从原始的输入空间映射到一个高维特征空间中，从而使得数据在该空间中线性可分。常见的核函数有径向基函数（RBF）、多项式函数和 sigmoid 函数等。

SVM 的优点在于具有较高的准确性和泛化性能，并且可以处理高维数据集和非线性可分问题。然而，SVM 在处理大规模数据集时可能会面临计算复杂度高的问题。

（4）随机森林

随机森林（random forest，RF）是一种常见的机器学习算法，它是基于决策树（decision tree）集成学习的一种方法。在 RF 中，通过对多个决策树的结果进行集成来进行分类或回归预测。

RF 的主要特点是通过随机选择数据样本和特征来构建多个决策树，这样可以有效地避免过拟合和提高泛化性能。在每个决策树中，样本和特征的选择都是随机的，因此每个决策树都是不同的，而这些决策树共同构成了随机森林。

在分类问题中，RF 通过每个决策树的投票结果来确定最终的分类结果。在回归问题中，RF 通过每个决策树的平均预测结果来确定最终的回归结果。

RF 的优点在于具有较高的准确性和泛化性能，可以处理高维数据集和非线性可分问题，并且可以用于特征选择和异常检测等任务。同时，RF 还可以对决策树进行解释和可视化，有助于了解数据的特征和决策过程。

（5）集成学习

集成学习是一种机器学习技术，其目的是通过组合多个学习器（也称为基学习器）来获得比单个学习器更好的预测性能。集成学习的思想是，通过将多个学习器的预测结果组合起来，可以减少过拟合和提高泛化能力，从而提高整体预测性能。

集成学习可以分为两类：平均法和投票法。平均法将多个学习器的预测结果取平均值；而投票法则是将多个学习器的预测结果综合起来进行投票，取得票最多的结果作为最终结果。

包括先前提及的 RF 算法在内，常见的集成学习算法还包括梯度提升树、Adaboost、Bagging 等等。这些算法通过组合多个基学习器来提高性能，并在不同的数据集和问题上均有良好表现。

集成学习的优点在于可以减少单个学习器的缺点，同时提高整体预测能力，适用于各种机器学习问题。其缺点在于需要较多的计算资源和时间，同时对于算法的选择和参数的调整也有一定的要求。

（6）决策树

决策树（decision tree）是一种基于树形结构的机器学习算法，常用于分类和回归问题中。其主要思想是将数据集分成许多小的子集，直到每个子集中的数据只属于一个类别或满足回归模型的特定条件。在决策树的构建过程中，算法通过选择最优特征进行节点分裂，来实现数据集的不断细分。最终生成的决策树可以被用于分类和预测新的数据点所属的类别或值。

决策树的构建过程包括以下几个步骤：

① 特征选择：选择最优特征作为当前节点的分裂标准；

② 数据集划分：将数据集划分成多个子集，每个子集包含当前节点上的一个特征取值；

③ 递归构建：对于每个子集，重复以上步骤直到满足停止条件；

④ 剪枝处理：对生成的树进行剪枝处理，避免过拟合。

决策树算法的优点包括易于理解和解释、对缺失数据不敏感、可以处理不相关特征、计算复杂度较低等。然而，决策树容易过拟合，对于数据中的噪声和异常值比较敏感，需要进行适当的剪枝处理。

（7）朴素贝叶斯

朴素贝叶斯（naive Bayes）是一种基于贝叶斯定理和特征条件独立假设的分类算法。它假设每个特征（或属性）与其他特征之间相互独立，并且每个特征对于分类结果的影响是相互独立的。这个假设可能在实际应用中并不总是成立，但在很多情况下它都能够取得很好的效果。

贝叶斯定理是指，在已知某个条件下，另一个条件发生的概率。在分类问题中，我们想要知道给定一个样本，它属于哪个类别的概率最大。根据贝叶斯定理，我们可以通过计算样本属于某个类别的条件概率，来确定它属于哪个类别的概率最大。

具体地，假设我们有一个数据集，其中包含若干个样本，每个样本有多个特征和一个标签。对于一个新样本，我们需要预测它属于哪个类别。此时可以使用朴素贝叶斯算法来计算这个样本属于每个类别的条件概率，然后选取概率最大的那个类别作为预测结果。具体地，朴素贝叶斯算法包括以下步骤：

① 统计每个类别在训练集中的出现次数，并计算每个类别的先验概率；

② 对于每个特征，计算它在每个类别中的条件概率，即给定某个类别下，这个特征取某个值的概率；

③ 对于一个新样本，计算它在每个类别下的条件概率，即根据每个特征的条件概率，计算样本属于每个类别的概率；

④ 选取概率最大的那个类别作为预测结果。

朴素贝叶斯广泛应用于文本分类、垃圾邮件过滤、情感分析、推荐系统等领域。

（8）多层感知器

多层感知机（multi layer perceptron，MLP）是一种常见的人工神经网络模型，它由多个神经元层组成，每个神经元层之间都有连接，每个神经元都可以接收一些输入，并产生一个输出。

在 MLP 中，每个神经元都使用一个激活函数来计算其输出，常见的激活函数包括 sigmoid 函数、ReLU 函数、tanh 函数等。每个神经元的输出也可以作为下一层的输入。

MLP 的训练通常使用反向传播算法（backpropagation）进行。该算法通过将误差从输出层向前传播，以更新每个神经元的权重和偏差，以最小化网络输出的误差。

MLP 通常用于分类和回归问题，可以处理高维度和非线性数据。它在计算机视觉、自然语言处理等领域被广泛使用。

（9）高斯贝叶斯

高斯贝叶斯（Gaussian naive Bayes）是朴素贝叶斯算法的一种变体。它是一种用于分类问题的机器学习算法，适用于解决二分类和多分类问题。

高斯贝叶斯和普通的朴素贝叶斯的区别在于特征的分布假设不同。普通的朴素贝叶斯分类器假设特征的分布是离散的，即每个特征都是一个离散的变量，且每个特征的取值只有有限个可能性。而高斯贝叶斯分类器假设特征的分布是连续的，即每个特征都是一个连续的变量，且每个特征的取值可以是任意实数。

在计算条件概率时，普通的朴素贝叶斯分类器使用了多项式分布来建模离散特征的概率分布，而高斯贝叶斯分类器使用了高斯分布来建模连续特征的概率分布。

因此，普通的朴素贝叶斯分类器适用于离散特征的分类问题，如文本分类和垃圾邮件过滤等。而高斯贝叶斯分类器适用于连续特征的分类问题，如数据挖掘和图像识别等。

另外，高斯贝叶斯分类器还可以通过最大后验概率估计来估计每个类别下的特征参数，从而避免了在训练过程中出现零概率问题，这是普通的朴素贝叶斯分类器所不能解决的。

（10）二次判别分析

二次判别分析（quadratic discriminant analysis，QDA）是一种基于概率的分类方法，用于将样本分配到两个或多个已知类别中的一种。在这种方法中，每个样本由一组特征值（或者称为变量）表示，而每个类别都有自己的均值向量和协方差矩阵，用于描述该类别的特征值分布情况。

二、特征融合案例

为了评估不同组合熵的性能，通过 SVM 分类器计算了 PE、AE、SE 和 FE 之间的不同熵融合结果作为特征。图 5.13 显示了所有受试者不同组合熵的平均 Acc。根据图 5.13（a）中 PE 和 AE、PE 和 SE 以及 PE 和 FE 之间的单个熵的测试数据，确定了平均 Acc 值显著增加。如图 5.13（b）和图 5.13（c）所示，当两个或三个熵特征融合时，平均 Acc 值也显著增加。图 5.13 显示了多熵融合方法表现出更好的性能和鲁棒性。

在这项研究中，计算了每个受试者在正常期和疲劳期之间的四次熵。基于四个常用分类器的训练和测试数据，获得了结果。采用众所周知的性能指标，包括敏感性（Sn）、特异性（Sp）和准确性（Acc）来评估量化结果。表 5.9 列出了使用基于训练和测试数据的每个分类器通过 LOO 方法检测驾驶员疲劳的成功率。为了便于与多熵融合方法进行比较，还给出了以 AR 模型参数为特征的相应结果。根据训练数据，Acc 值分别为 97.6％ 和 97.6％；根据测试数据，Acc 值分别为 96.8％、96.4％ 和 97.0％。通过使用基于训练和测试数据的 BP 分类器，获得了 96.8％、97.0％、96.5％、92.9％、93.6％ 和 92.3％ 的 Acc 值。使用 AR 模型参数作为相同数据集上的特征获得相应的比率。表 5.9 还显示了分别由 SVM、RF 和 KNN 分类器获得的 Acc、Sn 和 Sp 的较高成功率，这表明基于多熵融合方法的疲劳检测性能不仅非常高，而且鲁棒性非常高。

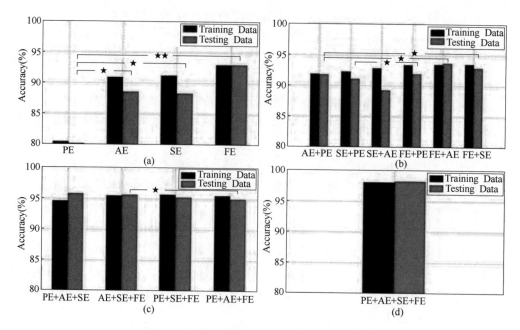

图 5.13　使用不同熵融合的分类结果和性能比较

[统计分析是指所有受试者的平均 Acc（*p<0.05，**p<0.01）]
(a)—使用单熵；(b)—使用两种类型的熵；(c)—使用三种类型的熵；(d)—使用所有熵

表 5.9　通过将熵特征与基于训练和测试数据的 AR 参数特征进行比较所获得的四个分类器的性能

分类器	选择熵特征						选择自回归滑移平均模型特征					
	训练数据			测试数据			训练数据			测试数据		
	Acc	Sn	Sp	Acc	Sn	Sp	Acc	Sn	Sp	Acc	Sn	Sp
支持向量机	97.0	96.8	96.7	95.6	95.0	95.7	93.9	93.7	94.1	91.3	92.3	90.2
反向传播神经网络	97.6	97.6	97.6	96.8	96.4	97.0	96.8	97.0	96.5	92.9	93.6	92.3
随机森林	96.9	96.9	97.0	95.2	95.6	95.0	93.3	93.0	93.5	92.7	92.4	92.9
K 近邻	95.3	95.1	95.4	94.2	94.3	93.9	85.0	85.9	84.0	84.2	85.6	82.8

第六章

基于脑电信号驾驶疲劳验证系统研究

第一节 脑电信号采集研究

一、脑电信号数据结构

1. 原始波形值（16位）

脑电信号的原始波形值是由很多个 16 位的整数构成的，其中每一个整数代表一个原始波形值。作为一个有符号的 16 位整数，它的取值范围是（-32768，32767）。该 16 位数据的第一个八位表示脑电信号互补值的高阶位，而第二个八位表示脑电信号的低阶位。当我们做数据分析的时候需要使用脑电信号的原始波形值，那就必须将第一个字节向左移动 8 位，然后逐位或与第二个字节的内容按位做一次或操作，计算方法如下：

short rawdata= (Value[0]< < 8)| Value[1];

其中，Value [0] 代表原始数据的高 8 位；Value [1] 代表原始数据的低 8 位。如果系统和编程语言不支持按位运算，我们还可以直接用下面的算术运算来替代：

rawdata= Value[1]+ 256* Value[0];

if(rawdata > = 32768)rawdata= rawdata- 65536;

其中，rawdata 是语言中的任何有符号数字类型，可以表示（-32768，32767）之间的所有数字。每个数据模型只在（-32768，32767）范围内的某些区域报告其原始波浪信息。在正常的情况下，这个数据值的输出处于开启状态，每秒可以输出 512 个 rawdata 数据，相当于大约每 2ms 输出一次。

2. 脑电功率

该数据值表示 8 种常见 EEG（脑电波）的当前幅值。该数据值以低字节序输出,每个数据值为一组 8 个 3 字节无符号整数。八种脑电功率按以下顺序输出:δ (0.5~2.75Hz)、θ (3.5~6.75Hz)、低 α (7.5~9.25Hz)、高 α (10~11.5Hz)、小 β (13~16.75Hz)、高 β (18~29.75Hz)、低 γ (31~39.75Hz) 和中 γ (41~49.75Hz)。这些值没有单位,因此只有相互比较才有意义,考虑相对数量和时间波动。默认情况下,此数据值的输出处于启用状态,通常每秒输出一次。

3. 专注度 Attention

这个无符号的单字节值报告用户的当前注意力表,它指示用户的心理"专注"或"注意力"水平的强度,例如在集中注意力和定向(但稳定)的心理活动期间发生的强度。其值的范围从 0 到 100。分心、走神、注意力不集中或焦虑可能会降低注意力表的水平。默认情况下,会启用此数据值的输出。它通常每秒输出一次。

4. 冥想度 Meditation

这个无符号的单字节值记录用户当前的冥想量表,它指示用户的心理"平静"或"放松"水平。其值的范围从 0 到 100。注意,冥想是衡量一个人的心理水平,而不是身体水平,所以简单地放松身体的所有肌肉可能不会立即提高冥想水平。然而,对于大多数人来说,在大多数正常情况下,放松身体通常也有助于大脑放松。冥想与大脑中活跃的心理过程减少活动有关,长期以来,人们一直观察到闭上眼睛会关闭处理眼睛图像的心理活动,因此,闭上眼睛通常是提高冥想水平的有效方法。分心、走神、焦虑、烦躁和感官刺激可能会降低冥想量表水平。默认情况下,会启用此数据值的输出。它通常每秒输出一次。

二、脑电数据流格式

可穿戴脑电采集设备通过蓝牙串口接收数据包,该设备每秒可以发送 512 个小数据包和 1 个大数据包。其中小数据包由八个字节构成,前面五个字节的内容是 AA AA 04 80 02,这是固定不变的,后三个字节是不断变化的,第六个字节是 Highvalue,而第七个字节是 Lowvalue,它们共同组成了原始数据 rawdata,第八个字节 CheckSum 代表了校验和。因此一个小数据包里面只包含了 rawdata 这样一个对开发者来说有用的数据,该数据占据小数据包里的第六和第七个字节,因此,一个小数据包就相当于一个原始数据,而每秒系统会产生 512 个原始脑电数据。我们通过以下代码可以从小数据包中解析出原始脑电数据:

```
rawdata= (Highvalue < < 8)|Lowvalue;
if(rawdata> 32768){rawdata= rawdata-65536};
```

但是在计算原始数据之前,我们先应该检查校验和是否正确。系统校验和的计算方法如下所示:

```
sum= 0xFF &(0xFFFFFFFF ^(0x80+ 0x02+ Highvalue+ Lowvalue))
```

如上所示，我们把第四、第五、第六和第七个字节加起来，取反后再取其中的低八位。如果这样算出来的 sum 和 CheckSum 是相等的，那说明这个小数据包是正确的，然后再去获取 rawdata 的值，否则就丢弃这个数据包。一般情况下，丢包率小于 10% 是不会对最后结果造成影响的。获取到这 512 个脑电信号原始数据后，我们还可以从第 513 个数据包，也就是大数据包中去读取其他数值，比如存储脑电信号强度的 Signal、存储受试者专注度的 Attention、存储放松度的 Meditation，同时还存储了 8 个 EEG Power 的值。所有这些数据都是在大数据包里面，这个数据包的格式是非常规范的，以下是对上述数据包结构的逐字节解析。

数据包头部：

一共七个字节，分别存储以下内容：
- 第一字节存储的值是 AA，表示同步；
- 第二字节存储的值也是 AA，表示同步；
- 第三字节存储的值是 20，在十进制中其实就是 32，也就是 32 个字节的有效数据，其中包含了当前数据本身以及前面两个 AA 同步数据，还包含了最后的校验和；
- 第四字节存储的值是 02，代表下面存储的是信号的值；
- 第五字节存储的是信号本身的值；
- 第六字节存储的值是 83，代表下面存储的是 EEG Power；
- 第七字节存储的值是 18，在十进制中表示 24，说明 EEG Power 是由 24 个字节组成的，一共分为八组，其中每三个字节为一组。

数据包核心数据首先是八组共 24 个字节的 EEGPower 数据：
- 第一组共三个字节，分别存储 Delta 的低字节、中字节和高字节；
- 第二组共三个字节，分别存储 Theta 的低字节、中字节和高字节；
- 第三组共三个字节，分别存储 LowAlpha 的低字节、中字节和高字节；
- 第四组共三个字节，分别存储 HighAlpha 的低字节、中字节和高字节；
- 第五组共三个字节，分别存储 LowBeta 的低字节、中字节和高字节；
- 第六组共三个字节，分别存储 HighBeta 的低字节、中字节和高字节；
- 第七组共三个字节，分别存储 LowGamma 的低字节、中字节和高字节；
- 第八组共三个字节，分别存储 MiddleGamma 的低字节、中字节和高字节。

然后紧接着的是五个字节的数据：
- 第一字节存储的值是 04，表示专注度 Attention；
- 第二字节存储的是专注度 Attention 的实际值；
- 第三字节存储的值是 05，表示冥想度 Meditation；
- 第四字节存储的是冥想度 Meditation 的值；
- 第五字节存储的是校验和。

三、脑电采集设备

1. 常规设备

图 6.1 所示是一套可穿戴的无线脑电采集设备，其支持的软件界面直观易用，便于设置、记录和可视化分析。其 24 位高分辨率确保了 EEG 信号的准确性，高达 500SPS 的采样率可以满足包括 ERP 实验在内的一般应用要求。此外，它的主机配备了三轴加速度传感器，在记录脑电信号的时候还可以同步记录加速度数据。收集到的脑电数据可以实时无线传输到 PC 软件或存储在 SD 卡上，这使得系统使用起来非常灵活。

该设备通过 24bit 无线传输，可还原原始 EEG 信号的信噪比和高动态范围的完美结合，如实记录所有直流信号并去除伪迹。无线数据传输的同时保留有线数据传输的可靠性，减少数据中的伪迹。带宽：0～125Hz；频域波形：δ、θ、α、β、γ 和高 v 带；通过采样率 100SPS 的三轴加速度传感器同步记录头部运动并去伪；兼容 Starstim（tCS/tES）和 TMS；获得高质量的 EEG 信号如此简单。准备时间不到 5min。

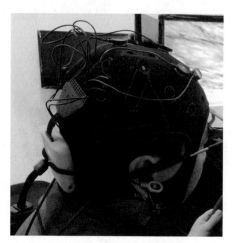

图 6.1　专用车载脑电采集设备

2. 自制设备

图 6.2 是自制的脑电采集设备的电路部分，其设计如下：

图 6.2　自制的脑电信号采集电路板

缓冲级→前级→高通→低通→ADC；

① 缓冲级和前级由 2 片 OPA4227+INA128 组成，设置放大倍数为 400 左右，同时完成共模抑制；

② 另外一片 OPA4227 完成 2 路的高通→低通，主放大倍数 1；

③ 模拟部分主要器件，即 1 个 INA128+1 个 OPA4227（双路），以后可以换便宜的器件。ADC 采用 AD7792，其中后级放大倍数用 AD7792 中可变放大倍数作为调整，最大放大 128 倍，但实际用到 32 倍即可。总放大倍数 $400×32=12800$。CPU 采用 STM8S103F2，开发工具用 keil，模拟器用 Jlink V8。蓝牙模块用串口转蓝牙的 GC02。

3. 可穿戴设备

图 6.3 和图 6.4 所示是可穿戴的脑电信号采集设备，该设备以串行流的形式传输编码在数据包中的数据值，通过标准蓝牙串行端口配置文件（SPP）传输数据。设备直接与干电极相连，通过单 EEG 脑电通道＋参考电极＋地线采集脑电信号，设备可以检测到极微弱的脑电信号，可过滤掉噪声，抗干扰，脑电信号采集频率为 512Hz，脑电信号数据中除了原始脑电信号，还包含了各个频率段的脑波：delta，theta，low alpha，alpha，low beta，gamma。相关参数包含：

- 硬件滤波：3～100Hz；
- 静电保护：4kV 接触放电、8kV 隔空放电；
- 最大消耗功率：15mA×3.3V；
- 运行电压：2.97～3.63V；
- UART 串联口波特率：57600。

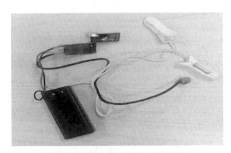

图 6.3　简易脑电信号采集设备

图 6.4　可穿戴的脑电信号采集设备

四、Java 采集脑电数据包

基于前面描述的脑电信号数据流格式，我们使用 Java 编写了脑电信号的采集程序，部分源代码如下：

```java
public class ClsWaveDiagram {
    static private int[]groupdata= new int[512];//数据包中的脑电信号原始数据
    static private int[]resultdata= new int[10];//数据包中的脑电信号结果数据
    static private int[]powerdata= new int[8];//各个频段的能量值归一化
    static double[]jieguo= new double[2];
    static int dataPointer= 0;
    int counter= 0;
    static int groupcounter= 0;
    MediaPlayer mymp;
    private boolean isRecording= false;// 线程控制标记
    private InputStream btInput= null;// 蓝牙数据输入流
      private int ScreenW,ScreenH;
      private Random rand;
      float value[][],len[][],previous[],next[];
      private int zbx,zby;//环形图的坐标原点
      private int radius;//圆的半径
      private static int count,newcount;//计数器
      private int[]easyvalue,value1,value2;
      private String name[];
      private String str;//测试用字符串
      private int tempcount;//测试用计数器
      private double pxx[];//返回数组
      private int tempflag;//文件初始化标志
      private double[]xx;//计算数组
      private double[]x;
      private int num;//圆形曲线的编号
      private Bitmap bitmap1,bitmap2;//图片
      private byte[]buffer;//数据缓存
      private String s;
      private String[]datastr;
      private Path paths;
      private AudioManager am;
```

```
private int volume= 10;
private int status= 0;//0 为尚未夹上参考电极;1 为尚未戴上采集电极;2 为正常采集状态
private int signal= 0;
/* *
*  X 轴缩小的比例
* /
public int rateX= 1;
/* *
*  Y 轴缩小的比例
* /
public int rateY= 1;
/* *
*  Y 轴基线
* /
public int baseLine= 600;
/* *
*  初始化
* /
public ClsWaveDiagram(InputStream btInput,int rateX,int rateY,
    int baseLine,MediaPlayer mp,Bitmap bmp,AudioManager am){
  this.btInput= btInput;
  this.rateX= rateX;
  this.rateY= rateY;
  this.baseLine= baseLine;
  this.mymp= mp;
  this.bitmap1= bmp;
  this.am= am;
  mymp.start();
  for(int i= 0;i< 512;i+ + )
    groupdata[i]= 0;
  for(int i= 0;i< 10;i+ + ){
    resultdata[i]= 0;}
  for(int i= 0;i< 8;i+ + ){
    powerdata[i]= 0;}
```

```
            //mymp.start();
            rand= new Random();
            value= new float[16][3];
            previous= new float[8];
            num= -1;
            next= new float[8];
            len= new float[8][5];
            paths= new Path();
            paths.moveTo(0,baseLine);
        zbx= 768;
    zby= 1024;
        radius= 360;
        for(int i= 0;i< 8;i++){
            next[i]= radius;
            for(int j= 0;j< 5;j++)
                len[i][j]= 0;
        }
        count= 0;
        newcount= 0;
        name= new String[]{"Low Alpha   ","   Theta ","   Delta ","High Gamma","Low Gamma ","High beta "," Low beta ","High Alpha"};
        //测试数据
        tempcount= 0;
        tempflag= 0;


    }
    public void Start(SurfaceView sfv,Paint mPaint,int wait){
        isRecording= true;
        new DrawThread(sfv,mPaint,wait).start();// 开始绘制线程
    }
    public void Stop(){
        isRecording= false;
    }
```

ClsWaveDiagram 类实现了波形图的绘制功能。该类用于处理脑电信号数据并将其绘制成波形图。

私有变量：
-groupdata：一个包含 512 个整数的数组，用于存储脑电信号的原始数据。
-resultdata：一个包含 10 个整数的数组，用于存储脑电信号的结果数据。
-powerdata：一个包含 8 个整数的数组，用于存储不同频段的归一化能量值。
-jieguo：一个包含 2 个双精度浮点数的数组，用于存储计算结果。
-dataPointer：一个整数，用于指示当前处理数据的位置。
-counter：一个整数，用于计数。
-groupcounter：一个整数，用于计数。
-mymp：一个 MediaPlayer 对象，用于播放音频。
-isRecoding：一个布尔值，用于控制线程。
-btInput：一个 InputStream 对象，用于接收蓝牙数据。
-ScreenW、ScreenH：屏幕的宽度和高度。
-rand：一个 Random 对象，用于生成随机数。
-value、len、previous、next：用于存储绘制环形图所需的数据。
-zbx、zby：环形图的坐标原点。
-radius：圆的半径。
-count、newcount：计数器。
-easyvalue、value1、value2：整数数组。
-name：一个包含 8 个字符串的数组，用于存储频段名称。
-str：一个字符串，用于测试。
-tempcount：一个整数，用于测试计数。
-pxx：一个双精度浮点数数组，用于返回结果。
-tempflag：一个整数，用于标识文件的初始化状态。
-xx：一个双精度浮点数数组，用于计算。
-x：一个双精度浮点数数组。
-num：圆形曲线的编号。
-bitmap1、bitmap2：位图对象。
-buffer：数据缓存。
-s：一个字符串。
-datastr：一个字符串数组。
-paths：一个 Path 对象。
-am：一个 AudioManager 对象，用于控制音频。
-volume：一个整数，表示音量大小。
-status：一个整数，表示状态。
-signal：一个整数。

公有方法：

-ClsWaveDiagram：构造函数，用于初始化类的实例。

-Start：启动绘制线程的方法。

-Stop：停止绘制线程的方法。

ClsWaveDiagram 类的主要功能是接收蓝牙传输的脑电信号数据，并将其转换为波形图进行显示。它通过绘制环形图和曲线来展示脑电信号的特征。该类还包含一些辅助方法，用于处理数据和控制音频播放。在绘制过程中，ClsWaveDiagram 类会不断地从蓝牙输入流中读取数据，并根据数据的变化更新波形图的显示。通过调用绘制方法，它会将数据转换为绘制所需的格式，并在 SurfaceView 上进行绘制。同时，它还会根据不同的状态和信号控制音频的播放和音量的调节。

```
public class WaveDiagram extends Activity {
    ClsWaveDiagram clsWaveDiagram;
    SurfaceView sfvWave;
    Paint mPaint;
    InputStream btInput;
    MediaPlayer mp;
    AudioManager mAudioManager;
    @Override
    public void onCreate(Bundle savedInstanceState){
      super.onCreate(savedInstanceState);
      setContentView(R.layout.wavediagram);
      sfvWave= (SurfaceView)this.findViewById(R.id.sfvWave);
      sfvWave.setOnTouchListener(new TouchEvent());
      mPaint= new Paint();
      mPaint.setColor(Color.GREEN);// 画笔为绿色
      mPaint.setStrokeWidth(1);// 设置画笔粗细
      try{
        if(Online_analysis.btSocket.getInputStream()!= null){
          InputStream btInput= null;
          btInput= Online_analysis.btSocket.getInputStream();
          byte[]temp= new byte[30];
          len= btInput.read(temp);
            new AlertDialog.Builder(this).setTitle("title")
.setMessage("len= "+ len).show();
```

```java
            if(mp = = null)
              mp= MediaPlayer.create(WaveDiagram.this,R.raw.dida);
           mp.setLooping(true);
            mAudioManager= (AudioManager)getSystemService(Context.AUDIO_SERVICE);
           Bitmap bmp= BitmapFactory.decodeResource(getResources(),R.drawable.two);
           clsWaveDiagram= new ClsWaveDiagram(
               Online_analysis.btSocket.getInputStream(),
               1,
               16,
               1700,mp,bmp,mAudioManager);//横向绘制波形图
           clsWaveDiagram.Start(sfvWave,mPaint,20);
           //Log.e("clsWaveDiagram","start");
         }
       } catch(IOException e){
         // TODO Auto-generated catch block
         e.printStackTrace();
       }
     }
     @Override
     public void onDestroy()
    {
       clsWaveDiagram.Stop();
       mp.release();
       try {
         Online_analysis.btSocket.close();
       } catch(IOException e){
         e.printStackTrace();
       }
       super.onDestroy();
    }
     class TouchEvent implements OnTouchListener {
       @Override
       public boolean onTouch(View v,MotionEvent event){
```

            }
         }
      }

  WaveDiagram 类继承自 Activity，它用于实现波形图的绘制和控制。该类的主要功能是在 Android 应用程序中显示一个波形图，并提供相应的用户交互功能。

  首先，在 onCreate 方法中，设置了布局文件为 wavediagram，并获取了 SurfaceView 对象 sfvWave，为其设置了一个触摸事件监听器 TouchEvent。接下来，创建了一个画笔对象 mPaint，并设置其颜色为绿色，粗细为 1。

  在 try 块中，通过 Online_analysis 类的 btSocket 对象获取了输入流 btInput，并进行了相应的初始化操作。然后，判断 MediaPlayer 对象 mp 是否为空，如果为空，则通过 MediaPlayer.create 方法创建一个新的 MediaPlayer 对象，并将其设置为可循环播放。接着，获取系统的音频管理器对象 mAudioManager，并通过 BitmapFactory.decodeResource 方法将一个资源文件转换为位图对象 bmp。

  然后，创建了一个 ClsWaveDiagram 对象 clsWaveDiagram，该对象用于绘制波形图。在创建 ClsWaveDiagram 对象时，传入了 btInput、1、16、1700、mp、bmp、mAudioManager 等参数，用于初始化 ClsWaveDiagram 对象的属性。最后，调用 clsWaveDiagram 对象的 Start 方法，开始绘制波形图。

  在 onDestroy 方法中，调用了 clsWaveDiagram 对象的 Stop 方法，停止绘制波形图，并释放了 MediaPlayer 对象 mp 的资源。关闭了 Online_analysis 类的 btSocket 对象。

  最后，在 WaveDiagram 类中定义了一个内部类 TouchEvent，实现了 OnTouchListener 接口。在该类的 onTouch 方法中，可以根据用户的触摸事件来调整波形图的基线位置。

  WaveDiagram 类的功能是在 Android 应用程序中显示一个波形图，并提供了相应的用户交互功能，通过获取输入流、创建 MediaPlayer 对象和位图对象，并传递给 ClsWaveDiagram 对象，实现了波形图的绘制和控制。

第二节 脑电信号分析中间件设计

一、总体设计

  图 6.5 所示是脑电信号识别中间件的模块结构简图，图中椭圆区域表示的是中间件，该中间件包括五个主要模块，其中电极帽访问接口模块提供了与多种类型电极帽进行数据交换的 API 函数，而应用程序接口模块则向应用层提供了一系列开放给外部应用的 API，这些 API 将直接返回各种类型应用所需的脑电波分析结果，

屏蔽了所有与脑机接口相关的技术实现细节。

除去这两个接口模块以外，中间件中还含有模式库和算法库。模式库的主要用途在于帮助在特定的算法和应用上，选择最合适自己的模式进行软件应用，其主要运行方式是根据使用者自身参数的不同结合内嵌算法进行选择。算法库是针

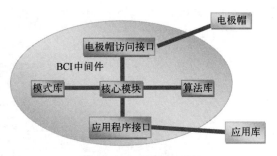

图 6.5　中间件模块结构图

对平台的各种可能应用的一个集合，其中包括针对各种实际应用所设计的各种算法，也包括诸如数据分析、特征提取等各种通用的底层算法。算法库的主要用途是根据用户输入的数据，利用算法库进行各种数据分析和特征提取工作。而核心模块则是以上四个模块进行数据交换和处理的管理器，承担着脑电信号数据流的分析、结果的输出，模式和算法的人工或自动选择与匹配等，是整个 BCI 中间件的核心。

从图 6.6 可以看出核心用例中间件包括算法库、模式库、核心模块和访问接口等多个子用例。

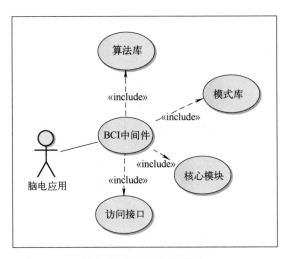

图 6.6　BCI 中间件用例图

整个平台上的应用都是通过脑电波中所包含的信息来驱动的，其数据流的运动如图 6.7 所示。首先大脑思考时产生的脑电波会使得头皮处产生相应的电位变化，这些皮层电位的变化通过接触式电极进行采集，产生的模拟信号经过电极帽中的电路进行模数转换、放大滤波等处理产生特定频段和采样率的数字信号发送到嵌入式中间件，中间件通过用户设定的参数对数字信号进行相应分析处理和特征识别，将特征信号传递给蓝牙发射器，通过蓝牙连接，移动设备上的程序接收到蓝牙发射的

数字信号并将其输入信号处理和模式识别模块，最终的处理结果以控制信号的方式传递给应用程序。

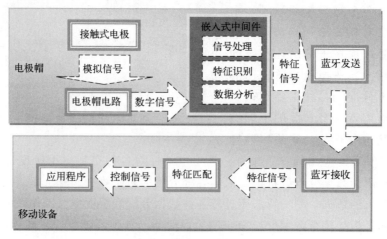

图 6.7 系统数据流

二、核心模块设计

关键数据结构设计：

① 原始脑电采集数据结构，如图 6.8 所示。

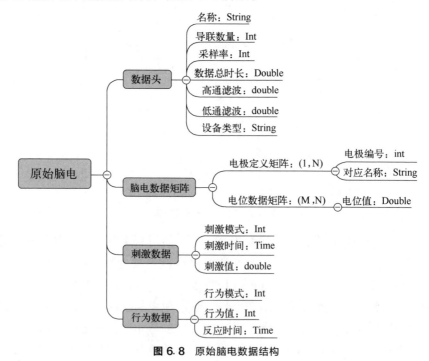

图 6.8 原始脑电数据结构

② 分析结果数据结构，如图 6.9 所示。

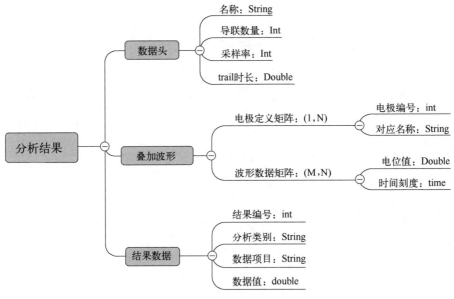

图 6.9 分析结果数据结构

③ 中间件用例，如图 6.10 所示。

系统的核心模块包括了信号处理、算法分析和特征识别等三个关键用例。

系统的模式识别流程如图 6.11 所示。首先从模式库中加载模式后开始信号处理，然后从算法库中加载算法，接着使用加载的算法进行算法分析，最后经过特征识别将结果输出。

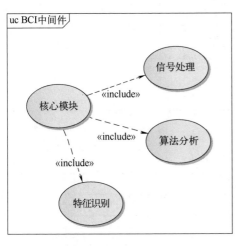

图 6.10 中间件用例

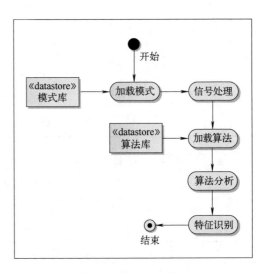

图 6.11 模式识别流程图

三、 模式库与算法库设计

数据库的设计：

① 应用关键数据表 APPData，如表 6.1 所示。

表 6.1　应用关键数据表

字段属性	字段名称	类型	非空	备注
数据编号	APPDataID	Int	Not Null	PK Identity(1,1)
APP 编号	APPID	Int		
用户编号	UserID	Int	NotNull	FKUserInfo(UserId)
数据类别	DataType	Int	Not Null	
数据名称	DataName	Nvarchar(100)	Not Null	
数据值	DataValue	Double	Not Null	
产生时间	DataDate	Datetime	Not Null	
数据状态	DataStatus	Int	Not Null	

② 脑电数据信息表 EEGData，如表 6.2 所示。

表 6.2　脑电数据信息表

字段属性	字段名称	类型	非空	备注
数据编号	EEGDataID	Int	Not Null	PK Identity(1,1)
数据类别	EEGTypeID	Int	Not Null	
用户编号	UserID	Int	NotNull	FKUserInfo(UserId)
设备类型	DeviceType	Int	Not Null	
存储路径	DataPath	Varchar(200)	Not Null	
数据大小	DataSize	Double	Not Null	
时间长度	TimeSize	Int	Not Null	
对应模式	DataModel	Int	Not Null	
应用编号	AppID	Int	Not Null	

③ 分析结果信息表 ResultInfo，如表 6.3 所示。

表 6.3　分析结果信息表

字段属性	字段名称	类型	非空	备注
结果编号	ResultID	Int	Not Null	PK Identity(1,1)
结果内容	ResultData	Varchar(200)	Not Null	
用户编号	UserID	Int	Not Null	FKUserInfo(UserId)

续表

字段属性	字段名称	类型	非空	备注
设备类型	DeviceType	Int	Not Null	
存储路径	DataPath	Varchar(200)	Not Null	
数据大小	DataSize	Double	Not Null	
时间长度	TimeSize	Int	Not Null	
对应模式	DataModel	Int	Not Null	
应用编号	AppID	Int	Not Null	

④ 算法库信息表 SuanFaInfo，如表 6.4 所示。

表 6.4 算法库信息表

字段属性	字段名称	类型	非空	备注
算法编号	SuanFaID	Int	Not Null	PK Identity(1,1)
算法类别	SuanFaType	Int	Not Null	
存储地址	UserID	Int	Not Null	
更新时间	UpdateTime	Varchar(200)	Not Null	
版本编号	Version	DateTime	Not Null	
使用次数	UseTimes	Int	Not Null	

⑤ 模式库信息表 MoShiInfo，如表 6.5 所示。

表 6.5 模式库信息表

字段属性	字段名称	类型	非空	备注
模式编号	MoShiID	Int	Not Null	PK Identity(1,1)
模式类别	MoShiType	Int	Not Null	
存储地址	UserID	Int	Not Null	
更新时间	UpdateTime	Varchar(200)	Not Null	
版本编号	Version	DateTime	Not Null	
使用次数	UseTimes	Int	Not Null	

系统首先调用模式，然后判断该模式是否已经下载到本地，如果下载未结束则可以自动下载更新，否则就从模式库中获取模式并将其返回给主函数，如图 6.12 所示。

系统首先调用算法，然后判断该算法是否已经下载到本地，如果没有则进行下载更新，如果已下载则直接从算法库获取算法，然后将该算法返回，如图 6.13 所示。

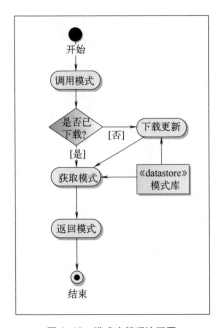

图 6.12 模式库管理流程图

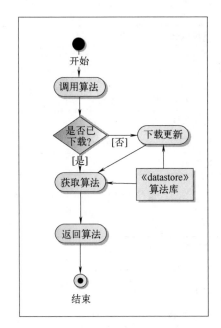

图 6.13 算法库管理流程图

第三节　在线疲劳检测系统设计

相关的研究表明，使用脑电波控制技术可以在车载设备上实现一些相对比较简单的操作，比如车载空调管理、车载娱乐设备的音视频播放等。我们使用脑电波作为车内智能设备的信号输入源，以自适应的方式来控制汽车音频的播放过程。当汽车驾驶员处于不同程度的疲劳状态时，该系统通过分析 EEG 信号的差异来调整汽车音频系统的播放内容和输出音量。随着驾驶员不断地使用，系统将积累大量的原始数据和识别结果，随着使用时间和次数的增多，系统的自适应性也将得到不断的提高。

一、需求分析

基于系统的最终目标，我们确定了以下基本要求：

① 离线回放：在未连接脑电采集设备的情况下，通过读取现有的脑电数据文件来控制音频回放，同时显示原始脑电数据和中间数据；

② 在线回放：实时读取采集设备和显示器上的 EEG 信号，然后根据不同的模式识别结果控制回放过程和音量；

③ 参数设置：包括蓝牙连接设置、采样参数设置、分析模式设置、存储模式设置、显示模式设置等；

④ 识别结果：绘制疲劳和注意力等指标随时间变化的曲线，并比较从多个实验中收集的不同结果；

⑤ 统计分析：以图表的形式显示系统数据，包括数据表、条形图、饼图、折线图等；

⑥ 系统管理：基本软件信息、用户教程和设备连接管理。

然后，我们使用用例分析的方法来组织各种核心需求之间的关联关系。

从图 6.14（a）可以看出，系统的三个主用例分别是离线播放、在线播放和系统管理。其中图 6.14（d）离线播放主要包含音乐播放和离线数据读取两个子用例，该用例是在系统没有实时采集脑电信号的时候进行常规音乐播放，或者是通过读取离线采集的脑电信号数据来测试基于驾驶员疲劳程度的音乐播放控制功能。而图 6.14（b）在线播放则包含了音乐播放、数据存储、在线数据读取和数据分析与特征识别等子用例。在线播放是整个系统的最核心用例，通过在线读取脑电采集设备发送过来的数据，保存后进行数据分析与特征识别，然后将识别结果发送给播放模块从而控制音乐播放的行为与策略。图 6.14（c）系统管理包含了系统的基本信息管理、系统的运行参数设置以及相关数据的统计分析等功能。

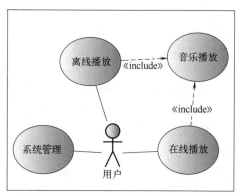

(a) 主用例图

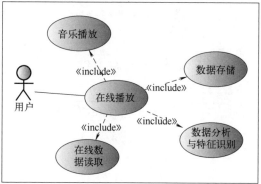

(b) 在线播放子用例

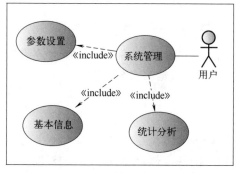

(c) 系统管理子用例

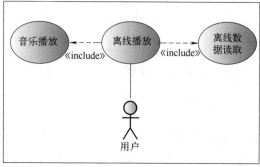

(d) 离线播放子用例

图 6.14 系统用例图

二、系统设计

由于系统的模块数量较多，本章节重点介绍与核心功能紧密相关的几个模块。首先是在线数据读取，车载环境下和实验室环境下的脑电信号采集模式不同：实验室环境下外部环境相对稳定，受试者是在放松心态下坐在稳定不动的座椅上采集脑电信号，同时还屏蔽了很多外部噪声；而车载环境下外部环境是不停变化的，受试者精神紧张而且外部干扰较多。这使得车载环境下的脑电信号采集必须有较好的实时性和抗干扰性，而且数据量受到一定的限制。我们选用的是电极数量比较少的干电极脑电设备。

在线数据读取的流程如图 6.15 所示，脑电采集设备开机后蓝牙设备要进行初始化和配对，然后再将数据发送给车载系统，系统对数据进行校验，如果不符合要求则重新读取，如果符合则将数据封装成识别模块需要的数据包发送过去。

图 6.16 显示，识别模块读取收到的原始脑电信号，然后进行滤波和去干扰等数据预处理，经过预处理的数据再通过分析算法进行信号分析和模式识别，最后经过特征提取和识别将结果输出到音乐播放控制模块。

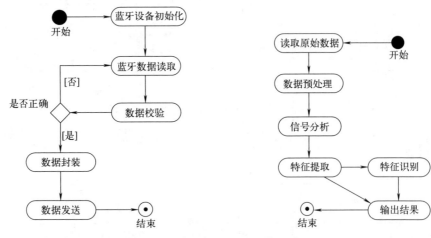

图 6.15 在线数据读取活动图　　**图 6.16** 数据分析与特征识别活动图

图 6.17 中音乐播放模块除了依照模式识别的结果来控制音频文件播放流程以外，还同步地在播放界面中显示原始脑电信号以及分析结果。

三、系统实现

该系统基于安卓 8.0，开发工具选用的是 Android studio。EEG 采集采用了 8 导联的干电极采集装置，通过蓝牙与车载设备连接并进行数据交换。离线数据分析过程使用驾驶模拟平台收集信号，并使用 MATLAB 2016 对 EEG 数据进行模式识别。在实现高识别效率后，继续对算法进行了速度优化，然后转换为嵌入 Android 应用程序的 Java 源代码。

最终的软件音乐播放界面如图 6.18 所示。右上角的图形显示当前脑电信号的总体强度，而左上角的条形图和中心的圆形雷达图显示不同频带的脑电信号强度。随着 EEG 信号的变化，这两张图也不断变化，看起来有点像音频系统的音频频带显示，但实际的相关性是 EEG 信号中的变化。左侧的两个彩条分别表示当前驾驶员的注意力警觉性和疲劳程度。这两个值将对播放的曲目和音量产生影响，以达到提高警觉性和减少疲劳的目的。同时，反馈结果也将保存在数据中，以不断优化系统性能。车载脑电信号采集装置通过蓝牙与车载系统连接，传输脑电数据。

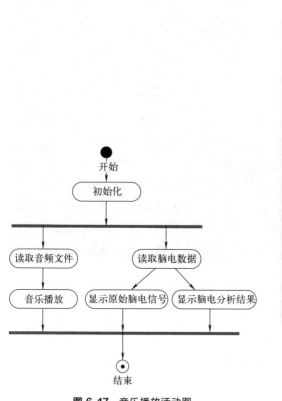

图 6.17 音乐播放活动图

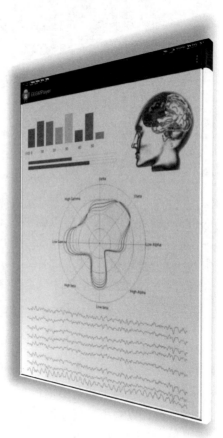

图 6.18 系统 UI 界面

改装新能源电动车上的脑电设备，如图 6.19 所示。

该系统采用基于脑电信号的信号分析和模式识别方法来监测驾驶员的疲劳程度。在汽车环境中，通过不断调整汽车音乐的播放轨迹和音量，自动适应外部音乐在不同疲劳程度的驾驶场景中的需求。实验结果表明，音乐播放控制系统的使用有

图 6.19 改装新能源电动车上的脑电设备

效地延长了驾驶员达到严重疲劳的时间,并提高了他们在相同驾驶时间内的注意力和警觉性。实验还表明,不同的驾驶疲劳状态需要不同类型的音乐和声音大小来进行刺激反馈,以减少驾驶疲劳对驾驶安全的威胁。

系统的关键代码如下:

```
public class SettingsActivity extends PreferenceActivity {
    private static final boolean ALWAYS_SIMPLE_PREFS= false;
    @Override
    protected void onPostCreate(Bundle savedInstanceState){
        super.onPostCreate(savedInstanceState);
```

```
      setupSimplePreferencesScreen();
    }
    private void setupSimplePreferencesScreen(){
      if(! isSimplePreferences(this)){
         return;
      }
      addPreferencesFromResource(R. xml. pref_general);
       PreferenceCategory fakeHeader = new PreferenceCategory(this);
      fakeHeader. setTitle(R. string. pref_header_notifications);
      getPreferenceScreen(). addPreference(fakeHeader);
      addPreferencesFromResource(R. xml. pref_notification);
      fakeHeader= new PreferenceCategory(this);
      fakeHeader. setTitle(R. string. pref_header_data_sync);
      getPreferenceScreen(). addPreference(fakeHeader);
      addPreferencesFromResource(R. xml. pref_data_sync);
      bindPreferenceSummaryToValue(findPreference("example_text"));
      bindPreferenceSummaryToValue(findPreference("example_list"));
       bindPreferenceSummaryToValue ( findPreference ( "notifications_new_message_ringtone"));
        bindPreferenceSummaryToValue(findPreference("sync_frequency"));
    }
```

这是一个公共类，它继承自 PreferenceActivity 类。这个类的主要功能是显示应用程序的设置界面。根据设备的配置，它可以以简化的单一列表形式显示设置，也可以在智能手机上以主/详细信息的两个窗格视图显示设置。

代码中定义了一个名为 ALWAYS_SIMPLE_PREFS 的静态常量，用于确定是否始终显示简化的设置界面。当其值为 false 时，设置以主/详细信息的两个窗格视图显示在智能手机上；当其值为 true 时，在智能手机上只显示一个窗格。

在 onPostCreate 方法中，调用了 setupSimplePreferencesScreen 方法，用于设置简化的设置界面。

setupSimplePreferencesScreen 方法用于根据设备配置显示简化的设置界面。首先，通过调用 isSimplePreferences 方法判断是否需要显示简化的设置界面，如果不需要，则直接返回。接下来，根据简化的 UI，使用旧版的 PreferenceActivity API 来添加各个设置项。

① 添加了"general"设置项，通过调用 addPreferencesFromResource 方法从资源文件中加载设置项。

② 添加了"notifications"设置项，并添加了相应的标题。通过创建一个 PreferenceCategory 对象，设置其标题，并将其添加到 PreferenceScreen 中。然后，通过调用 addPreferencesFromResource 方法从资源文件中加载设置项。

③ 添加了"data and sync"设置项，并添加了相应的标题。同样，通过创建一个 PreferenceCategory 对象，设置其标题，并将其添加到 PreferenceScreen 中。然后，通过调用 addPreferencesFromResource 方法从资源文件中加载设置项。

④ 通过调用 bindPreferenceSummaryToValue 方法，将 EditText/List/Dialog/Ringtone 类型的设置项的摘要绑定到其值。当这些设置项的值发生变化时，根据 Android 设计准则，它们的摘要将被更新以反映新的值。

```
/* * {@ inheritDoc}* /
@ Override
public boolean onIsMultiPane(){
    return isXLargeTablet(this) && ! isSimplePreferences(this);
}
private static boolean isXLargeTablet(Context context){
    return(context.getResources().getConfiguration().screenLayout & Configuration.SCREENLAYOUT_SIZE_MASK)>= Configuration.SCREENLAYOUT_SIZE_XLARGE;
}
private static boolean isSimplePreferences(Context context){
    return ALWAYS_SIMPLE_PREFS
        || Build.VERSION.SDK_INT < Build.VERSION_CODES.HONEYCOMB
        ||! isXLargeTablet(context);
}
/* * {@ inheritDoc}* /
@ Override
@ TargetApi(Build.VERSION_CODES.HONEYCOMB)
public void onBuildHeaders(List< Header> target){
    if(! isSimplePreferences(this)){
        loadHeadersFromResource(R.xml.pref_headers,target);
    }
```

}

这段代码的目的是确定在特定设备上显示哪种设置界面。它包含了四个方法，分别是 onIsMultiPane、isXLargeTablet、isSimplePreferences 和 onBuildHeaders。

onIsMultiPane 方法是一个重写的方法，用于确定是否应该显示多窗格设置界面。它返回一个布尔值，表示是否满足显示多窗格设置界面的条件。具体而言，它通过调用 isXLargeTablet 和 isSimplePreferences 两个辅助方法来判断是否满足条件。只有当设备是超大平板电脑且不是简化的设置界面时，才会返回 true。

isXLargeTablet 方法是一个辅助方法，用于确定设备是否具有超大屏幕。它接受一个 Context 对象作为参数，并通过获取设备的屏幕布局配置来判断屏幕尺寸是否大于或等于超大尺寸，如果是超大平板电脑，则返回 true。

isSimplePreferences 方法也是一个辅助方法，用于确定是否应该显示简化的设置界面。它接受一个 Context 对象作为参数，并根据一些条件来判断是否应该显示简化的设置界面。具体而言，如果 ALWAYS_SIMPLE_PREFS 常量为 true，或者设备的 Android 版本低于 HONEYCOMB，或者设备不是超大平板电脑，则返回 true。

最后，onBuildHeaders 方法也是一个重写的方法，用于构建设置界面的标题。它接受一个 Header 列表作为参数，并根据一些条件来加载设置界面的标题资源文件。具体而言，只有当不满足 isSimplePreferences 方法的条件时，才会加载设置界面的标题资源文件。

这段代码的功能是根据设备的屏幕尺寸和 Android 版本来确定是否应该显示多窗格设置界面和简化的设置界面，并加载相应的设置界面的标题资源文件。它通过调用辅助方法 isXLargeTablet 和 isSimplePreferences 来进行判断，并在满足条件时执行相应的操作。这样可以根据设备的特性来提供最佳的用户体验。

```
    private static Preference.OnPreferenceChangeListener
sBindPreferenceSummaryToValueListener= new
Preference.OnPreferenceChangeListener(){
        @Override
        public boolean onPreferenceChange(Preference preference,
Object value){
            String stringValue= value.toString();
            if(preference instanceof ListPreference){
                ListPreference listPreference= (ListPreference)preference;
                int index= listPreference.findIndexOfValue(stringValue);
                preference
                    .setSummary(index >= 0 ?
```

```
listPreference.getEntries()[index]: null);
        } else if(preference instanceof RingtonePreference){
          if(TextUtils.isEmpty(stringValue)){
            preference.setSummary(R.string.pref_ringtone_silent);
          } else {
            Ringtone ringtone= RingtoneManager.getRingtone(
                preference.getContext(),Uri.parse(stringValue));
            if(ringtone = =  null){
              preference.setSummary(null);
            } else {
              String name= ringtone
                  .getTitle(preference.getContext());
              preference.setSummary(name);
            }
          }
        } else {
          preference.setSummary(stringValue);
        }
        return true;
      }
    };
```

这段代码是一个偏好设置值更改监听器，它可以根据新值更新偏好设置的 summary。偏好设置值更改监听器被定义为一个静态变量 sBindPreferenceSummaryToValueListener，并实现了 Preference.OnPreferenceChangeListener 接口。在 onPreferenceChange（）方法中，当偏好设置的值发生更改时，该方法会被调用。该方法接收两个参数，一个是偏好设置对象，另一个是新的偏好设置值。

在该方法中，首先将新的偏好设置值转换为字符串类型。然后，通过判断偏好设置对象的类型，来确定如何更新偏好设置的 summary。如果偏好设置对象是一个 ListPreference，则需要在偏好设置的 entries 列表中查找正确的显示值。然后，根据新值设置偏好设置的 summary。如果偏好设置对象是一个 RingtonePreference，则需要使用 RingtoneManager 来查找正确的显示值。如果新值为空，则表示没有铃声，设置偏好设置的 summary 为"静音"。否则，根据新铃声的显示名称设置偏好设置的 summary。对于其他类型的偏好设置，只需要将新值的简单字符串表示设置为偏好设置的摘要。

```
      private static void bindPreferenceSummaryToValue(Preference
```

```
preference){
    preference
.setOnPreferenceChangeListener (sBindPreferenceSummaryToValue
Listener);
    sBindPreferenceSummaryToValueListener.onPreferenceChange(
        preference,
        PreferenceManager.getDefaultSharedPreferences(
preference.getContext()).getString(preference.getKey(),
            ""));
}
@TargetApi(Build.VERSION_CODES.HONEYCOMB)
public static class GeneralPreferenceFragment extends PreferenceFragment {
    @Override
    public void onCreate(Bundle savedInstanceState){
        super.onCreate(savedInstanceState);
        addPreferencesFromResource(R.xml.pref_general);
        bindPreferenceSummaryToValue(findPreference("example_text"));
        bindPreferenceSummaryToValue(findPreference("example_list"));
    }
}
```

这段代码展示了如何将首选项的摘要与其值绑定在一起。当首选项的值发生变化时，其摘要（在首选项标题下方的一行文本）将更新以反映新的值。此方法还会立即更新摘要。显示格式的确切方式取决于首选项的类型。

在这段代码中，有两个方法：bindPreferenceSummaryToValue 和 onCreate。bindPreferenceSummaryToValue 方法负责将首选项的摘要与其值绑定在一起，而 onCreate 方法则在创建设置界面的片段时调用。

bindPreferenceSummaryToValue 方法接受一个 Preference 对象作为参数，并设置一个监听器来监视其值的变化。监听器是通过调用 setOnPreferenceChangeListener 方法设置的。此外，该方法还会立即调用监听器的 onPreferenceChange 方法，以当前值作为参数，从而立即更新摘要。这个当前值是通过 PreferenceManager.getDefaultSharedPreferences() 获取的。

onCreate 方法是一个片段的生命周期方法，在片段创建时调用。它首先调用父类的 onCreate 方法，然后通过调用 addPreferencesFromResource 方法将通用首选项的布局文件加载到片段中。

接下来，bindPreferenceSummaryToValue 方法被调用两次，分别传入 example_text 和 example_list 作为参数。这些参数是用来查找对应的首选项的。这样，当这些首选项的值发生变化时，它们的摘要将被更新以反映新的值，符合 Android 设计准则。

```
@TargetApi(Build.VERSION_CODES.HONEYCOMB)
public static class NotificationPreferenceFragment extends
    PreferenceFragment {
  @Override
  public void onCreate(Bundle savedInstanceState) {
    super.onCreate(savedInstanceState);
    addPreferencesFromResource(R.xml.pref_notification);
    bindPreferenceSummaryToValue(findPreference("notifications_new_message_ringtone"));
  }
}
@TargetApi(Build.VERSION_CODES.HONEYCOMB)
public static class DataSyncPreferenceFragment extends PreferenceFragment {
  @Override
  public void onCreate(Bundle savedInstanceState) {
    super.onCreate(savedInstanceState);
    addPreferencesFromResource(R.xml.pref_data_sync);
    bindPreferenceSummaryToValue(findPreference("sync_frequency"));
  }
}
```

这段代码用于在显示双面设置用户界面时展示通知和数据同步偏好设置。这些片段是通过继承 PreferenceFragment 类来实现的，并且使用了注解@TargetApi(Build.VERSION_CODES.HONEYCOMB) 来指定最低的 Android 版本为 HONEYCOMB。

第一个片段是 NotificationPreferenceFragment，它用于展示通知偏好设置。在 onCreate 方法中，首先调用了父类的 onCreate 方法来完成基本的初始化工作，然后通过调用 addPreferencesFromResource 方法将通知偏好设置的 XML 资源文件

R. xml. pref_notification 加载到片段中。

接下来，通过调用 bindPreferenceSummaryToValue 方法，将 EditText、List、Dialog 和 Ringtone 类型的偏好设置与它们的值绑定在一起。这样，当这些偏好设置的值发生变化时，它们的摘要（summary）将被更新以反映新的值，符合 Android 设计准则。

第二个片段是 DataSyncPreferenceFragment，它用于展示数据和同步偏好设置。它的功能与 NotificationPreferenceFragment 类似。在 onCreate 方法中，同样调用了父类的 onCreate 方法来完成基本的初始化工作，然后通过调用 addPreferencesFromResource 方法将数据和同步偏好设置的 XML 资源文件 R. xml. pref_data_sync 加载到片段中。

同样地，通过调用 bindPreferenceSummaryToValue 方法，将 EditText、List、Dialog 和 Ringtone 类型的偏好设置与它们的值绑定在一起，以实现值变化时摘要的更新。

总的来说，这段代码实现了在双面设置用户界面中展示通知和数据同步偏好设置的功能。通过继承 PreferenceFragment 类并加载 XML 资源文件，以及使用 bindPreferenceSummaryToValue 方法，可以方便地绑定偏好设置的值和摘要，从而实现更好的用户体验。这种偏好设置的处理方式符合 Android 设计准则，使得用户可以方便地自定义应用程序的通知和数据同步行为。

```
public class Beisaier extends SurfaceView implements Callback,
Runnable {// 备注 1
        private SurfaceHolder sfh;
        private Thread th;
        private Canvas canvas;
        private Paint paint;
        private int ScreenW,ScreenH;
        private Random rand;
        private float value[][],len[][],previous[],next[];
        private int zbx,zby;//环形图的坐标原点
        private int radius;//圆的半径
        private int count,newcount;//计数器
        private int[]easyvalue,value1,value2;
        private String name[];
        private String str;//测试用字符串
        private int tempcount;//测试用计数器
        private double pxx[];//返回数组
```

```java
private int tempflag;//文件初始化标志
private double[]xx;//计算数组
private double[]x;
private int num;//圆形曲线的编号
private Bitmap bitmap1,bitmap2;//图片
private byte[]buffer;//数据缓存
private BufferedReader reader;//文件数据读取
private String s;
private String[]datastr;
private Path[]paths;
public Beisaier(Context context){//绘制贝塞尔曲线动画
    super(context);
    th= new Thread(this);
    sfh= this.getHolder();
    sfh.addCallback(this);
    paint= new Paint();
    paint.setAntiAlias(true);
    paint.setColor(Color.RED);
    paint.setStyle(Paint.Style.FILL);
    rand= new Random();
    value= new float[16][3];
    previous= new float[8];
    num= - 1;
    next= new float[8];
    len= new float[8][5];
    paths= new Path[8];
    radius= 360;
    for(int i= 0;i< 8;i+ + ){next[i]= radius;}
    count= 0;
    newcount= 0;
    name= new String[]{"Low Alpha  "," 	Theta "," 	Delta ","High Gamma ","Low Gamma ","High beta "," Low beta ","High Alpha"};
    //测试数据
    tempcount= 0;
    tempflag= 0;
```

```
            //读取图片资源
            //bitmap1= BitmapFactory.decodeResource(getResources
(),R.drawable.one);
             bitmap2= BitmapFactory.decodeResource(getResources
(),R.drawable.two);
            //读取测试数据
            paths= new Path[8];
            for(int i= 0;i< 8;i+ + ){
              paths[i]= new Path();
            }
            buffer= new byte[13* 4* 8];
             reader= new BufferedReader(new InputStreamReader(ge-
tResources().openRawResource(R.raw.test)));
            easyvalue= new int[8];
            value1= new int[8];
            value2= new int[8];
            this.setKeepScreenOn(true);// 保持屏幕常亮
        }
```

Beisaier 类继承自 SurfaceView 类,并实现了 Callback 和 Runnable 接口。在构造函数中,我们实现了一些初始化的操作。例如,创建一个线程对象 th,获取 SurfaceHolder 对象 sfh 并为其添加回调函数;创建一个画笔对象 paint,并设置其颜色和样式等属性;还包括一些随机数生成器 rand、存储曲线数据的数组 value、计数器 count、曲线名称数组 name 等。

接下来该类定义了一些绘制曲线图所需的变量和常量。例如,变量 zbx 和 zby 表示圆心坐标,radius 表示圆的半径。还有一些数组,例如 len 数组和 paths 数组,用于存储曲线的路径和长度等信息。在构造函数中,还读取了两张图片资源,并创建了一个文件读取器对象 reader,用于读取测试数据。同时,代码还设置了屏幕常亮。

接下来,代码实现了 SurfaceHolder.Callback 接口中的三个方法:surfaceCreated、surfaceChanged 和 surfaceDestroyed。这些方法用于处理 SurfaceView 的创建、变化和销毁等事件。在这些方法中,我们可以看到一些初始化和绘制操作,例如获取屏幕宽高、设置画笔的宽度等。

最后,在 run() 方法中,代码实现了绘制圆形曲线图的核心逻辑。首先,代码读取测试数据,并将其存储到数组中。然后,代码根据测试数据计算出曲线的路径和长度等信息,并绘制出圆形曲线图。在绘制过程中,代码使用了贝塞尔曲线和路径对象等技术，以实现曲线的平滑和精细绘制。

```
@Override
public void startAnimation(Animation animation){
    super.startAnimation(animation);
}
public void surfaceCreated(SurfaceHolder holder){
    ScreenW= this.getWidth();// 获取屏幕宽度
    ScreenH= this.getHeight();   // 获取屏幕高度
    zbx= ScreenW/2;
    zby= ScreenH/2;
    th.start();
}
private void draw(){
    try{
        canvas= sfh.lockCanvas();// 得到一个 canvas 实例
            canvas.drawColor(Color.BLACK);// 刷屏
            //画图片
            //canvas.drawBitmap(bitmap1,400,1400,paint);
            canvas.drawBitmap(bitmap2,900,-20,paint);
            //绘制实时脑电图(真实数据)
            try{
                s= reader.readLine();
                if(s.length()> 9){
                    datastr= s.split("  ");
                }
                else reader.reset();
                
            }catch(IOException e){
            // TODO Auto-generated catch block
            e.printStackTrace();
        }
    paint.setStyle(Paint.Style.STROKE);
    paint.setColor(Color.GREEN);
    for(int i= 0;i< 8;i++){
        if(newcount= = 0){
```

```
                paths[i].reset();
                paths[i].moveTo(100,1400+i*60);
                easyvalue[i]=Integer.parseInt(datastr[i]);
            }
            value2[i]=(Integer.parseInt(datastr[i])-easyvalue
[i])/1000;
            paths[i].lineTo(101+newcount,1400+i*60+value2[i]);
            canvas.drawLine(100+newcount,1300+value1,101+
newcount,1300+value2,paint);
            canvas.drawPath(paths[i],paint);
            value1[i]=value2[i];
        }
        newcount=(newcount+4)%1400;
            //获取虚拟绘图数据
        if(count%10==0)
        {
        count=0;
        //getdata();
        for(int i=0;i<8;i++)
        {
            previous[i]=next[i];
            int l=rand.nextInt()%radius;
            //int l=(int)pxx[i];
        if(l<0)l=-l;
        l=l+20;
        next[i]=l;
        }
        }
    else
    {
      num=(num+1)%5;
      for(int i=0;i<8;i++)
      {
         len[i][num]=previous[i]+count*(next[i]-previous[i])/10;
      }
```

```
            }
        count++;
        paint.setTextSize(24);

        //画柱状图
            for(int i=0;i<8;i++)
            {

                paint.setColor(Color.argb(200,255-20*i,(i*60)%255,i*35));
    value[2*i][0]=zbx+len[i][num]*(float)Math.cos((double)(i
*Math.PI)/4);
    value[2*i+1][0]=zby-len[i][num]*(float)Math.sin((double)(i
*Math.PI)/4);
                paint.setStyle(Paint.Style.FILL);
                paint.setStrokeWidth(1);
                drawcloumn(i,(int)len[i][num]);
            }
        //画坐标轴
        paint.setColor(Color.argb(150,255,0,0));
        paint.setStyle(Paint.Style.STROKE);
        paint.setStrokeWidth(1);
        canvas.drawLine(zbx-radius,zby,zbx+radius,zby,paint);
        canvas.drawLine(zbx,zby-radius,zbx,zby+radius,paint);
        float offset=(float)(radius*Math.sin(Math.PI/4));
        canvas.drawLine(zbx-offset,zby-offset,zbx+offset,zby
+offset,paint);
         canvas.drawLine(zbx-offset,zby+offset,zbx+offset,
zby-offset,paint);
        canvas.drawCircle(zbx,zby,radius/4,paint);
        canvas.drawCircle(zbx,zby,radius/2,paint);
        canvas.drawCircle(zbx,zby,radius*3/4,paint);
        canvas.drawCircle(zbx,zby,radius,paint);
        paint.setStyle(Paint.Style.FILL);
        for(int i=0;i<8;i++)
        {
```

```
                  canvas.drawText(name[i],
zbx+(radius+30)*(float)Math.cos(Math.PI/4*i)-30,
zby-(radius+30)*(float)Math.sin(Math.PI/4*i)+5,paint);
                  }
                  paint.setColor(Color.argb(200,0,255,0));
                  canvas.drawText("   (Hz)    0            10
  20
                  30           40             50",60,350,paint);
                  //canvas.drawText(""+pxx[0],20,400,paint);
                  paint.setStrokeWidth(4);
                  //画环形图
                  for(int yh=1;yh<6;yh++){
                    num=(num+1)%5;
                    paint.setColor(Color.argb(20+yh*20,0,255,0));
                    if(yh==5)
                      paint.setColor(Color.argb(255,255,255,0));
                    drawcircle();
                  }
                  paint.setColor(Color.argb(200,0,255,0));
                  paint.setColor(Color.argb(100,0,255,0));
                  paint.setStrokeWidth(1);
                  canvas.drawText("注意力:",15,417,paint);
                  canvas.drawText("冥想度:",15,452,paint);
                  paint.setStyle(Paint.Style.STROKE);
                  canvas.drawRect(100,400,900,420,paint);
                  canvas.drawRect(100,435,900,455,paint);
                  paint.setStyle(Paint.Style.FILL);
                  paint.setColor(Color.argb(150,
255-(int)len[0][num],(int)len[0][num],0));
                  canvas.drawRect(100,400,100+len[0][num]*2,420,paint);
                  paint.setColor(Color.argb(150,
255-(int)len[1][num],(int)len[1][num],0));
                  canvas.drawRect(100,435,100+len[1][num]*2,455,paint);
                  }catch(Exception ex){
                }finally{
                  if(canvas!=null)
```

```
            sfh.unlockCanvasAndPost(canvas);    //将画好的画布提交
        }
    }
    public void run(){
        while(true){
            draw();
            try {
                Thread.sleep(50);
            } catch(InterruptedException e){
                // TODO Auto-generated catch block
                e.printStackTrace();
            }
        }
    }
    public void surfaceChanged(SurfaceHolder holder,int format,int width,
            int height){
    }
    public void surfaceDestroyed(SurfaceHolder holder){
        // TODO Auto-generated method stub
    }
    public void drawcloumn(int n,int length){//画单个柱状图
        for(int i=0;i<(length/10);i++)
        {
            RectF myrect=new RectF(100+n*90,300-i*6,170+n*90,304-i*6);
            canvas.drawRoundRect(myrect,5,5,paint);
        }
    }
    public void drawcircle(){//画环形图
        for(int i=0;i<8;i++)
        {
            value[2*i][0]=zbx+len[i][num]*(float)Math.cos((double)(i*Math.PI)/4);
            value[2*i+1][0]=zby-len[i][num]*(float)Math.sin((double)(i*Math.PI)/4);
```

```
        }
    Path mypath= new Path();
      mypath.moveTo(value[0][0],value[1][0]);
      for(int i= 0;i< 8;i+ + )
      {
        if(i= = 0||i= = 7)
        {
            value[2* i][1]= zbx+ len[i][num];
            value[2* i][2]= zbx+ len[(i+ 1)% 8][num];
        }
        else if(i= = 1||i= = 6)
        {
              value[2* i][1]= zbx+ (float)(len[i][num]* Math.tan(Math.PI/8));
    value[2* i][2]= zbx+ (float)(len[(i+ 1)% 8][num]* Math.tan(Math.PI/8));
        }
        else if(i= = 3||i= = 4)
        {
            value[2* i][1]= zbx-len[i][num];
            value[2* i][2]= zbx-len[(i+ 1)% 8][num];
        }
        else if(i= = 2||i= = 5)
        {
              value[2* i][1]= zbx-(float)(len[i][num]* Math.tan(Math.PI/8));
    value[2* i][2]= zbx-(float)(len[(i+ 1)% 8][num]* Math.tan(Math.PI/8));
        }
            if(i= = 0||i= = 3)
            {
              value[2* i+ 1][1]= zby-(float)(len[i][num]* Math.tan(Math.PI/8));
    value[2* i+ 1][2]= zby-(float)((len[(i+ 1)% 8][num]* Math.tan(Math.PI/8)));
```

```
            }
            else if(i= = 4||i= = 7)
            {
                value[2* i+ 1][1]= zby+ (float)(len[i][num]* Math.tan
(Math.PI/8));
                value[2* i+ 1][2]= zby+ (float)((len[(i+ 1)% 8][num]* Math.tan
(Math.PI/8)));
            }
            else if(i= = 1||i= = 2)
            {
                value[2* i+ 1][1]= zby-len[i][num];
                value[2* i+ 1][2]= zby-len[(i+ 1)% 8][num];
            }
            else if(i= = 5||i= = 6)
            {
                value[2* i+ 1][1]= zby+ len[i][num];
                value[2* i+ 1][2]= zby+ len[(i+ 1)% 8][num];
            }
            mypath.cubicTo(value[2* i][1],value[2* i+ 1][1],value[2* i][2],
value[2* i+ 1][2],value[(2* i+ 2)% 16][0],value[(2* i+ 3)% 16][0]);
        }
        paint.setStyle(Paint.Style.STROKE);
        canvas.drawPath(mypath,paint);
            paint.setStyle(Paint.Style.FILL);
    }
    @ Override
    public boolean onTouchEvent(MotionEvent event){
        // TODO Auto-generated method stub
        return super.onTouchEvent(event);
    }
    public void getdata()
    {
try{
            if(tempflag= = 0)
            {
```

```
            //FileInputStream inputStream = new FileInputStream
(fileName);
            InputStream inputStream=
getResources().openRawResource(R.raw.f);
            //FileInputStream inputStream= this.openFileInput
(fileName);
            byte[]bytes= new byte[10240* 8];
            ByteArrayOutputStream arrayOutputStream= new
ByteArrayOutputStream();
            while(inputStream.read(bytes)! = - 1){
                    arrayOutputStream.write ( bytes, 0,
bytes.length);
            }
            inputStream.close();
            arrayOutputStream.close();
            String content= new String(arrayOutputStream.toByteArray());
            xx= new double[512* 4];
            String[]strs= content.split(",");
            for(int ii= 0;ii <  strs.length;ii+ + ){
                xx[ii]= Double.parseDouble(strs[ii]);
            }
            x= new double[512];
        psd= new computepsd();
        tempflag= 1;
    }
        if(tempcount> 80)
          tempcount= 0;
        else
          tempcount+ + ;
        for(int ii= 0;ii< 512;ii+ + )
          x[ii]= xx[ii+ tempcount* 10];
        pxx= psd.eight(x,4,512,512);
        double s= 0;
        for(int i= 1;i< 8;i+ + )
        {
```

```
       s= s+ pxx[i];
    }
    for(int i= 1;i< 8;i+ + )
    {
       pxx[i]= 100* pxx[i]/s;
    }
    pxx[0]= pxx[1]+ pxx[2];
} catch(FileNotFoundException e){
   e.printStackTrace();
} catch(IOException e){
   e.printStackTrace();
}
```

参考文献

[1] SWARTZ B E. The advantages of digital over analog recording techniques [J]. Electroencephalography and Clinical Neurophysiology, 1998, 106 (2): 113-117.

[2] Wolpaw J R, Birbaumer N, McFarland D J. Brain-Computer interface for communication and control [J]. Clinical Neurophysiology 2002, 113 (6): 767-791.

[3] Mussa-Ivaldi S. Neural engineering: Real brains for real robots [J]. Nature, 2000, 408 (6810): 305-306.

[4] Irani F, Platek S M, Bunce S, et al. Functional near infrared spectroscopy (fNIRS): an emerging neuroimaging technology with important applications for the study of brain disorders [J]. The Clinical Neuropsychologist, 2007, 21 (1): 9-37.

[5] BUZSÁKI G, ANASTASSIOU C A, KOCH C. The origin of extracellular fields and currents—EEG, ECoG, LFP and spikes [J]. Nature Reviews Neuroscience, 2016, 13 (6): 407-420.

[6] Sutton S. P300—Thirteen Years Later [M]. Springer New York, 1979.

[7] Demiralp T, Ademoglu A, Istefanopulos Y, et al. Wavelet analysis of oddball P300 [J]. International Journal of Psychophysiology, 2001, 39 (2-3): 221-227.

[8] Pfurtscheller G, Neuper C. Time-domain feature extraction techniques for EEG-based brain-computer interfaces, Journal of Neural Engineering, 2001.

[9] Ding L, He Y, Yu S. Time-domain features of EEG for automatic seizure detection, IEEE Engineering in Medicine and Biology Magazine, 2005.

[10] 李丽君, 黄思娟, 吴效明, 等. 基于运动想象的脑电信号特征提取与分类 [J]. 医疗卫生装备, 2011, 32 (1): 16-17, 25.

[11] Bazgir O, Mohammadi Z, Habibi S A H. Emotion Recognition with Machine Learning Using EEG Signals [C]//2018 25th National and 3rd International Iranian Conference on Biomedical Engineering (ICBME). 2018. DOI: 10.1109/ICBME.2018.8703559.

[12] Stam C J, Nolte G, Daffertshofer A. Phase lag index: assessment of functional connectivity from multi channel EEG and MEG with diminished bias from common sources [J]. Human Brain Mapping. 2007, 28 (11): 1178-1193.

[13] Babiloni F, Cincotti F, Babiloni C, et al. Estimation of the cortical functional connectivity with the multimodal integration of high-resolution EEG and fMRI data by directed transfer function [J]. Neuroimage. 2005, 24 (1): 118-131.

[14] 丁瑞瑞, 赵梦璐, 李凤玲, 等. 基于相互信息的脑电信号通信网络分析. 物理学报, 2019, 68 (3), 038701.

[15] Pereda E, Quiroga R Q, Bhattacharya J. Nonlinear multivariate analysis of neurophysiological signals [J]. Progress in Neurobiology, 2005, 77 (1): 1-37.

[16] Bullmore E, Sporns O. Complex brain networks: graph theoretical analysis of structural and functional systems [J]. Nature Reviews Neuroscience, 2009, 10 (3): 186-198.

[17] Stam C J, Straaten E C W V. The organization of physiological brain networks [J]. Clinical Neurophysiology, 2012, 123 (6): 1067-1087.

[18] Breakspear, M, Terry J R. Detection and description of non-linear interdependence in normal multichannel human EEG data. Clinical Neurophysiology, 2002, 113 (5), 735-753.

[19] Ferri R, Elia M, Musumeci S A, et al. Non-linear EEG measures during sleep: effects of the different sleep stages and cyclic alternating pattern. International journal of psychophysiology: official journal of the International Organization of Psychophysiology. 2002; 43 (3): 273-86.

[20] Ferri R, Chiaramonti R, Elia M, et al. Nonlinear EEG analysis during sleep in premature and full-term newborns. Clin Neurophysiol. 2003; 114 (7): 1176-1180.

[21] Jacobs J, Levan P, Chtillon C E, et al. High frequency oscillations in intracranial EEGs mark epileptogenicity rather than lesion type [J]. Brain, 2009, 132 (Pt4): 1022-1037.

[22] Milan B, Josef H, Pavel J, et al. Interictal high-frequency oscillations indicate seizure onset zone in patients with focal cortical dysplasia [J]. Epilepsy Res, 2010, 90 (1-2): 28-32.

[23] Andrade-Valen?a L, Mari F, Jacobs J, et al. Interictal high frequency oscillations (HFOs) in patients with focal epilepsy and normal MRI [J]. Clin Neurophysiol, 2012, 123 (1): 100-105.

[24] Wu J Y, Sankar R, Lerner J T, et al. Removing interictal fast ripples on electrocorticography linked with seizure freedom in children [J]. Neurology, 2010, 75 (19): 1686-1694.

[25] Khosravani H, Mehrotra N, Rigby M, et al. Spatial localization and time-dependant changes of electrographic high frequency oscillations in human temporal lobe epilepsy [J]. Epilepsia, 2009, 50 (4): 605-616.

[26] Jacobs J, Zelmann R, Jirsch J, et al. High frequency oscillations (80~500Hz) in the preictal period in patients with focal seizures [J]. Epilepsia, 2009, 50 (7): 1780-1792.

[27] Zijlmans M, Jacobs J, Zelmann R, et al. High-frequency oscillations mirror disease activity in patients with epilepsy [J]. Neurology, 2009, 72 (11): 979-986.

[28] C J W A B, D B J, C R L A B, et al. Characterizing the seizure onset zone and epileptic network using EEG-fMRI in a rat seizure model-ScienceDirect [J]. NeuroImage, 2021.

[29] 邓馨, 王薇薇, 吴逊. 灰质异位与癫痫发作 [J]. 癫痫杂志, 2018, 4 (6): 497-504.

[30] 中国国家统计局. 中国统计年鉴2022. 北京: 中国统计出版社, 2022.

[31] 王茸. 疲劳驾驶危害大, 交警查处常犯难 [EB/OL]. (2022-04-21). https://m.gmw.cn/baijia/2022-04-21/1302910346.html, 2022.

[32] Vanlaar W, Simpson H, Mayhew D, et al. Fatigued and drowsy driving: A survey of attitudes, opinions and behaviors [J]. Journal of Safety Research, 2008, 39 (3): 303-309.

[33] National Sleep Foundation. Sleep in America Poll. National Sleep Foundation, Washington, DC, 2009, http://sleepfoundation.org/.

[34] 阮亦, 顾伟, 凌昌全. 脑力疲劳测评方法的研究进展 [J]. 第二军医大学学报, 2019, 40 (1): 79-85.

[35] Baulk S D. Chasing the silver bullet: Measuring driver fatigue using simple and complex tasks [J]. Accident Analysis and Prevention, 2008, 40: 396-402.

[36] 沙春发, 李瑞, 张明明. 基于方向盘握力的疲劳驾驶检测研究 [J]. 科学技术与工程, 2016, 16 (30): 299-304.

[37] Takei Y, Furukawa Y. Estimate of driver's fatigue through steering motion [C] //Systems, Man and Cybernetics, 2005 IEEE International Conference on. IEEE, 2005.

[38] 张希波, 成波, 冯睿嘉. 基于方向盘操作的驾驶人疲劳状态实时检测方法 [J]. 清华大学学报: 自然科学版, 2010 (7): 1072-1076.

[39] Friedrichs F, Yang B. Drowsiness monitoring by steering and lane data based features under real driving conditions [C]//European Signal Processing Conference. IEEE, 2010.

[40] Xu X, Teng X. Classroom Attention Analysis Based on Multiple Euler Angles Constraint and Head Posestimation [C]//2020.

[41] 武昆亮. 基于面部特征与头部姿态的疲劳驾驶检测 [D]. 上海: 东华大学, 2020.

[42] Yang G, Lin Y, Bhattacharya P. A driver fatigue recognition model based on information fusion and dynamic Bayesian network [J]. Information Sciences, 2010, 180 (10): 1942-1954.

[43] 张磊, 吴严, 刘慧祥, 等. 基于融合特征的疲劳驾驶检测系统实现 [J]. 数码设计. CG WORLD, 2021 (5): 174-175.

[44] 马召宾. 融合眼部特征及头部姿态的实时疲劳驾驶检测技术研究 [D]. 济南: 山东大学, 2016.

[45] 王仲民, 李佳玉, 邓三鹏. 基于D-S理论和模糊神经网络的疲劳驾驶监测 [J]. 自动化与仪表, 2016, 31 (3): 73-76.

[46] 李相阳. 基于多源信息融合的疲劳驾驶检测方法研究 [J]. 辽宁师专学报(自然科学版), 2016, 018 (002): 93-96.

[47] Gu H, Ji Q. An automated face reader for fatigue detection [C]//Sixth IEEE International Conference on Automatic Face and Gesture Recognition, 2004. Proceedings. IEEE, 2004: 111-116.

[48] Olson R, Austin J. Performance-based evaluation of flight student landings: Implications for risk management [J]. TheInternational Journal of Aviation Psychology, 2006, 16 (1): 97-112.

[49] 马进. 健康青年脑力疲劳生理指标和认知功能的实验研究 [D]. 西安: 第四军医大

学，2008.

[50] Charbonnier, Sylvie, Roy, et al. EEG index for control operators' mental fatigue monitoring using interactions between brain regions [J]. Expert Systems with Applications, 2016, 52, 91-98

[51] Chai R, Naik G, Nguyen T N, et al. Driver Fatigue Classification with Independent Component by Entropy Rate Bound Minimization Analysis in an EEG-based System [J]. IEEE Journal of Biomedical & Health Informatics, 2016: 1.

[52] Khushaba R N, Kodagoda S, Lal S, et al. Driver drowsiness classification using fuzzy wavelet-packet-based feature-extraction algorithm [J]. IEEE Trans Biomed Eng, 2011, 58: 121-31.

[53] Shi L, Lu B. EEG-based vigilance estimation using extreme learning machines [J]. Neurocomputing, 2013, 102, 135-143.

[54] Zhao C, Zheng C, Zhao M, et al. Multivariate autoregressive models and kernel learning algorithms for classifying driving mental fatigue based on electroencephalographic [J]. Expert Systems with Applications, 2011, 38: 1859-1865.

[55] Zhang C, Wang H, Fu R. Automated detection of driver fatigue based on entropy and complexity measures [J]. IEEE Transactions on Intelligent Transportation Systems, 2014, 15: 168-177.

[56] Lin, Chin-Teng, Huang, et al. An EEG-based perceptual function integration network for application to drowsy driving [J]. Knowledge-Based Systems, 2015, 80: 143-152.

[57] Fu R, Wang H, Zhao W. Dynamic driver fatigue detection using hidden Markov model in real driving condition [J]. Expert Systems with Applications, 2016, 63: 397-411.

[58] Wu Q, Mao J F, Wei C F, et al. Hybrid BF-PSO and fuzzy support vector machine for diagnosis of fatigue status using EMG signal features [J]. Neurocomputing, 2015, 173: 483-500.

[59] Hu J F. Comparison of different features and classifiers for driver fatigue detection based on a single EEG channe [J]. Comput Math Methods Med, 2017 (3), 5109530.

[60] 公安部交通管理局．中华人民共和国道路交通事故统计年报（2013 年度）．北京：公安部交通管理局，2014.

[61] Klauer S G, Dingus T A, Neale T V, et al. The Impact of Driver Inattention on Near-Crash/Crash Risk: An Analysis Using the 100-Car Naturalistic Driving Study Data [J]. u. s. department of transportation washington d. c, 2006.

[62] Anund A, Ihlström J, Fors C, et al. Factors associated with self-reported driver sleepiness and incidents in city bus drivers [J]. Industrial Health, 2016, 54 (4).

[63] NHTSA. Traffic Safety Facts 2012 Data: Pedestrians [J]. 2014.

[64] Phillips R O. A review of definitions of fatigue-And a step towards a whole definition [J]. Transportation Research Part F: Traffic Psychology & Behaviour, 2015, 29: 48-56.

[65] Dawson D, Searle AK, Paterson J L. Look before you sleep: evaluating the use of fatigue

[66] Gharagozlou F, Saraji G N, Mazloumi A, et al. Detecting Driver Mental Fatigue Based on EEG Alpha Power Changes during Simulated Driving [J]. Iran J Public Health, 2015, 44 (12): 1693-1700.

[67] Gergelyfi Mónika, Benvenuto J, Etienne O, et al. Dissociation between mental fatigue and motivational state during prolonged mental activity [J]. Frontiers in Behavioral Neuroscience, 2015, 9 (55): 176-186.

[68] 彭军强, 吴平东, 殷罡. 疲劳驾驶的脑电特性探索 [J]. 北京理工大学学报, 2007, 27 (7): 585-589.

[69] Gurudath N, Riley H B. Drowsy driving detection by EEG analysis using wavelet transform and k-means clustering [J]. Procedia Computer Science, 2014, 34: 400-409.

[70] Zhao C, Zhao M, Liu J, et al. Electroencephalogram and electrocardiograph assessment of mental fatigue in a driving simulator [J]. Accident Analysis & Prevention, 2012, 45: 83-90.

[71] Yao W, Wang J. Multi-scale symbolic transfer entropy analysis of EEG [J]. Physica A: Statistical Mechanics and its Applications, 2017, 484: 276-281.

[72] Thanaraj P, Parvathavarthini B. Multichannel interictal spike activity detection using time-frequency entropy measure [J]. Australasian Physical & Engineering Sciences in Medicine, 2017: 1-13.

[73] Deng B, Cai L, Li S, et al. Multivariate multi-scale weighted permutation entropy analysis of EEG complexity for Alzheimer's disease [J]. Cognitive Neurodynamics, 2017, 11 (3): 217-231.

[74] Kee C Y, Ponnambalam S G, Loo C K. Binary and multi-class motor imagery using Renyi entropy for feature extraction [J]. Neural Computing and Applications, 2017, 28 (8): 2051-2062.

[75] Xin L, Xiaoying Q, Xiaoqi S, et al. An Improved Multi-Scale Entropy Algorithm in Emotion EEG Features Extraction [J]. Journal of Medical Imaging and Health Informatics, 2017, 7 (2): 436-439.

[76] 许士丽. 基于生理信号的驾驶疲劳判别方法研究 [D]. 北京: 北京工业大学, 2012.

[77] 王利, 艾玲梅, 王四万, 等. 驾驶疲劳脑电信号节律的特征分析 [J]. 生物医学工程学杂志, 2012 (4): 629-633.

[78] Chen W, Wang Z, Xie H, et al. Characterization of surface EMG signal based on fuzzy entropy [J]. IEEE Transactions on neural systems and rehabilitation engineering, 2007, 15 (2): 266-272.

[79] 唐其彪, 郑日荣, 阮经文. 基于脑电节律模糊熵的睡眠分期 [J]. 工业控制计算机, 2015 (9): 113-114.

[80] 刘慧, 谢洪波, 和卫星, 等. 基于模糊熵的脑电睡眠分期特征提取与分类 [J]. 数据采

集与处理，2010，25（4）：484-489.

[81] Mu Z, Hu J, Min J. EEG-based person authentication using a fuzzy entropy-related approach with two electrodes [J]. Entropy, 2016, 18 (12): 432.

[82] Daphne R R. A Daubechies Wavelet Transform Implemented Drowsiness Detection Methodology [J]. Biometrics and Bioinformatics, 2013, 5 (1): 14-24.

[83] Kumar Y, Dewal M L, Anand R S. Epileptic seizure detection using DWT based fuzzy approximate entropy and support vector machine [J]. Neurocomputing, 2014, 133: 271-279.

[84] Li M, Liu H, Zhu W, et al. Applying Improved Multiscale Fuzzy Entropy for Feature Extraction of MI-EEG [J]. Applied Sciences, 2017, 7 (1): 92.

[85] Ahmed M U, Chanwimalueang T, Thayyil S, et al. A multivariate multiscale fuzzy entropy algorithm with application to uterine EMG complexity analysis [J]. Entropy, 2016, 19 (1): 2.

[86] Xie H B, Zheng Y P, Guo J Y, et al. Cross-fuzzy entropy: A new method to test pattern synchrony of bivariate time series [J]. Information Sciences, 2010, 180 (9): 1715-1724.

[87] Zhao X H, Xu S L, Rong J, et al. Discrimination threshold of driver fatigue based on Eletroencephalography sample entropy by Receiver Operating Characteristic curve Analysis [J]. J. Southwest Jiaotong Univ. 2013, 43, 178-183.

[88] Hopstaken J F, Dimitri V D L, Bakker A B, et al. Shifts in attention during mental fatigue: Evidence from subjective, behavioral, physiological, and eye-tracking data [J]. Journal of Experimental Psychology Human Perception & Performance, 2016, 42 (6): 878-889.

[89] Lal S K L, Craig A. A critical review of the psychophysiology of driver fatigue [J]. Biological Psychology, 2001, 55 (3): 173-194.

[90] Lee M L, Howard M E, Horrey W J, et al. High risk of near-crash driving events following night-shift work [J]. ProcNatlAcadSci USA, 2016, 113 (1): 176-81.

[91] Simon M, Schmidt E A, Kincses W E, et al. EEG alpha spindle measures as indicators of driver fatigue under real traffic conditions [J]. Clinical Neurophysiology, 2011, 122 (6): 1168-1178.

[92] 王玉化，朱守林，戚春华，等. 基于脑电信号的草原公路驾驶疲劳研究 [J]. 科学技术与工程，2014，14（27）：286-290.

[93] 付荣荣，王宏，王琳，等. 基于无线体域网中多生理信号驾驶疲劳检测 [J]. 东北大学学报（自然科学版），2014，35（6）：850-853.

[94] 王斐，王少楠，王惜慧，等. 基于脑电图识别结合操纵特征的驾驶疲劳检测 [J]. 仪器仪表学报，2014，（2）：398-404.

[95] Correa A G, Orosco L, Laciar E. Automatic detection of drowsiness in EEG records based on multimodal analysis [J]. Medical Engineering & Physics, 2014, 36 (2): 244-249.

[96] Petrantonakis P C, Hadjileontiadis I J. Emotion recognition from EEG using higher order

crossings [J]. IEEE Transactions on Information Technology in Biomedicine, 2010, 14 (2): 186-197.

[97] 南姣芬, 艾玲梅, 申军. HHT方法在驾驶疲劳脑电分析中的应用 [J]. 生物医学工程学杂志, 2011 (4): 653-657.

[98] Borghini G, Astolfi L, Vecchiato G, et al. Measuring neurophysiological signals in aircraft pilots and car drivers for the assessment of mental workload, fatigue and drowsiness [J]. Neuroscience & Biobehavioral Reviews, 2014, 44: 58-75.

[99] Edmund W, Holger H, Kobald S O, et al. Age-Sensitive Effects of Enduring Work with Alternating Cognitive and Physical Load. A Study Applying Mobile EEG in a Real Life Working Scenario [J]. Frontiers in Human Neuroscience, 2015, 9.

[100] Wang H, Zhang C, Shi T, et al. Real-time EEG-based detection of fatigue driving danger for accident prediction [J]. Int J Neural Syst, 2015, 25 (2): 1550002.

[101] Wanzeng, Kong, Weicheng, et al. Investigating Driver Fatigue versus Alertness Using the Granger Causality Network [J]. Sensors (Basel), 2015, 15 (8): 19181-19198.

[102] Stephan K, Hilgctag C, et al. Computational analysis of functional connectivity between areas of primate cerebral cortex [J]. Philos Trans R Soc London Ser B, 2000, 355 (1393): 111-126.

[103] Sporns O, Tononi G, Edelman G M. Theoretical neuroanatomy: relating anatomical and functional connectivity in graphs and cortical connection matrices [J]. Cereb Cortex, 2000, 10 (2): 127-141.

[104] Stam C J, De Haan W, Daffertshofer A, et al. Graph theoretical analysis of magnetoencephalographicfunctional connectivity in Alzheimer's disease [J]. Brain, 2009, 132: 213-224.

[105] Zhang Z, Liao W, Chen H, et al. Altered functional-structural coupling of large-scale brain networks in idiopathic generalized epilepsy [J]. Brain, 2011, 134: 2912-2928.

[106] van Diessen E, Numan T, van Dellen E, et al. Opportunities and methodological challenges in EEG and MEG resting state functional brain network research [J]. Clinical Neurophysiology, 2015, 126: 1468-1481.

[107] Dubovik S, Aurélie Bouzerda-Wahlen, Nahum L, et al. Adaptive reorganization of cortical networks in Alzheimer's disease [J]. ClinNeurophysiol, 2013, 124: 35-43.

[108] Ibrahim G M, Anderson R, Akiyama T, et al. Neocortical pathological high frequency oscillations are associated with frequency-dependent alterations in functional network topology [J]. J Neurophysiol, 2013, 110: 2475-2483.

[109] Siebenhuhner F, Weiss S A, Richard C, et al. Intra- and inter-frequency brain network structure in health and schizophrenia [J]. PLoS ONE, 2013, 8: 4690-4701.

[110] vanSchepondom J, Gielen J, et al. Graph theoretical analysis indicates cognitive impairment in MS stems from neural disconnection [J]. NeuroimageClin, 2014, 4: 403-410.

[111] Fogelson N, Li L, Li Y, et al. Functional connectivity abnormalities during contextual

processing in schizophrenia and in Parkinson's disease [J]. Brain Cogn, 2013, 82: 243-253.

[112] 刘军, 王利明, 聂斐, 等. 基于转向盘转角的疲劳驾驶检测方法研究 [J]. 汽车技术. 2016, (4): 42-45.

[113] 金立生, 李科勇, 牛清宁, 等. 基于转向盘操作的疲劳驾驶检测方法 [J]. 交通信息与安全, 2014, 32 (5): 103-107.

[114] 赵雪鹏, 孟春宁, 冯明奎, 等. 基于级联卷积神经网络的疲劳检测 [J]. 光电子·激光, 2017, (5): 497-502.

[115] 邬敏杰, 穆平安, 张彩艳. 基于眼睛和嘴巴状态的驾驶员疲劳检测算法 [J]. 计算机应用与软件, 2013, 30 (3): 25-27.

[116] 白中浩, 刘浏, 焦英豪, 等. 基于asm的多特征融合驾驶员疲劳检测方法 [J]. 电子测量与仪器学报, 2016, 30 (12): 1877-1883.

[117] 周云鹏, 朱青, 王耀南, 等. 面部多特征融合的驾驶员疲劳检测方法. 电子测量与仪器学报, 2014, (10).

[118] 牛清宁, 周志强, 金立生, 等. 基于眼动特征的疲劳驾驶检测方法 [J]. 哈尔滨工程大学学报, 2015, (3): 394-398.

[119] 刘志强, 宋雪松, 汪彭, 等. 基于眼部特征的疲劳驾驶辨识方法研究 [J]. 重庆理工大学学报, 2016, 30 (10): 11-15.

[120] 王琳, 罗旭, 姜鑫, 等. 基于生物力学和颈腰部emg判别驾驶员疲劳状态 [J]. 汽车工程, 2017, 39 (8): 955-960.

[121] Muhammad A, Nasreen B, Micheal D. A hybrid approach to detect driver drowsiness utilizing physiological signals to improve system performance and wearability [J]. Sensors, 2017, 17 (9), 1991.

[122] Huo X Q, Zheng W L, Lu B L. Driving fatigue detection with fusion of EEG and forehead EOG [C] //International Joint Conference on Neural Networks. IEEE, 2016.

[123] Mu Z D, Hu J F, Min J L. Driver fatigue detection system using electroencephalography signals based on combined entropy features [J]. Applied Sciences, 2017, 7 (2): 150.